Basha Kaplan / Gail Prince

Die wahre Liebe finden

Basha Kaplan / Gail Prince

Die wahre Liebe finden

Auf dem Weg zur echten Seelenverwandt-schaft

Aus dem Amerikanischen übersetzt von Karen Hendrix-Heberger

Die Deutsche Bibliothek – CIP-Einheitsaufnahme

Kaplan, Basha :
Die wahre Liebe finden / Auf dem Weg zur echten Seelenverwandtschaft /
Basha Kaplan ; Gail Prince. Aus dem Amerikan. übers. von Karen Hendrix-
Heberger. - Landsberg am Lech : mvg, 2000 (mvg-Paperbacks ; 08676)
   Einheitssacht.: Soul dating to soul mating <dt.>
   ISBN 3-478-08676-0

Copyright © 1999 by Basha Kaplan and Gail Prince
All rights reserved. Published by arrangement with Perigee Book, Published by
the Berkley Group, a member of Penguin Putnam Inc., 375 Hudson Street,
New York, NY 10014
Titel der amerikanischen Originalausgabe: „From Soul Dating to Soul Mating"
Übertragen aus dem Amerikanischen von Karen Hendrix-Heberger.

© der deutschsprachigen Ausgabe 2000 bei mvg-verlag im verlag moderne
industrie AG & Co. KG, 86895 Landsberg am Lech

Umschlaggestaltung: Felix Weinold, Schwabmünchen
Satz: FTL Kinateder, Kaufbeuren
Druck- und Bindearbeiten: Presse-Druck, Augsburg
Printed in Germany 08676/8004502
ISBN 3-478-08676-0

Inhaltsverzeichnis

Vorwort: Dr. Caroline Myss _____ 9

Danksagungen _____ 13

Einleitung und Hintergrund _____ 15

Teil I: Die sieben geistigen Weisheiten _____ **33**

  1. Bewusst werden _____ 36
  2. Das Leben hat eine Bedeutung _____ 41
  3. Jeder Mensch hat eine Persönlichkeit
     und eine Seele _____ 47
  4. Das innere Wesen schätzen _____ 51
  5. Uns selbst lieben _____ 55
  6. Ganz werden _____ 58
  7. Den Weg weitergehen _____ 63

Teil II: Schritte der Seelenarbeit _____ **71**

  8. Aus der Dunkelheit ins Licht _____ 75
  9. Entdecken Sie das Geschenk der Einsamkeit _____ 82
 10. Die heilende Kraft der Vergebung _____ 87
 11. Die Schatten annehmen _____ 94
 12. Fühlen, heilen und sich weiterentwickeln _____ 98
 13. Führen Sie ein ausgewogenes Leben _____ 105
 14. Werden Sie Ihr bestmögliches Ich _____ 113

Teil III: Das Beziehungskarussell _____ **119**

 15. Gefährte -> geistiger Freund -> Seelenpartner ____ 120

Teil IV: Den Seelenpartner finden _____ **135**

 16. Definition der „Seelenbekanntschaft" _____ 137
 17. Zugänglichkeit _____ 142
 18. Wunschdenken _____ 148

19. Zuverlässigkeit _____ 153
20. Selbstgespräche _____ 159
21. Gier und Ungeduld _____ 163
22. Bekanntschaft oder Beziehung _____ 170
23. Grundsätze _____ 176
24. Abweisung _____ 208
25. Kennen lernen _____ 214
26. Mehr als eine Beziehung _____ 223
27. Sex _____ 228
28. Gute Planung _____ 235
29. Ist das der Richtige? _____ 240

Teil V: Seelenpartnerschaft _____ **245**

30. Die perfekte Beziehung _____ 246

Nachwort _____ 261

Literaturverzeichnis _____ 263

Stichwortverzeichnis _____ 265

Für Jeff,

Bashas lieben Ehemann und Seelenpartner sowie Gails Mentor und lieben Freund, der uns, während wir dieses Buch schrieben, geistig und seelisch unterstützte.
Seine Mitarbeit als Produzent und Mitregisseur haben dem Buch Tiefe und Dimension verliehen und zu Größe verholfen. Ohne seine Freundschaft, sein Wissen und seinen Eifer wäre es nie entstanden.

Bashas Widmung
Meiner Mutter und meinem verstorbenen Vater, Jack Blumenthal, in Liebe, Dankbarkeit und Anerkennung für all das, was ich von ihnen gelernt habe, gewidmet.

Gails Widmung
Meinen beiden Elternpaaren, Louis und Reba Geisman und Onkel Milton mit Tante Libby Schwartz, deren lieber und respektvoller Umgang miteinander mir als positives Vorbild dienen, gewidmet.

Vorwort:
Dr. Caroline Myss

Jeder Mensch träumt davon, den „perfekten" Partner zu finden. Meine Seminare sind voll von Menschen, die einen Partner suchen, mit dem sie ihr Leben teilen können. Wenn ich frage: „Wem von euch wurde, als ihr klein wart, erzählt, dass später ein Prinz kommt und euch heiraten wird?", stimmen alle Frauen mit einem enttäuschten Lächeln auf den Lippen zu. Frage ich hingegen die Männer: „Wer von euch glaubt an den Mythos, dass eines Tages die perfekte Frau kommt, die immer eine alterslose Schönheit bleibt?", lachen die meisten und zucken mit den Schultern, als wenn sie sagen wollten: „Na ja, ist das meine Schuld? Das ist es doch, was jeder will."

Logischerweise stellt sich damit die nächste Frage: „Und wie viele von euch haben genau das gefunden, was ihr sucht?" An diesem Punkt brechen meist alle in Gelächter aus. Es klingt aber gar nicht lustig. Viele – wenn nicht sogar die meisten – haben zerbrochene Beziehungen hinter sich – aus verschiedenen Gründen. Manche sagen, dass ihre Partner sie betrogen haben (einer der häufigsten Gründe für eine Scheidung), andere geben an, dass ihr Partner geistig nicht mit ihnen Schritt halten konnte, und viele sind der Meinung, dass sie nicht miteinander kommunizieren konnten. Ihnen allen war klar, dass sie aus Bequemlichkeit und nicht aus Liebe verheiratet waren und einfach nicht mehr länger so leben konnten. Ungeachtet der einzelnen Gründe ging es immer um das gleiche Problem: Der Mensch, den sie geheiratet hatten, war nicht identisch mit jenem Bild, das sie sich vor der Hochzeit von ihm gemacht hatten, und die Institution der Ehe mit all der romantischen Perfektion, die sie versprach, entpuppte sich als Illusion.

Wie dem auch sei, trotz all der Berichte der Überlebenden dieser gescheiterten Ehen und all der soziologischen Studien, die das Bild vermitteln, wir seien eine Gesellschaft, die sich zu schnell entwickelt, um eine wahrhaftig haltbare romantische Beziehung zu einem anderen Menschen aufzubauen, sind wir doch entschlossen, es weiter zu versuchen. Und das sollten wir auch.

Wir Menschen sind tief romantische Wesen. Wie könnte es auch anders sein? Wir existieren durch Liebe. Unsere Körper brauchen Liebe für die Gesundheit und unsere Seelen brauchen Liebe, um zur Ruhe zu kommen. Wir sollten den Tatsachen ins Auge sehen – wir alle wurden mit dem Märchen großgezogen, dass es im Leben die Möglichkeit gibt, romantische Erfüllung zu erfahren, wenn es uns nur gelingt, diesen einen Menschen zu finden, der unsere „andere Hälfte" ist; ein Ausdruck, der bereits impliziert, dass wir so lange unvollständig sind, bis wir endlich erfolgreich waren.

Die grundlegende Frage ist jedoch: Können wir wirklich die Beziehung, nach der wir suchen, finden? Und wenn ja, wie? Die Antwort auf diese Frage und reichhaltige Hilfestellung, um eine hingebungs- und liebevolle Beziehung aufzubauen, sind der Inhalt dieses wunderbaren Buches von Dr. Basha Kaplan und Gail Prince, Diplompädagogin.

Basha und Gail haben ihre Erfahrungen als Beraterinnen in dieses Buch eingebracht und teilen ihre persönlichen Erlebnisse als Frauen, die auf der Suche nach einer Beziehung – einem Seelenpartner – sind, mit uns. Sie erzählen die Geschichten vieler ihrer Klienten, um anderen verständlich zu machen, wie man einen passenden Partner erkennt und dann die notwendigen Schritte einleitet, um maximalen Erfolg zu haben.

Um dieses Ziel zu erreichen, haben Basha und Gail eine Reihe von Fragen zum Selbsttest aufgenommen, die den einzelnen Schritten, die zur Einschätzung der eigenen Schwächen in Beziehungen nötig sind, zugeordnet werden. Es ist sehr wichtig für jeden von uns, sich die Gründe bewusst zu machen, aus denen wir uns zu bestimmten Persönlichkeiten hingezogen fühlen, und auch die eigenen Verhaltensmuster zu Beginn einer Beziehung zu erkennen. Verlieben Sie sich schon, bevor Sie den Menschen überhaupt kennen? Projizieren Sie Ihre Traumvorstellungen auf den anderen, ohne sich dessen überhaupt bewusst zu sein? Denken Sie bereits beim ersten Treffen an Heiraten?

Diese Fragen führen uns zu unserem Innersten und lehren uns, unsere Handlungsweisen und Schwächen zu verstehen.

In meiner Arbeit lerne ich viele Menschen (meist Frauen) kennen, die mich ihren Partnern vorstellen oder sie mir als Seelenverwandte beschreiben. Wenn ich dann nachfrage, wo sie sich kennen gelernt haben, stellt sich oft heraus, dass sie sich in einer Selbsthilfegruppe kennen gelernt haben, meist kurz nachdem einer von beiden eine gescheiterte Beziehung hinter sich hatte. Bei dieser Art Verbindung bildet sich sofort eine Symbiose zwischen einem Leidenden und einem Erretter. Aber – und darauf weise ich in meinen Seminaren immer wieder hin – was passiert, wenn einer der beiden Partner sich erholt? Kann die Beziehung dieser plötzlichen neuen Kraft standhalten? Oft ist das nicht der Fall und dann zerbricht die Seelenverwandtschaft. Zurück bleibt eine weitere gescheiterte Partnerschaft.

Wie stünde es, wenn sich die beiden Beteiligten im Klaren darüber wären, wer sie sind und welche Anforderungen sie an eine Beziehung stellen? Was, wenn diese Menschen sich offen miteinander der Frage stellen würden, ob ihre gegenseitige Anziehung auf der Angst beruht, alleine zu sein, oder wirkliche Sympathie füreinander ist? Das sind Fragen, die an die Substanz gehen, aber jemanden zu heiraten ist eine der schwerwiegendsten Entscheidungen des Lebens und schon aus diesem Grund sollte es möglich sein, dass man solch intime Gefühle offen miteinander bespricht. Die Entscheidung, sein ganzes Leben mit dem eines anderen Menschen zu verknüpfen, sollte auf keinen Fall von der Illusion bestimmt sein, dass es nie Schwierigkeiten geben wird. Eine perfekte Beziehung gibt es nicht. Indem wir uns dies eingestehen, vergrößern wir unsere Chance, eine ausgeglichene Beziehung zu führen, weil wir den anderen und uns selbst so sehen, wie wir sind, und nicht so, wie wir es gerne hätten.

Als ich dieses Buch las, musste ich eine von mir seit langem vertretene Ansicht erneut überdenken, die besagt, dass „Seelenpartner" nur ein neuer, romantischer Ausdruck ist, der jetzt gerne verwandt wird, da wir in einer spirituelleren Gesellschaft leben. Wenn es so etwas wie Seelenpartnerschaften gibt, kosten sie viel Arbeit, denn schon alleine das Wort impliziert ein Verlangen, sich auf einer bewussteren Ebene als der herkömmlichen traditionellen Partnerschaft zu binden. Wir suchen eine Beziehung mit einem Menschen, der in der Lage ist, unsere göttliche Herkunft und die Tiefe unserer Psyche und Seele

zu verstehen. Sicher ist das Ziel kein Traum, aber ist es er-
reichbar?

Ich glaube, dass es möglich ist. Aber ich muss auch war-
nen: Wer diese Art Partnerschaft wünscht, muss damit rechnen,
mehr an sich als an seinem Partner zu arbeiten. Die Aufgabe in
einer Seelenpartnerschaft besteht darin, durch die Verbindung
nicht nur einen geliebten Partner zu finden, sondern einen
Menschen, bei dem man aus seinem Schatten heraus ins Licht
treten kann. Der Weg der Spiritualität ist deshalb so wichtig,
weil man sowohl seine guten als auch schlechten Eigenschaften
an der Seite eines anderen Menschen leben kann.

Es geht um einen wahren Seelenpartner und nicht um eine
romantisch verklärte Vorstellung. Aus diesem Grund ist die
Romanze, die sich in einer Seelenpartnerschaft entwickelt,
umso wunderbarer, denn sie ist wirklich.

Die wahre Liebe finden ist ein wunderbarer Begleiter zur
Vorbereitung, um einen Seelenpartner als Lebensgefährten zu
finden. Gott sei Dank handelt es sich hierbei nicht um ein Buch
nach der Art „Wie finde ich diesen Menschen", sondern um
einen Ratgeber zur Selbstprüfung; eine Art Jungbrunnen für
Geist und Seele, der Sie anleitet, sich selbst zu prüfen, damit
Sie wirklich eine geistige Beziehung mit einem Partner leben
können.

Danksagungen

Bashas Danksagungen

Ich bin meinen Lehrern und Freunden dankbar, die mich inspiriert und unterstützt haben: Dr. Caroline Myss, Dr. Norm Shealy und Dr. Fernando Flores von Logonet.

Ganz besonders danke ich meiner Schwiegermutter, Gertrude Kaplan, für ihre Unterstützung und Liebe, meinen verstorbenen Großeltern und meinem Onkel, Leah, Meyer und Sam Meystel, die immer an mich glaubten und mir bedingungslose Liebe entgegenbrachten.

Ich danke meinen Freunden Penny Rotheiser und Karen Kassy, die mir einen Teil ihrer Zeit schenkten, um mich liebevoll zu beraten und zu unterstützen.

Während der Entstehung diese Buches erfuhr ich besonderen Segen durch meine lieben Freunde und Kollegen Marvin und Arlene Woods, die mit Jeff und mir einen „Seelenpartnerschaftsclub" bildeten. Dadurch wurde es mir möglich, meine Visionen, Gedanken und Ideen weiterzuentwickeln.

Außerordentliche Anerkennung und Dankbarkeit gebühren meinem höheren Bewusstsein und dem Universum für die Hilfe und Unterstützung, die mich an neue Horizonte und Grenzen führten.

Gails Danksagungen

Ganz besonders dankbar bin ich meinem anderen Ich, Ed, meinem Sohn und geistigen Freund David und meinen Freunden, die mich alle unterstützt und getragen haben, während ich dieses Buch schrieb.

Dank an Bruce Wechsler für seine Kreativität, Geduld und Hingabe.

Unser gemeinsamer Dank gilt insbesondere all unseren Klienten, Selbsthilfegruppen und Seminarteilnehmern, die offen und vertrauensvoll ihre Ängste, Kämpfe, Hoffnungen und Träume mit uns teilten und von denen wir weiterhin, während wir zusammen unterwegs sind, lernen.

Dank auch an America Martinez, unsere besondere Beraterin und Freundin für ihre Weisheit, Führung und Unterstützung;

an Damaris Rowland, unsere Verlegerin und Freundin, die an uns glaubte und unsere einzigartige Botschaft erkannte;

an unsere Herausgeberin Sheila Curry und die Mitarbeiter von Perigree/Berkley dafür, dass sie das Risiko auf sich genommen und uns auf so vielfältige Weise geholfen haben. Ihre Begeisterung hat dieses Buch Wirklichkeit werden lassen.

Wir möchten an dieser Stelle auch all unseren früheren Freunden und Partnern für ihre Anwesenheit in unserem Leben danken.

Einleitung und Hintergrund

Basha und Gail entwarfen ein neues Modell, um Menschen die Möglichkeit zu geben, ihre Beziehungen in eine Partnerschaft zu führen. Viele der heutigen Bücher konzentrieren sich darauf, wie Romanze und Leidenschaft wach gehalten werden können oder wie man einen Ehepartner findet. Unser Buch ist anders. Es lehrt die Leser, den für sie passenden Partner zu finden, damit ihre Beziehung mit jedem Tag wachsen und gedeihen kann. Keine Machtkämpfe mehr!

Viele Männer und Frauen tun sich schwer auf der Suche nach einer erfüllten und hingebungsvollen Partnerschaft. Die Scheidungszahlen explodieren und dennoch wollen die Menschen heiraten. Der eigentliche Sinn einer Ehe waren ökonomische Absicherung, Sicherheit und Bequemlichkeit sowie das Bedürfnis, den Ansprüchen der Familien, religiöser Institutionen und der Gemeinschaft Genüge zu tun. Eine traditionelle Ehe sieht folgendermaßen aus:

$$Wir = Ich + Ich$$
Das Wir entspricht dem Individuum plus dem Individuum.

Jeder Mensch führt sein eigenes Leben; die Verbindung enthält zwei unterschiedliche Ichs.

Oder die Ehe sieht so aus:

$$Wir = Ich + ich$$

In dieser Verbindung ist die Partnerschaft nicht im Gleichgewicht. Eines der Ichs raubt die Identität des anderen oder gibt einen Großteil seiner selbst auf, um die Partnerschaft am Leben zu erhalten.

In einer herkömmlichen Verbindung war das Ziel, den Status quo beizubehalten. Liebevolle Beziehungen wurden durch die Suche nach dem Besten gestützt und andere als Möglichkeiten betrachtet, unsere persönlichen Wünsche zu erfüllen.

Traditionelles Rollenverständnis band die Frauen ans Haus; sie mussten sich um Haushalt und Kinder kümmern, während der Mann das Brot verdiente. Mann und Frau konnten sich darauf verlassen, dass sie ihr ganzes Leben mit dem gleichen Partner verbringen, bis zur Rente der gleichen Arbeit nachgehen und klar definierte Geschlechterrollen wahrnehmen. Außerdem lebten die Familienangehörigen in unmittelbarer Nähe. Kurz gesagt: Das Leben war abgesichert, stabil und übersichtlich.

Anfang der 60er-Jahre begann die Welt sich mit der Frauenbewegung drastisch zu ändern. Die Entwicklungen, die unsere Partnerschaften berühren, haben auch eine unsichere ökonomische Situation zur Folge, das bedeutet: Manche Frauen müssen arbeiten und andere entscheiden sich freiwillig dafür. Dies sind die Ergebnisse neu definierter Beziehungen, unsicherer Arbeitsmärkte für Männer, der Neubestimmung der Geschlechterrollen, neuer Kommunikationsmittel auf einer globalen Datenautobahn, hoher Scheidungsraten und des Auseinanderdriftens geistiger und seelischer Vorstellungen in den letzten zehn Jahren durch Bücher, Fernsehen und Talkshows. Zusätzlich eröffnen sich in unserem Kulturkreis durch PCs neue Möglichkeiten und Überlegungen, was Kommunikation, Beziehungen und Arbeit angeht.

Das Fehlen der Sicherheit und die ständigen Veränderungen in unserem Leben wecken Sehnsucht nach einer lebenslangen Partnerschaft. Es gibt ein wachsendes Bewusstsein, dass wir mehr wollen und brauchen – mehr als die traditionellen Verbindungen unserer Eltern zu bieten haben; mehr Bedeutung in unserem Leben und unseren Partnerschaften. An eine heutige Ehe werden auch erheblich höhere Ansprüche gestellt. Mehr denn je versuchen wir, Liebe zu managen. Um das zu bewerkstelligen, müssen wir andere Wertmaßstäbe bei der Partnersuche anlegen. Die äußerlichen Merkmale verlieren an Bedeutung, während Spiritualität, Beziehungsfähigkeit, gemeinsame Wertvorstellungen und Intimität immer wichtiger werden. Scheidung kennzeichnet einen einschneidenden Verlust an gemeinsamen Visionen von Liebe und Leben. Eine Beziehung kann Hilfe zur Selbsterkenntnis und Erweckung sein. Dennoch ist Liebe alleine nicht genug. Partner müssen, um sich in der Erfüllung ihrer Bedürfnisse – emotional, geistig, seelisch und körperlich – aufeinander verlassen zu können, gleichzeitig beste Freunde sein. In einer idealen Beziehung bilden beide Partner ein Team, um sich gegenseitig zu ermutigen und gemeinsam inneres Wachstum sowie körperliche und geistige Erfüllung zu finden. Geistige Freundschaften und Seelenpartnerschaften sind unabdingbar, um diese tiefen Bedürfnisse zu erfüllen, von denen eines ist, die Welt menschlicher zu gestalten.

Wir wollten dieses Buch schreiben, weil tausende Teilnehmer an unseren Seminaren gute Erfahrungen gemacht haben. Obwohl wir uns auf Seelenpartnerschaften konzentrieren werden, ist dieses Buch auch dann lesenswert, wenn Sie eine herkömmliche Beziehung – wir nennen sie Kameradschaft – führen möchten.

Geistige Freunde treffen sich auf geistiger und auf Herzensebene. Mit ihrem Partner zusammen fühlen sie sich eins mit sich selbst. Seelenpartner bieten einander einen sicheren Hafen und arbeiten ihre alten Wunden auf, indem sie verständnisvoll und vertrauensvoll miteinander umgehen. Zu diesem Zweck richtet sich das Augenmerk der Beziehung auf Intimität, Authentizität und bedingungslose Liebe.

Geistige Freunde wissen, dass emotionales und spirituelles Wachstum sowohl für sie als auch ihre Beziehung wichtige Schritte sind; sie lernen, auf ihr höheres Selbst zu hören und ihm zu vertrauen. Sie sind sich bewusst, dass sie sich gefunden haben, um zu lernen, und dass es keine Garantie gibt, dass die Partnerschaft lebenslang halten wird. Sie bleiben so lange zusammen, wie beide sowohl als Individuen als auch als Paar lernen und wachsen.

Wir werden Ihnen als Lesern eine Art der Beziehung vorstellen, die wir „Seelenpartnerschaft" nennen. Dies ist eine Form der lebenslangen Bindung, um die wir uns alle bemühen können. Seelenpartner wissen, dass ihre Verbindung nicht dem Normalen entspricht, d.h. über die gewöhnliche Bewusstseinsebene hinausgeht, und dass eine göttliche Macht sie zueinander geführt hat, als die Zeit dazu reif war. Solche Paare finden sich als Belohnung für ihren Mut, den sie zu ihrer emotionalen, psychischen und spirituellen Heilung aufbrachten.

Die Interaktionen zwischen Seelenpartnern haben etwas Magisches an sich. Durch das enorme persönliche Wachstum richtet sich ihr Hauptaugenmerk auf Geben und Dienen.

Eine grafische Darstellung einer Seelenpartnerschaft sieht folgendermaßen aus:

Ich Wir Ich

Um das „Wir" zu erreichen, muss jeder Mensch ein ganzes „Ich" sein, ein eigenständiges Individuum. Die Voraussetzung ist, dass jedes „Ich" ein Stadium relativer Ganzheit erreicht hat, sich in all seinen Bereichen wohl, ausgefüllt und zufrieden fühlt und auch gut alleine leben kann. Mit anderen Worten: Beide müssen sich eine Beziehung wünschen und nicht brauchen.

Die beiden „Ichs" bleiben erhalten, während gleichzeitig ein neues „Wir" geschaffen wird. Dazu muss eine neue Lebensweise gefunden werden, eine Möglichkeit, jeden Tag zusammen zu „sein" und zu „machen". Damit Liebe hält, müssen beide Partner ähnliche geistige und philosophische Ansichten und zueinander passende Wertvorstellungen haben. Sie verpflichten sich, sich als Individuen und als Paar weiterzuentwickeln. Die Betonung ihrer Partnerschaft liegt auf gegenseitiger Annahme, Freundschaft, Romantik, Kommunikation und bedingungsloser Liebe. Sich auf der Suche nach geistiger Freundschaft oder einer Seelenpartnerschaft zu befinden beinhaltet einen Bewusstseinswandel und die Veränderung der Einstellung zum Ich und zum Leben. Man kann nicht zuschauen, sondern muss selbst aktiv werden.

Sich auf dem Weg zu befinden ist ein Vorgang, durch den wir entdecken, wer wir wirklich sind. Es ist eine Reise, auf der die geistigen Elemente mit den weltlichen verbunden werden. Es ist der Anfang einer kontinuierlichen Suche nach inneren Antworten. Mit praktischen psychologischen, spirituellen und kognitiven Übungen sowie Aufgaben, die Sie daheim machen können, haben Sie die Möglichkeit und das Wissen, um sich auf den Pfad der Selbstfindung zu begeben. Das endgültige Ziel ist, eine heilige Verbindung mit dem Partner einzugehen. Wir brauchen ein neues Bewusstsein, neue Regeln und Verhaltensweisen mit unterschiedlichen Fertigkeiten, um dabei Erfolg zu haben.

Wir wählten folgende Methode: *Die sieben geistigen Weisheiten* bilden die Grundlage dieses Buches. Sie sind sowohl die Stützen eines erfüllten Lebens als auch die Eckpfeiler einer geistigen Verbindung mit einem anderen Menschen. Mit den sieben geistigen Weisheiten sehen Sie das Leben mit anderen Augen, denn sie akzentuieren Ihre Wert- und Glaubensvorstellungen, fordern Sie intellektuell und emotional und machen Ihnen Mut, sich selbst zu entdecken, bevor Sie sich auf eine geistige Freundschaft einlassen. Mit ihrer Hilfe finden Sie heraus, wie sich Ihre Spiritualität (persönliche Verbindung zu Gott und dem Universum) in Ihrem täglichen Leben zeigt. Dadurch entwickeln Sie ein Verständnis für die Welt, das Ihnen Ihre Reise und das Kennenlernen eines geistigen Freundes erleichtert.

Wir müssen die sieben geistigen Weisheiten verstehen lernen und anwenden. Wir müssen sie vor, während und nach dem Kennenlernprozess beherzigen. Denken Sie über die folgenden Aspekte nach, wenn Sie eine geistige Freundschaft oder Seelenpartnerschaft suchen oder erhalten wollen:

1. Seelische Arbeit oder innere Vorbereitung: Aufbau einer zwischenmenschlichen Beziehung
2. Geistige Begegnungen – bewusst kennen lernen
3. Der Partner – ist er der „Richtige"?
4. Heirat
5. In der Ehe

Aspekt 1: Seelische Arbeit: Die Seele ist der Teil von uns, der über die fünf Sinne hinausgeht. Sie ist Teil eines mystischen Bereichs, den wir nicht täglich vor Augen haben. Die Seele verbindet Intuition und Gefühl, die fern unserer Persönlichkeit mit unserem höheren Selbst in Kontakt treten. Die Seele kennt unsere göttliche Abstammung und Energie und erlaubt uns, hinter die erklärbaren Kulissen unseres Bewusstseins zu sehen. Die Seele lebt nach dem universellen Gesetz, das besagt, dass jeder von uns seinen eigenen Weg geht und dabei lernt und wächst.

Seelische Arbeit ist die Integration unserer Seele und Persönlichkeit; unsere Aufmerksamkeit wird durch unser verändertes Bewusstsein von der Welt vor unseren Augen nach innen gelenkt. Das ist der individuelle Weg zur inneren Heilung, zu Bedeutsamkeit und Ganzheit. Wir müssen uns Schritt für Schritt innerlich auf eine geistige Freundschaft vorbereiten, um unser gesamtes Potenzial für diese Beziehung zu aktivieren. Wir müssen das Arbeitspensum und den Aufwand, der nötig ist, um dieses Ziel zu erreichen, festlegen. Durch sorgfältige Teilnahme an allen Übungen, die in diesem Buch besprochen werden, erfahren wir, wer wir sind, und können der Mensch werden, der wir sein wollen.

Aspekt 2: Geistige Begegnungen: Sobald wir wissen, wer wir sind und was uns als Individuen wichtig ist, können wir bewusst andere Menschen wirklich kennen lernen. Die meisten Menschen wählen ihren Ehepartner entweder mit dem Herzen oder mit dem Verstand. Bei geistigen Begegnungen lernen wir, unsere Erfahrungen und unser Herz einzusetzen, damit sowohl das „Wer" als auch das „Was" beachtet werden. Bei diesem Vorgang müssen wir auch herausfinden, ob uns unser Partner wirklich unterstützt und die gleichen Vorstellungen wie wir von seinem Leben hat. Das Ziel ist eine effektive Kommunikation, durch die eine gute Beziehung entsteht und weiterlebt. Ebenso ist es wichtig, dass wir einen Menschen finden, der uns ähnlich ist und unsere Wertvorstellungen teilt. Es gibt hier kein gut oder schlecht, kein richtig oder falsch; es geht darum, den zu uns passenden Partner zu erkennen. Durch diesen Vorgang wird das Kennenlernen eines Partners zu einer Reise der Selbstentdeckung und der Heilung, die uns letztlich zu einer erfüllten und bedeutungsvollen geistigen Freundschaft führt.

In der Diskussion der beiden Abschnitte „Schritte der Seelenarbeit" und „Den Seelenpartner finden" gliedern wir diese in einzelne Schritte auf. Am Ende eines jeden Schrittes fügen wir eine Liste mit Fragen und Übungen für Sie an. Ebenso folgt jedem Schritt eine Meditation.

Um das Ziel zu erreichen, arbeiten wir mit kognitiven, verhaltensorientiert, spirituellen und psychologischen Methoden. Unser Hauptaugenmerk ist auf das Bewusstsein, die Bedeutung und die Durchführbarkeit gerichtet.

Bewusstsein heißt, auf der Suche nach einer geistigen Verbindung die Wahrheit über uns selbst illusionslos zu erkennen und einzugestehen. Dazu gehören:

- zu wissen, wer wir sind
- Verantwortung für unser Leben zu übernehmen, statt Opfer der Umstände zu werden
- neue Verhaltensweisen und Gefühle zu erproben

Bedeutsamkeit heißt, dass das Leben einen Sinn hat und einen Zweck erfüllt. Sie lässt uns jeden Tag mit Enthusiasmus und Dankbarkeit begrüßen. Es ist die Verknüpfung mit der göttlichen Energie, die uns zum Universum beitragen lässt. Bedeutsamkeit ist die Grundlage einer seelischen Verbindung.

Durchführbarkeit heißt, Ihr Leben zu planen und zu führen, indem Sie verantwortlich und aktiv in Ihre Zukunft investieren. Durch die individuellen praktischen Techniken und Fertigkeiten, die wir Ihnen bieten, werden Sie in diesem Bereich wesentlich kompetenter. Außerdem ist es uns wichtig, jedem Menschen zu helfen, Gedanken und Gefühle miteinander in Einklang zu bringen – als Grundlage einer gesunden Verhaltensweise. Zusammen unterstützen wir Sie dabei, die Bedeutung, den Sinn und die Konsequenzen Ihres Verhaltens zu bestimmen und zu erkennen, wie dadurch Ihre Liebe sabotiert wird.

Wir müssen dazulernen oder wir werden immer wieder die falschen Menschen kennen lernen und uns an sie binden. Jeder kann heiraten. Unser Ziel ist, den Menschen zu ermöglichen, sich selbst kennen zu lernen, ihrer Intuition und ihrem höheren Ich zu vertrauen und sie bei der Partnersuche einzusetzen. Dadurch, dass Sie in einem psychologischen, spirituellen und praktischen Rahmen arbeiten, wird Ihre innere Entwicklung sowie ein ausgeglichenerer Lebensstil gefördert, durch den Sie sich auf Ihren geistigen Freund oder Seelenpartner vorbereiten.

Wir wünschen uns, dass Ihnen dieses Buch vertraut wird, Sie begeistert und Ihnen ans Herz wächst. Auch soll es eine gute Informationsquelle für Sie werden. Wir berichten von Menschen – uns eingeschlossen – die die sieben geistigen Weisheiten in sich aufgenommen, die seelischen Aufgaben erfüllt und das geistige Kennenlernen für sich genutzt haben.

Es ist für uns wichtig, dass Sie uns durch unsere Geschichten persönlich kennen lernen. Wer wir sind und warum wir dieses Buch geschrieben haben. Da wir beide das, was wir lehren, auch leben möchten, erzählen wir Ihnen von unseren eigenen Kämpfen, jetzt und in der Vergangenheit, und wie wir unsere Beziehungen beeinflussen. Wir sind beide gute Lehrerinnen, da wir aus Erfahrung sprechen, und nehmen im Unterricht unsere Fehler, die wir gemacht haben, als Beispiel für das, was man daraus lernen kann. Sie sollen wissen, dass Sie nicht alleine sind. Wir haben und sind immer noch dabei, unseren Weg freizukämpfen, und schlagen uns mit den gleichen Schwierigkeiten herum, die auch Sie haben werden.

Basha

Ich war das erste Kind meiner Eltern und wuchs in einer sehr engen Familienbindung auf. Mit neun Monaten konnte ich laufen und fing mit einem Jahr an zu sprechen. (Es wird behauptet, ich wäre seitdem nie wieder still gewesen.) Als Kleinkind schien ich hyperaktiv und frühreif. Ich hörte auf meine Intuition und stellte alles in Frage. Es fiel mir schwer, jemandem zu folgen, wenn ich keinen Sinn darin sah. Solange ich denken kann, liegt mir viel an Wahrheit und ehrlichen Gesprächen.

So sehr mich meine Eltern auch liebten, ich fühlte mich von ihnen nie ganz angenommen und verstanden. Sie taten immer so, als wäre ich trotz aller außergewöhnlichen Begabungen und Talente nur durchschnittlich. Sie freuten sich nie über meine Erfolge, sondern konzentrierten sich nur darauf, was ich noch verbessern könne. Mein Vater arbeitete ständig und ich sah ihn fast nie. Damals drückten Väter so ihre Liebe und Zuneigung zur Familie aus. Wenn er da war, unterhielt er sich fast nie mit mir, sondern wies mich nur auf meine Fehler hin und gab mir Anweisungen. Oft begab ich mich mit Absicht in Schwierigkeiten, um damit seine Aufmerksamkeit zu erringen. Ich glaube, damals war mir Ärger lieber als gar keine Beachtung.

Meine Mutter hingegen zeigte mir ihre Liebe durch Beachtung. Sie stufte ihr Lob jedoch immer genau ab. So zum Beispiel: „Du siehst richtig hübsch aus, aber ..." Oder: „Dieses Zeugnis ist sehr gut, aber es könnte noch besser sein." Von vielen Freunden und Verwandten hörte ich immer wieder, was ich für tolle Eltern hätte. Dadurch verstärkte sich mein Eindruck, dass ich mich zu bessern hatte, um sie zu verdienen, denn ich fühlte mich nie unbeschwert, so wie ich war.

Ich war immer hin und her gerissen zwischen dem Bedürfnis, mich auszudrücken, und dem, Anerkennung durch andere zu bekommen. Um mich zugehörig zu fühlen, unterdrückte ich meine Intuition, was mich in große Konflikte stürzte und es mir erschwerte, mich den Normen meiner Familie und der Gesellschaft zu beugen. Dadurch, dass ich versuchte, mich anzupassen, verlor ich einen Teil von mir und wurde mir selbst fremd. Letztlich fühlte ich mich „hässlich", obwohl ich äußerlich eigentlich hübsch und lebhaft war. Mit 13 Jahren bekam ich dann eine Essstörung und versuchte auf diese Weise, meine negativen Selbstwertgefühle zu kompensieren, die mit meiner Vorstellung, dass ich in den Augen der anderen gut auszusehen hatte, zusammenhingen.

Ich war in vieler Hinsicht ein Spätentwickler. Als Teenager ging ich nur unregelmäßig mit Jungen aus. Da ich mich unattraktiv und unsicher fühlte, bewegte ich mich außerhalb des „coolen" Kreises. Mit 20 Jahren, nachdem ich genau beobachtet hatte, wie sich begehrte Frauen verhielten, imitierte ich deren Art, traf ich mich dann sehr häufig mit Männern. Ich wollte so sehr geliebt werden, dass ich ein Chamäleon wurde, immer bereit, mich so zu ändern, wie mich mein jeweiliger Partner haben wollte. Hatte ich endlich das Gefühl, dass sich der Mann in mich verliebt hatte, benahm ich mich wieder meinem eigentlichen Naturell entsprechend. Natürlich passte das nicht zu seinem Eindruck von mir und er ließ mich sitzen. Das verstärkte wiederum meine Überzeugung, dass ich nicht liebenswert sei und Männer kein Vertrauen verdienten, besonders dann nicht, wenn es um meine Person ging. Obwohl ich meinen Begleitern die Schuld zuwies, ist mir im Nachhinein bewusst, dass ich diejenige war, die sich nicht ehrlich verhielt.

Die meisten Bekanntschaften meiner Jugend waren nicht liebevoll und fürsorglich. Ich fühlte mich immer von „coolen" und abweisenden Typen angezogen, die sich eigentlich gar nicht für mich interessierten – nicht interessieren konnten –, und versuchte, ihre Liebe zu gewinnen. Je unerreichbarer jemand war, desto mehr fühlte ich mich von ihm angezogen, denn, und das lernte ich erst später, ich liebte mich selbst nicht. Als ich 27 Jahre alt war, bat mich ein Mann, bei dem ich mich sicher und wohl fühlte, ihn zu heiraten. Ich lehnte ab, denn ich fühlte mich seiner wunderbaren Freundschaft nicht wert.

Als ich älter wurde, fiel mir auf, dass sich meine Eltern zwar liebten, aber keine gemeinsamen Interessen und ganz verschiedene Wertesysteme hatten. Auch führten sie regelmäßig Machtkämpfe. Aus meiner Sicht waren sie seelisch nicht sehr miteinander verbunden.

Um bei der Wahrheit zu bleiben, es gab damals sehr wenige Paare, mit denen ich hätte tauschen mögen. Die meisten schienen in ihrer Ehe unglücklich zu sein. Ich schwor mir, niemals zu heiraten, wenn ich mich nicht seelisch mit dem Mann verbunden und emotional sicher fühlen würde. Ich wusste, dass ich, um dieses Ziel zu erreichen, zuerst meine beste Freundin werden musste.

Mit 28 Jahren zog ich nach San Diego, um meinen Doktor in klinischer Psychologie zu machen, was eigentlich ein Witz war, denn ich hatte einen Punkt erreicht, an dem meine Essstörung außer Kontrolle geraten war. Entweder hungerte ich oder ich fraß mich zu Tode. Mir war klar, dass sich etwas ändern musste.

Ich begann eine Therapie zu machen, psychisch zu genesen und mich mit meiner Spiritualität zu versöhnen, indem ich Jung und den Existentialismus studierte. Dazu gehörte, dass ich das, was der „Abgrund der Seele" genannt wird, durchschreiten musste; ein wertvoller Teil der Reise, den viele von uns dann durchmachen, wenn das Leben ihnen zu viel abverlangt. Jeder Aspekt meines Lebens veränderte sich. Obwohl ich mich zeitweise sehr fremd fühlte, blieb ich auf dem Pfad der Selbsterkenntnis und hörte nicht mehr auf, zu lernen und zu wachsen (hierzu später mehr).

Um Therapie und Lesen zu ergänzen, belegte ich noch viele Workshops und Seminare, unter anderem auch bei den Anonymen Bulimikerinnen. Ich konzentrierte mich auf meine Selbstfindung und nahm die Verbindung zu meinem höheren Selbst und der göttlichen Energie wieder auf. Mit diesem inneren Willen zur Selbsterkenntnis verschwand meine Essstörung, aber es dauerte Jahre.

Ich hatte das Gefühl, neu geboren zu werden; mein Leben machte wieder Sinn und hatte Bedeutung. Ich brauchte niemanden mehr, der mich ausfüllte, sondern liebte mich und schwor mir, mich nie wieder zu verlieren. Durch diesen Lernprozess, die Selbsterfahrung und Heilung begann ich, die sieben geistigen Wahrheiten, die Grundlage dieses Buches, zu erarbeiten. Gleichzeitig wurde ich in meinen Beziehungen authentischer. Ich ging oft aus und zog nette, liebevolle Männer an.

1987 las ich *On the Way to the Wedding: Transforming the Love Relationship* von Linda Leonard. Das Buch wurde zu meiner Bibel, denn hier entdeckte ich die Möglichkeit einer Seelenpartnerschaft. Ich betete um Führung und vertraute auf meine innere Stimme, um die Dinge zu lernen, die ich brauchte, um für eine Beziehung auf diesem hohen Niveau der Intimität bereit zu sein. Dies fiel mir sehr schwer, denn ich hatte keine Vorbilder. Die meisten Beziehungen, die ich in meiner Familie, bei Freunden und Klienten sah, waren bestenfalls Kameradschaften, und es fehlte ihnen ganz offensichtlich die seelische Komponente, die ich suchte.

Aber ich war bereit, meinen Lebenspartner kennen zu lernen. 1990 traf ich Bob. Wir waren geistige Freunde und ich machte in dieser Beziehung enorme Fortschritte. Das Wichtigste, was ich lernte, war, bedingungslos zu lieben. Vier Jahre führten wir eine lockere Beziehung, bevor ich ihn endgültig verließ, denn ich hatte erkannt, dass wir nie Seelenpartner werden würden. Mit weniger wollte ich mich nicht zufrieden geben. Ich verlor nie meinen Glauben, dass der Allmächtige mich nach seinen Plänen einen Seelenpartner finden lassen würde, wenn ich nur weiterhin auf dem von mir eingeschlagenen Weg blieb und sinnvoll lebte.

Sechs Monate, nachdem ich mich von Bob getrennt hatte, starb mein Vater plötzlich. Das erschütterte mich zutiefst. Dieses Trauma, in Verbindung mit der Krankheit meiner Mutter, trieb mein Wachstum ungeheuer an. Ich nahm an Caroline Myss' Workshop in Mexiko teil, dessen Thema „Die sieben Chakras und die sieben Sakramente" lautete. Es war ein umwerfendes Erlebnis. Die ganze Woche lang konnte ich nicht aufhören zu weinen. Der Workshop verströmte das Gefühl, neu geboren zu werden – zu meinen Wurzeln zurückzukehren. Es war ein so tief greifendes Erlebnis, dass ich beschloss, mein Leben Gott zu überlassen und mich bewusst dem Dienst am Nächsten zuzuwenden.

Kurz danach trat Jeff in mein Leben. Nach nur sehr kurzer Zeit wusste ich, dass er mein Seelenpartner war. Ich hatte von Anfang an das Gefühl, dass wir uns schon ewig kannten, und auch Jeff wollte, dass wir für immer zusammenblieben. Ihm war es egal, ob wir verheiratet waren oder nur so zusammenlebten, solange wir ein Paar waren und uns immer wieder dem gegenseitigen Geben verpflichteten.

Nachdem ich so lange als Single gelebt hatte und bemüht war, meine Wunden zu verarzten, war meine Persönlichkeit sehr stark entwickelt. Ich war bereit, das „Wir", das für eine spirituelle Partnerschaft unabdingbar ist, aufzubauen. Als ich Jeff kennen lernte, war ich 47 Jahre alt und noch nie verheiratet gewesen. Aus diesem Grund wollte ich unsere Verbindung legalisieren und richtig heiraten, anstatt nur zusammenzuleben. Aus dem gleichen Grund nahm ich auch seinen Namen an, damit wir die Partnerschaft aufbauen konnten, von der ich immer geträumt hatte.

Das letzte Kapitel in diesem Buch handelt von Seelenpartnerschaften. Obwohl nicht alltäglich, sind sie doch etwas, das wir alle erreichen können, sobald wir uns einmal auf dem Weg der psychosozialen Heilung und des Wachstums befinden. In diesem Kapitel, das Jeff und ich geschrieben haben, erzählen wir die himmlische Fügung unseres Kennenlernens.

Gail

Ich hatte zwei Elternpaare. Meine Eltern und ich lebten in einem Zweifamilienhaus im ersten Stock und Tante Libby, „Unky" sowie Glenn (der Bruder meiner Mutter und Tante Libbys Ehemann sowie deren Sohn) lebten unten. Papa, der Vater meiner Mutter, schlief im Partyraum im Keller. Wir sieben lebten wie auf einer Insel. Zusätzlich zu der Zeit, die wir mit gemeinsamen Freunden und der weitläufigeren Verwandtschaft verbrachten, nahmen wir auch noch alle Mahlzeiten gemeinsam ein und feierten zusammen. Mit anderen Worten – wir waren immer beieinander.

Meine Eltern wie auch mein Onkel und meine Tante führten liebevolle, herkömmliche Ehen und zollten Glenn und mir viel Aufmerksamkeit und Liebe. Obwohl ich mich auf der einen Seite sehr geliebt und umsorgt fühlte, wuchs ich doch in dem Gefühl heran, nicht den Erwartungen zu entsprechen, und war unsicher. Ich hielt immer Glenn für den Klügeren von uns beiden.

Wir lebten wie eine „große, glückliche Familie", aber eigentlich war unser Heim ein psychischer wie auch physischer Käfig. Jeder bekam alles von den anderen mit. Meine Gedanken und Gefühle vermischten sich mit denen meiner Familie. Als ich älter wurde, konnte ich alleine fast keine Entscheidungen treffen, ohne gleich den ganzen Clan mit einzubeziehen und Zustimmung zu erhalten. Damals fühlte ich mich noch meinen Freunden gegenüber bevorzugt, denn ich hatte ja zwei Elternpaare, die mich liebten und sich um mich sorgten. Nun erkenne ich aber, dass ich aus wirren Familienverhältnissen komme, in denen meine Gedanken und Ansichten denen der Familie untergeordnet wurden.

Als ich begann auszugehen, wählte ich immer liebe Männer. Da ich Dad, Unky und Papa als gute Vorbilder hatte, zogen mich ganz natürlich Jungen und später dann Männer an, die gute, traditionelle Wertvorstellungen hatten. Männer, die ich mochte, aber zu denen ich nie eine tiefe innere Verbindung eingehen konnte. Obwohl ich das damals nicht so ausdrücken konnte, traf ich meine Verabredungen immer mit dem Verstand und nie mit dem Herzen oder der Seele.

Auf Grund der Angst vor dem Clan hörte ich nie auf meine innere Stimme, die mir oft zum Gegenteil von dem riet, was meine Familie für mich wollte. Tage- und wochenlang fühlte ich mich mir selbst fremd – als ob ein Teil von mir außerhalb meines Körpers war und ich mich aus einiger Entfernung selbst beobachten würde.

Ich heiratete mit 26 Jahren und war damit schon älter als die meisten meiner Freundinnen, die in diesem Alter bereits mit dem zweiten Kind schwanger waren. Ich heiratete nicht aus großer Liebe, sondern fügte mich dem, was von mir erwartet wurde.

Mein erster Mann (der Vater meines Sohnes) war ein zurückhaltender, intelligenter und warmherziger Mann, den meine Familie mochte und achtete. Während meiner Ehe fühlte ich mich meinem Mann entfremdet und ruhelos, kaum fähig, mein Innerstes zu zeigen. Ich wusste, dass meine Ehe nicht schlecht war, aber irgendwie fühlte ich auch, dass sie nicht gut war. Nach neun Jahren trennten wir uns als Freunde. Kurz nach der Scheidung lernte ich meinen zweiten Mann kennen. Da ich nicht alleine leben konnte, heirateten wir nach wenigen Monaten. Oberflächlich gesehen machte er einen unternehmungslustigeren und dynamischeren Eindruck als mein erster Mann. Die Aufregung und Spannung, die er um sich verbreitete, deutete ich fälschlicherweise als Liebe. Nach nur einem Jahr ließen wir uns scheiden.

Im Rückblick erkenne ich, dass in diesen Ehen die Männer keine Schuld trifft, dafür aber mich umso mehr. Unterbewusst hatte ich gehofft, dass sie die große Leere in mir auffüllen würden, die seit meiner Jugend in mir war.

In Wahrheit waren die beiden Scheidungen ein verkappter Segen. Sie zwangen mich, die Familiendynamik, die meine Gefühle und mein Verhalten beeinflusst hatte, zu analysieren. Meine innere Unruhe zwang mich in eine Therapie und zu Seminaren, in der Hoffnung, dort zu lernen, wie ich mich von meiner Familie emotional lösen könne. Indem ich mich mit meiner Einzigartigkeit arrangierte, begann ich mich langsam als eigenständiges Wesen zu fühlen, das die Freiheit hat, seine eigenen Entscheidungen zu treffen.

Nach meiner zweiten Scheidung begann ich, häufig auszugehen. Bei Männern war ich immer gut angekommen – sie fühlten meist, dass ich eine positive Meinung von ihnen hatte und keine Rachegefühle hegte. Viele Jahre lang ging ich aus, vergnügte mich, machte meine Therapie, las spirituelle Bücher und nahm an einer Myriade Seminare teil, um mein Selbstwertgefühl zu stärken.

Dann lernte ich Ed kennen, und nun sind wir seit 19 Jahren ein Paar, wenn auch nicht verheiratet. Die Beziehung erfüllt alle meine Bedürfnisse, auch wenn ich manchmal unruhig werde. Vor zwei Jahren starb mein Vater (meine Mutter ist bereits vor vielen Jahren gestorben), und dieses Trauma veranlasste mich, erneut in mich zu gehen und meine tiefsten Gefühle und Bedürfnisse zu analysieren. Traurig und alleine zog ich mich in meinen Kokon zurück und tastete mich bewusst auf meinen Pfad der Selbstsuche und Entdeckung zurück.

Diese Veränderung bewirkte, dass ich wieder auf meine innere Stimme höre, während ich mich bemühe, die beunruhigenden Aspekte meines Lebens in den Griff zu bekommen: Wie kann ich mein Lebensziel erreichen und anderen dienen? Und wie kann ich mein inneres Bedürfnis nach einer engen emotionalen und spirituellen Beziehung zu einem Mann in meiner Verbindung zu Ed zeigen? Nun muss ich mich mit diesen Fragen befassen.

Wege, die zusammenführen

Wir lernten uns 1986 kennen, während wir beide am „Learning Annex" in Chicago unterrichteten. Wir hatten beide Interesse an der Arbeit mit Singles. Als wir uns über unsere Ansichten und persönlichen Erlebnisse unterhielten, erkannten wir, dass unsere Ideen und Grundsätze völlig unterschiedlich waren, sich aber ergänzten. Wie unsere Vergangenheit zeigt, kämpften wir beide gegen unterschiedliche Schwierigkeiten an, schätzten

Lernen und persönliches Wachstum und wollten unsere Erfahrungen mit anderen teilen. Wir haben aus unseren Fehlern gelernt.

Auf Grund ihrer Ausbildung gab Gail Unterricht, der sich mit den äußerlichen Fertigkeiten befasste, während Basha als klinische Psychologin sich eher auf das Innere konzentrierte. Gail war verheiratet gewesen, kam bei Männern gut an und lebte in einer festen Partnerschaft. Basha war Single, noch nie verheiratet gewesen, hatte mehrere geistige Freundschaften gehabt und war ebenfalls bei Männern erfolgreich. Aus diesen Grund waren sie ein optimales Paar, um ein Programm zu erstellen, in dem Singles Unterstützung finden und die Techniken erlernen konnten, die sie brauchten, um ans Ziel ihrer Wünsche zu gelangen.

Nach viel Arbeit erstellten wir ein Programm mit dem Titel: „Nehmen Sie Ihr Single-Leben selbst in die Hand". Mit den Jahren änderten wir uns und damit auch die Gruppe. Außerdem schien unsere Entwicklung mit dem wachsenden spirituellen Bewusstsein Hand in Hand zu gehen. Es wurde klar, dass die meisten unserer Klienten psychisch und spirituell wachsen und heilen mussten, bevor sie einen Partner suchen, geschweige denn sich erfolgreich binden konnten.

Persönliches Wachstum und Heilung werden durch die Verbindung von Psychologie und Spiritualität erreicht, *psychospirituelle* Heilung genannt. Sie setzt dann ein, wenn wir bereit sind, Verantwortung für unser Leben zu übernehmen. Die ungesunden Gedanken und Verhaltensweisen, die ein Teil von uns selbst geworden sind, wollen erkannt, aufgearbeitet und verstanden werden. Wir müssen die Wunden unserer Kindheit und unser Wertesystem überprüfen und erkennen, auf welche Weise sie unsere Beziehungen zerstören.

Mit der Zeit änderte sich unsere Gruppenarbeit von psychologischen zu psychospirituellen Lerninhalten (vom Denken zum Fühlen) und wir waren selbst über die Ergebnisse erstaunt. Eine große Anzahl unserer Teilnehmer fand ihren Seelenpartner. Andere berichteten uns, wie viel besser es ihnen nun bei Verabredungen erging und dass wir eine neue Art, sich kennen zu lernen und miteinander auszugehen, erfunden hätten. Dadurch hatten auch sie die Möglichkeit, Partner entsprechend ihrem Wertesystem, ihren Ansichten und ihren Interessen zu finden. Sie hatten nicht nur das Werkzeug, sich erfolgreich zu verabreden und Freundschaften zu beginnen, sondern waren glücklich, dass sie ihr Innerstes entdecken konnten.

Dieses Buch ist die Krönung einer wichtigen Arbeit. Als Individuen mussten wir uns mit vielen Dingen auseinander setzen, als Paar hatten wir unsere Schwierigkeiten. Wir sind Seelenpartner!

Obwohl wir uns während des Schreibens miteinander austauschten, beschlossen wir, jeder dieses Buch für sich zu schreiben, um damit unsere unterschiedlichen Perspektiven und unsere unterschiedlichen Wege darzustellen. Basha schrieb die „Einleitung und Grundlagen", die „Sieben geistigen Weisheiten" und „Schritte der Seelenarbeit" Gail übernahm die Verantwortung für „Den Seelenpartner finden" und „Das Beziehungskarussell". Jeff und Basha zusammen übernahmen das letzte Kapitel: „Seelenpartnerschaft".

In dem Buch weisen wir immer wieder auf die Bedeutung des Lernens hin, des Bewusstwerdens, der persönlichen Verantwortung, uns selbst zu kennen und zu lieben, und der Authentizität. Im Laufe der Jahre haben wir enorme Fortschritte gemacht, sowohl als Individuen als auch als Team. Wir versprechen Ihnen, dass die Geschenke und Belohnungen, die Sie während dieses seelischen Kennenlernens bekommen, die Schwierigkeiten und Schmerzen der Mühen um ein Vielfaches übertreffen. Wir sind den Weg gerne gegangen und genossen das Abenteuer, dieses Buch zu schreiben. Hoffentlich hat es für Sie die gleiche Bedeutung wie für uns.

Lernen Sie die Weisheiten kennen!

Teil I
Die sieben geistigen Weisheiten

Die sieben geistigen Weisheiten sind eine neue Art, das Leben und die Partnerschaft zu betrachten. Sie sind der Grundstein für ein Leben in Erfüllung, Glück und Überfluss, das seinerseits die Bildung einer gesegneten Verbindung ermöglicht und unterstützt. Diese sieben geistigen Weisheiten bieten Ihnen neue Perspektiven, die Ihnen behilflich sind, die Welt so zu verstehen, dass Ihre Reise vereinfacht wird, besonders wenn Sie auf der Suche nach Ihrem geistigen Freund oder Seelenpartner sind. Es ist wichtig, die sieben geistigen Weisheiten auf dem Weg Ihrer Beziehungsfindung zu verstehen und anzuwenden. Außerdem müssen Sie sie selbst vor, während und nach ihrer Reise leben.

Die sieben geistigen Weisheiten:

1. Bewusst werden
2. Das Leben hat eine Bedeutung
3. Der Mensch hat eine Seele und eine Persönlichkeit
4. Das innere Wesen schätzen
5. Uns selbst lieben
6. Ganz werden
7. Den Weg weitergehen

Obwohl Sie diese Informationen in vielen psychologischen und spirituellen Büchern finden können, bringen wir Ihnen diese Dinge auf einer anderen Ebene des Verstehens bei und nutzen sie besonders im Hinblick auf Partnerschaften.

Sie beherrschen die Kunst der seelischen Partnersuche und Verbindung automatisch, sobald Sie sich selbst intellektuell, emotional und spirituell kennen gelernt haben. Wir haben die sieben geistigen Weisheiten zusammengestellt, damit Sie lernen, wer Sie sind. Unser Ziel ist, Sie mit konkreten Anweisungen auf Ihrer Reise zu begleiten.

Auch die Zahl sieben haben wir mit Absicht gewählt. In der gesamten Geschichte kam dieser Zahl eine magische Bedeutung zu; man dachte, sie sei der Weg zu Gott. Wir können die Zahl sieben in den Wochentagen, den Farben des Regenbogens, den Noten der Tonleiter, den Chakras und Energiezentren des Körpers, den Sakramenten, den Ebenen des Sefioth in der Kabbala und den Weltwundern wiederfinden. Hoffentlich ermöglicht Ihnen das Verständnis der sieben geistigen Weisheiten, sich auf die Reise zur spirituellen Erleuchtung zu begeben und dabei unsere Philosophie, einen Seelenpartner zu finden, erfolgreich anzuwenden.

In dem Buch *Der wunderbare Weg* behauptet M. Scott Peck, dass das Leben schwer sei. Die meisten weigern sich, die Wahrheit hinter diesen Worten zu akzeptieren. Gerade wenn wir jemanden kennen lernen, trifft dies zu; wir suchen leicht machbare Wege, um einen Partner zu finden, und wir lieben „Regeln", die schnellen Erfolg versprechen. Bevor wir die komplizierten Vorgänge des Kennenlernens und der Beziehung annehmen und unseren Frieden damit schließen, kämpfen wir mächtig dagegen an und weigern uns, die Wahrheit zu sehen. Wir sind nicht mehr im Gleichklang mit der Lebenswahrheit.

Als wir die sieben geistigen Weisheiten entworfen und definiert haben, überlegten wir genau, in welcher Reihenfolge wir sie festlegen sollten. Es ist nicht nötig, alles Schritt für Schritt durchzuarbeiten, denn jede Weisheit ist für sich und von den anderen unabhängig. Wir haben sie entsprechend obiger Aufzählung geordnet, denn sie ergeben unserer Meinung nach auf diese Weise ein holistisches System.

1. Bewusst werden

Indem Sie bewusst werden, übernehmen Sie die Verantwortung für Ihr Leben. Menschen, die nicht bewusst handeln, übernehmen im Allgemeinen die Ziele als eigene, die andere für sie setzen. Sie akzeptieren und verinnerlichen die Wertvorstellungen und Regeln anderer, da ihre Identität und ihre eigenen Normen nicht entwickelt sind. Sie vergeuden ihre Kraft mit sinnlosen Anstrengungen und bemerken dann, dass sie Illusionen hinterhergelaufen sind und umsonst gekämpft haben. Bewusste Menschen hingegen vergessen niemals, wer sie sind, und fühlen sich frei genug, um ihren eigenen Überzeugungen zu folgen.

Nehmen Sie beispielsweise die endlose Suche nach dem perfekten Partner. Die meisten Menschen verwechseln fälschlicherweise Lust mit Liebe. Kein Wunder, dass die meisten Partnerschaften nicht funktionieren. Wir versuchen, vor dem Leben mit seinen Prüfungen und Schwierigkeiten davonzulaufen, und suchen bei anderen den Schlüssel zum immer währenden Glück

Sich bewusst werden ist, wie aus der Dunkelheit ins Licht zu treten. Plötzlich können wir klar sehen. Wir erkennen und akzeptieren die Realität und die Wahrheit über uns selbst und andere sowie die Gesetze des Universums. Um dieses Ziel zu erreichen, müssen wir uns im Umgang mit der Welt eine vielschichtige Sichtweise aneignen. Wir müssen unsere Intuitionen schätzen und unseren Gefühlen vertrauen und uns nicht bei jeder Entscheidung, die wir treffen, auf die Logik verlassen.

Dieses neue Bewusstsein bekommen wir, wenn wir unser bisheriges Leben überdenken und die Schwerpunkte, die wir darin gesetzt haben, erneut überprüfen. Bevor wir uns jedoch neu definieren, müssen wir eine ehrliche Bestandsaufnahme machen und unsere geheimen (dunklen) Seiten offen legen, die wir sonst vor uns und anderen verborgen halten. Wir müssen uns fragen: „Will ich der Schöpfer meines Lebens sein oder bin ich passiver Zuschauer und reagiere auf die Umstände?" Bewusst werden heißt auch, dass wir uns zurücknehmen, uns Zeit gönnen, um zu „sein", damit wir unseren Blick nach innen richten und unsere Gefühle und körperlichen Reaktionen spüren können, während wir die Werte Wahrheit, Liebe, Verantwortungsgefühl und Hingabe in uns aufnehmen.

Uns bewusst zu werden oder eine neue Ebene der Erkenntnis zu erreichen beinhaltet, dass wir unser Leben in dem Wissen leben, dass unsere wahre Aufgabe ist, unsere Gedanken und Gefühle zu kennen und unser Leben so zu orientieren, dass es uns repräsentiert. Die Fragen, über die wir nachdenken sollen: Welche Träume haben wir für unser Leben? An welchen Werten orientieren wir uns? Wir müssen zu Betrachtern unseres Selbst werden – ohne zu urteilen – und in der Lage sein, unser Verhalten und Benehmen zu analysieren. Wir müssen uns mit den Augen der anderen Menschen betrachten. Dies ist nur dann möglich, wenn wir in unserem Leben die Wahrheit über uns erkennen – ohne Illusionen. Wahres Selbstverständnis erfordert ein Wissen hinter den Kulissen; es hilft uns, unser wahres Potenzial zu erkennen.

Wir leiden in Partnerschaften, wenn wir die Wahrheit nicht sehen wollen, und das manifestiert sich dann als Problem zwischen den Geschlechtern. Eine Frau verliebt sich in der Regel in das typisch „Männliche" im Mann und versucht dann, ihn nach ihren Vorstellungen zu formen. Ein Mann hingegen idealisiert die Frau zunächst, sie ist perfekt und ihr Äußeres entspricht genau seinem Geschmack. Beide jedoch schätzen den Partner mit all seinen Stärken und Schwächen nicht richtig ein. Um eine gute Partnerschaft zu führen, sollten wir realistisch bleiben und nicht versuchen, unsere Illusionen zu bestätigen.

Als unbewusste Individuen sind unsere Interpretationen von Umständen und Menschen die einzige Wahrheit. Aus diesem Grund ist unser Verständnis der Dinge immer von unserem Standpunkt und unserer Sichtweise abhängig.

Jeder von uns hat seinen persönlichen Lebensweg, der zum Teil auch von unseren Erfahrungen abhängt. Sie filtern unsere Eindrücke und das Ergebnis bestimmt unsere Wirklichkeit. Unterschiedliche Perspektiven resultieren in unterschiedlichen Standpunkten mit entsprechenden Glaubens- und Wertesystemen.

Wir können uns nicht von unserer Vergangenheit, unseren gesellschaftlichen Umständen und unserer Perspektive befreien, ohne dafür „Lebensarbeit" leisten zu müssen. Wir können uns nicht einfach frei von Vorurteilen oder erlernten Verhaltensweisen erklären oder sie sofort durch Neues ersetzen. Es ist uns aber möglich, unsere Vergangenheit und Zukunft fasziniert zu betrachten, ohne unser Verhalten oder die Umstände in Erwägung zu ziehen. Nur wenn wir verstehen, wie unsere Wertvorstellungen entstanden und wodurch sie beeinflusst worden sind, können wir sie ändern und uns und damit auch unsere Wirklichkeit neu formen.

Die Kraft, die wir brauchen, um unser Leben in die eigenen Hände zu nehmen, hängt von unserer Einstellung und davon ab, wie wir eine Situation sehen und bewerten. Kognitive Verhaltenstherapie ist deshalb so erfolgreich, weil sie darauf beruht, unsere Denkweisen und damit unser Verhalten zu ändern

Eine der Grundlagen eines bewussten und glücklichen Menschen ist die Fähigkeit, unterschiedliche Perspektiven zu erkennen, zu verstehen und zu schätzen. Wenn Sie einmal erkannt haben, dass es verschiedene Sichtweisen ein und derselben Sache gibt, haben Sie die Freiheit zu wählen. Dadurch sind Sie es, der entscheidet, Sie können sich den Weg heraussuchen, der Sie an das Ziel Ihrer Wünsche führt.

Bewusste Menschen sind im Leben optimistische Realisten. Durch ihre Einstellung führen sie ein ruhiges und zufriedenes Leben, das ihrem Wesen entspricht. Wenn sie niedergeschlagen sind und die Zukunft schwarz erscheint, wissen sie, dass es nicht an der Welt, sondern an ihnen liegt. Sie haben die Mittel in der Hand, um vom hilflosen Zuschauer zum aktiven Gestalter zu werden. Mit der Sichtweise, durch neue Perspektiven und andere Blickwinkel, verändert sich das Leben jeden Tag. Kluge Entscheidungen in verschiedenen Situationen zu treffen ist erlernbar. Und mit den Wahlmöglichkeiten wird das Leben reichhaltiger.

Wenn Sie sich über etwas ärgern, was nicht in Ihrer Macht liegt, ist das zwar sehr menschlich, aber sinnlos. Es kann sich dabei um triviale Situationen oder wirklich Schwerwiegendes handeln – zum Beispiel ruft jemand, den Sie sehr attraktiv finden, nicht an (trivial) oder Ihr Partner teilt Ihnen mit, dass er sich von Ihnen trennen wird, weil er sich noch nicht reif genug für eine feste Bindung fühlt (schwerwiegend). Menschen, die sich nicht bewusst sind, versuchen, eine Situation, der sie nicht gewachsen sind, zu beherrschen. Sie leiden, während sie die Schuld bei sich oder anderen suchen, und vergeuden sinnlos ihre Energie. Mit anderen Worten – wenn sie ihren unerfüllbaren Traum einfach loslassen könnten, hätten sie die Kraft für das Erreichbare.

Wenn wir alles uns Mögliche tun, um eine Situation zu ändern oder aus ihr zu lernen, können wir unnötige Schmerzen verhindern, indem wir die Lage so akzeptieren, wie sie ist. Zerbricht eine Beziehung, müssen wir es hinnehmen und einen anderen Menschen suchen, der unseren Bedürfnissen entspricht, anstatt in der Vergangenheit zu verweilen. Helen Keller schrieb: „Sobald sich eine Tür des Glücks schließt, öffnet sich eine andere, aber oft schauen wir so lange auf die geschlossene Tür, dass wir die offene gar nicht bemerken." Unbewusste Menschen fahren sich in dem Bemühen, die Tatsachen zu ändern, fest und fügen sich dadurch beträchtliche Verletzungen im Umgang mit dem anderen Geschlecht zu. Wir können unsere Stärke entwickeln, indem wir unsere Werte, Gefühle und unseren Glauben an andere im Umgang mit ihnen überprüfen.

Die Wirklichkeit zu akzeptieren heißt nicht, aufzugeben. Ganz im Gegenteil. Haben wir eine Situation einmal angenommen, sind wir risikofreudiger. Unsere Stärke liegt in unserer Einstellung. Das hört sich leicht an, ist aber auf Grund unseres Kontrollbedürfnisses gar nicht so einfach. Deshalb müssen wir uns bewusst immer wieder von unserem alten Wertesystem lösen, so lange, bis wir in der Lage sind, in Frieden weiterzugehen.

Eine andere Grundlage des bewussten Lebens ist die Akzeptanz der Gesetze des Universums. Dazu gehört, dass das Leben Änderungen unterworfen und unsicher ist. Aber ganz gleich wie kompliziert es erscheint, wir sind immer in unseren Entscheidungen frei. Unsere Kraft liegt darin, wie wir in den einzelnen Situationen denken, fühlen und entscheiden. Nichts im Leben ist garantiert und wir müssen mit dem Unerwarteten rechnen und uns darauf mit mehreren Alternativen vorbereiten. Diese werden nicht von den Zwängen regiert, die uns Familie, Gesellschaft und Kultur auferlegen, sondern sind Entscheidungen, die uns zugute kommen.

Indem wir bewusst leben, wissen wir, dass die Fehler und falschen Entscheidungen der Vergangenheit niemals ganz ausgelöscht werden können. Durch größere Kompetenz in der Bewältigung der Lebensprobleme gelingt es uns aber, schneller zu handeln und weniger zu leiden. Wir können auf unsere Vergangenheit stolz sein und aus den Fehlern lernen. Wir vergeben uns frühere uneingelöste Versprechen und wählen bewusst unsere gegenwärtige Lebensform. Bewusst zu leben ist die Voraussetzung für eine geistige Freundschaft. Seelenbeziehungen jedoch setzten voraus, dass beide Partner willentlich im Licht reisen und das „Wir" erkunden.

2. Das Leben hat eine Bedeutung

Das Verständnis, dass das Leben eine Bedeutung hat, ist eine Grundlage auf unserem Weg zu einer geistigen Freundschaft oder einer Seelenpartnerschaft. In uns verborgen liegt ein tiefes Verlangen nach einer spirituellen Interpretation des Lebens und einer innigen Verbindung zum Universum. Unsere gelegentliche Unruhe und Unzufriedenheit beruhen auf dem Gefühl, von dieser universellen Energie abgeschnitten zu sein. Diese Leere ist auch ein Zeichen unseres Heimwehs nach dem Wahren oder den geistigen Dingen, die uns erfüllen. Um unser Leben im Gleichgewicht zu halten, muss unser weltlicher Lebensstil Glauben und wahre Werte enthalten. Wir müssen üben zu dienen, zu lieben und Mitgefühl zu haben, gepaart mit Respekt für unsere wahre geistige Natur. Unser Leben wird von diesem Schritt auf dem Weg zu spiritueller Ganzheit grundlegend beeinflusst.

Wir alle sehnen uns nach einem liebevollen und warmherzigen Lebenspartner. Viele Menschen fühlen sich ohne diese Beziehung leer und sind auf der Suche nach mehr. Warmherzige Beziehungen beruhen auf der Fähigkeit, unser Innerstes mit einem anderen Menschen zu teilen. Diese Beziehung lebt mehr durch innere Verbundenheit als durch äußere Werte, Interessen und Ansichten. Dorthin gelangen wir nur, wenn wir mit uns und unserem Leben Frieden geschlossen haben. Leere und Unzufriedenheit sind bezeichnend für Menschen, die noch nicht den Sinn und Zweck des Daseins gefunden haben. Wenn unser Leben bedeutungsvoll ist, sind wir zufrieden und ausgeglichen. Aus diesem Grund ist die Bedeutsamkeit im Leben so wichtig, um eine geistige Freundschaft oder Seelenpartnerschaft zu schließen.

Eine wahre spirituelle Reise bringt uns an einen Ort, an dem Liebe gedeihen kann. Aber wir können uns selbst sabotieren. Unsere Persönlichkeit, unsere „glänzende" Fassade hindert uns daran, uns mit unserer göttlichen Natur zu verbinden. Wir müssen die Wahrheit in unseren Herzen suchen und dürfen uns nicht von der Meinung anderer beeinflussen lassen.

Es gibt viele Möglichkeiten, unsere Beziehung zu Gott oder der universellen Energie zu entdecken. Vielleicht brauchen wir keine Religion, aber wir benötigen einen Sinn in unserem Leben. Wir müssen nicht an Gott glauben oder das Wort „Gott" als Bezeichnung nehmen, um unser Wesen, unsere Seele und unsere Verbindung zum Universum zu erfahren. Es sind unsere Gedanken und Taten, unser Leben und Erleben, die wichtig sind, und nicht unsere Worte. Gott können wir nicht mit unserem Verstand erfassen, deshalb müssen wir seine göttliche Energie in unseren Herzen erfahren.

Wenn Sie die Suche nach der Bedeutung antreten, erkennen Sie damit an, dass es eine schöpfende Kraft gibt, von der alles kommt. Das Geheimnis, um mit dieser Lebenskraft in Verbindung zu bleiben, liegt darin, sich mit dem Herzen, der Seele und der Intuition zu konzentrieren. Um die Verbindung auszubauen und aufrechtzuerhalten, sollten Sie sich Zeit nehmen und einen Ort bestimmen, an dem dieses geistige Erlebnis stattfinden kann. Ihr Verstand hilft Ihnen, die Erfahrungen zu verarbeiten, sollte Sie dabei aber nicht beherrschen. Sie müssen Platz schaffen und Ihr Herz dem Göttlichen öffnen.

Wie tief wir das Göttliche in uns aufnehmen und ihm vertrauen, bestimmt den Grad der Vertrautheit mit einer höheren Macht. Wenn wir unseren inneren Gott, der unser höheres Selbst ist, kennen lernen, werden wir erkennen, dass uns das Göttliche umgibt. Diese Erfahrung ist beruhigend und stärkend und gibt uns Lebendigkeit. Die Vorstellung, mit dem Göttlichen verbunden zu sein, schärft unseren Sinn dafür, wo wir hingehören, und gibt uns Verständnis dafür, was wir tun müssen, um die Welt und uns selbst zu pflegen und zu heilen.

Alles Leben hat eine Bedeutung. Unser kosmisches Bewusstsein enthält einen für uns nicht wahrnehmbaren Bauplan. Jedes neue Erlebnis fordert unseren Glauben, denn auf einer geistigen Ebene ist der Weg, der zu unseren Zielen führt, steinig und selten deutlich gezeichnet. Uns wurde nie ein Leben ohne Angst und Bemühungen versprochen und wir müssen uns darauf verlassen, dass jeder Mensch und jedes Erlebnis, abgestimmt auf das, was wir zu lernen haben, in unser Leben getreten ist. Unsere geistige Herausforderung besteht darin, den Stoff zu erkennen. Sobald wir auf unsere Intuition und Gefühle hören, die uns zu unseren wirklichen geistigen Freunden oder

Seelenpartnern führen, werden wir weniger Misserfolge hinnehmen müssen.

Lernen müssen wir immer. Häufig stellen sich Anlässe oder Menschen, die uns ganz besonders aufregen, als die besten Lehrer heraus. So betrachtet, verwandeln sich unsere Schwierigkeiten in Segen. Die wirkliche Bedeutung des Geschehenen können wir erst nach einiger Zeit beurteilen, wenn die Zusammenhänge klar werden. Wir müssen darauf vertrauen, dass Gottes und unsere Zeitvorstellungen nicht notwendigerweise übereinstimmen.

Glaube hilft immer. Wir sind mit unseren Schwierigkeiten nicht alleine. Wir müssen um Führung bitten, unsere Herzen öffnen und unser höheres Selbst mit Weisheit füllen. Wenn wir diese Führung in unserem Leben willig und fröhlich annehmen, erkennen wir, dass sich sogar die schlimmsten Katastrophen zum Besten wenden können. Glaube und Vertrauen lassen uns auch in der größten Finsternis furchtlos bleiben.

Auf unserer Suche nach der Wahrheit bemerken wir, dass sich Liebe und Angst gegenüberstehen. Liebe erweitert, während Angst beschränkt. Die Angst wächst, je mehr wir uns vom Leben entfernen und die Möglichkeiten, die sich uns bieten, nicht ergreifen. Entscheiden wir uns für die Liebe, müssen wir unsere Leidenschaft zeigen und im Austausch Liebe geben und nehmen. Diese Verbindung zu unseren Herzen findet immer dann statt, wenn wir tief atmen, und ist in diesem Moment gegenwärtig. Wir berühren das Leben und das Leben berührt uns.

Gottes Weg, mit uns zu kommunizieren, zeigt sich durch Zufälle oder Überschneidungen der Ereignisse, aber wir müssen darauf achten. Das, was wir brauchen, ist auch im richtigen Moment vorhanden. Zum Beispiel wachen wir eines Morgens auf und sind bei der Erinnerung an den Streit am Abend zuvor angespannt. Wir öffnen ein Buch mit Meditationen, das auf dem Nachttisch liegt, wunderbarerweise genau an der Stelle, an der ein Absatz steht, mit dem wir unseren Konflikt lösen können. Wir werden immer wieder überrascht. Segen kommt oft in Verkleidung und wir wissen nie, ob eine Situation letztlich gut oder schlecht ausgehen wird, ganz egal welches Gefühl wir zuvor hatten.

Die unten erzählte Geschichte aus dem Buch *Sadhana, ein Weg zu Gott* von Anthony de Mello verdeutlicht dies sehr eindrucksvoll:

Glück? Pech? Wer weiß das schon?

Es gibt eine chinesische Geschichte von einem alten Bauern, der zum Beackern seiner Felder ein altes Pferd besaß. Eines Tages lief das Pferd in die Berge. Als alle Nachbarn den Bauern zu seinem Pech bedauerten, entgegnete er: „Pech? Glück? Wer weiß das schon?" Eine Woche darauf kehrte das Pferd zusammen mit einer ganzen Herde wilder Pferde aus den Bergen zurück und diesmal gratulierten alle anderen dem Bauern zu seinem Glück. Wieder antwortete er: „Glück? Pech? Wer weiß das schon?" Daraufhin versuchte der Sohn des Bauern, eines der wilden Pferde zu zähmen, fiel dabei und brach sich ein Bein. Jedermann war der Meinung, dass dies schon ein sehr großes Pech war. Nicht so der Bauer, dessen einziger Kommentar wieder war: „Pech? Glück? Wer weiß das schon?". Ein paar Wochen später marschierte die Armee in das Dorf ein und nahm alle gesunden jungen Männer mit, die sie finden konnte. Nicht so den Sohn des Bauern mit seinem gebrochenen Bein. War das nun Glück? Oder Pech? Wer weiß das schon?

Leben hat eine Bedeutung, wenn wir die Fähigkeit haben, den Moment zu leben. Es ist eine bemerkenswerte Erfahrung, die Großartigkeit eines Moments für sich selbst sprechen zu lassen. Wenn wir die Reise genauso schätzen wie das Ziel, ist jeder Tag ein Wunder.

Damit das Leben komplett ist, muss unsere universelle Suche nach Bedeutung sich auch auf unsere täglichen Tätigkeiten erstrecken. Oft beschweren wir uns, dass das Leben leer und langweilig ist und nichts zu bieten hat. Trotzdem wird unsere Zeit von den „Tätigkeiten" ausgefüllt, die sein „müssen" oder unseren gesellschaftlichen Stand erhalten. Diese Art von Leben lenkt uns von den wahren Werten ab, die für unsere Seele wichtig sind.

Den Moment zu leben ermöglicht uns, unsere Talente und Fähigkeiten zu schätzen und dankbar für unsere Gaben zu sein.

Diese Dankbarkeit sollte sich auch im Umgang mit unserem Partner zeigen. Dadurch wächst und gedeiht die Beziehung. Zum Beispiel ist es ganz herrlich, ein gutes Essen zu kochen, einen wunderbaren Sonnenuntergang zu betrachten oder eine Straße entlangzugehen. Wir sollten uns Zeit nehmen, Gottes Schöpfung und der Vollkommenheit der Natur Aufmerksamkeit zu schenken. Diese Geschenke des Lebens erfüllen uns mit Staunen, Frieden und einer wahren Gelassenheit.

Indem wir helfen – den Armen geben, die Hungrigen versorgen und gegenüber unseren Eltern aufmerksam sind –, erfüllen wir einen Teil unseres höheren Daseinszwecks. Indem wir uns in die Lage des anderen versetzen und zuvorkommend reagieren, spüren wir die universelle Energie deutlicher und unser Leben wird bedeutungsvoll. Dienen zu können ist ein Verlangen, über uns hinauszuwachsen und zu leben, das aus dem Herzen kommt. Häufig sind die Taten, die uns am meisten befriedigen, die, bei denen wir unsere gottgegebenen Talente, Interessen und Fähigkeiten nutzen können.

Wir bekommen immer mehr, als wir geben. Verbunden mit der Arbeit für andere ist eine tiefe innere Zufriedenheit. Zu dienen ist eine der besten Möglichkeiten, Angst, Hilf- und Hoffnungslosigkeit zu überwinden. Durch Uneigennützigkeit schätzen wir das Leben auf einer höheren Ebene und gelegentlich zeigt sich, dass diejenigen, denen wir Hilfe zuteil werden lassen, unsere besten Heiler sind und uns geistigen Unterricht erteilen, der uns nützt. Wie Gandhi ständig betonte: „Sogar während wir anderen dienen, erweitern wir unsere Fähigkeiten."

Wir alle müssen unseren persönlichen Sinn und Zweck suchen. Wir müssen uns bemühen, das Richtige zu erkennen, auf unsere Herzen hören und den Mut haben, unsere Träume zu erfüllen. Wenn uns das gelingt, begeistern wir uns, werden wie Kinder: wach, bewusst und authentisch in allen Bereichen unseres Lebens. Das ist das wunderbare Ergebnis eines sinnvollen Daseins.

Wahre Bedeutung wird letztlich dadurch erreicht, dass wir unseren Passionen in Übereinstimmung mit dem Universum nachgehen. Durch Leidenschaft und Sinn und ständigen hingebungsvollen Dienst begeben wir uns auf den Weg zu einer wirklichen geistigen Freundschaft oder Seelenpartnerschaft.

Diese positiven Energien beeinflussen unser Befinden erheblich und dadurch ziehen wir andere, ähnlich gesinnte Menschen
an. Das Gefühl, uns in einer geistigen Beziehung selbst zu
finden, können wir nur erreichen, wenn beide Partner ihrem
Leben Bedeutung gegeben haben.

3. Jeder Mensch hat eine Persönlichkeit und eine Seele

Um ein erfülltes Leben zu führen und den Weg zu seelischer Partnerschaft zu finden, müssen wir die Komponenten verstehen, die ein menschliches Wesen ausmachen. Wir müssen erkennen, dass jeder Mensch eine Kombination von Seele und Persönlichkeit ist, innere und äußere Qualitäten hat. Ganz zu werden heißt, dass sich beide Teile verbinden, so dass unsere Persönlichkeit durch unsere Seele dirigiert und gelenkt wird. Auf der Suche nach einer Seelenpartnerschaft müssen beide Teile unseres Ichs miteinander verbunden und aktiv sein. Denken Sie daran, während Sie nun über die Unterschiede zwischen Seele und Persönlichkeit lesen, dass beide gegensätzlich sind und sich doch das ganze Leben hindurch ergänzen. Alle beiden Teile müssen erfolgreich sein. Sie sind es auch, die jeden von uns besonders und einmalig machen.

Was ist Persönlichkeit?

Unsere Persönlichkeit ist der Teil von uns, den wir im täglichen Leben einsetzen. Sie befindet sich in der materiellen Welt und zeigt sich hauptsächlich durch unsere fünf Sinne. Die äußeren Lebensbereiche sind wichtig. Deshalb verhalten wir uns so, wie von der Gesellschaft, unseren Familien und Freunden erwartet wird. Wir definieren uns über unsere Taten und nicht über unser Sein. Die komplette Hinwendung auf diesen Prozess überdeckt und unterdrückt unseren inneren Entwicklungsprozess.

Die Persönlichkeit hechelt immer der Illusion des Perfekten hinterher. Sie versucht, die richtigen Antworten, äußere Sicherheit und Erfolg zu finden. Frauen bewerten Erfolg anhand oberflächlicher Werte wie Schönheit und Beziehungen, Männer auf Grund von Intelligenz, Macht und Geld. Die Persönlichkeit liebt Herausforderung und versucht ihrerseits, die phy-

sische Welt zu beherrschen, um zu überleben – die Persönlichkeit glaubt an die Evolution durch Selektion.

Was ist die Seele?

Die Seele ist der Teil unseres Seins, der die fünf Sinne durch-
dringt. Es ist ein Teil des mysteriösen Bereichs, unserem täglichen Fühlen nicht zugänglich. Die Seele enthält die Intuition
und Gefühle unseres Seins, die hinter unserer Persönlichkeit
mit unserem höheren Selbst verbunden sind. Die Seele erlebt
unsere göttliche Abstammung und Kraft und erlaubt uns, hinter
die erklärbaren Ebenen unseres Bewusstseins zu dringen. Diese
Verbindung zu Gott und dem Universum bezeichnet unsere
Spiritualität, die die Essenz der Seele ist. Die Seele lebt durch
das immer während gültige Gesetz, dass wir perfekt erschaf-
fen wurden und auf der Erde leben, um zu lernen und zu wachsen. Die Seele schätzt Zusammenarbeit und „Sein". Wir definieren „Sein" als die Absicht, etwas zu keinem anderen Zweck
als dem Vergnügen oder der Wertschätzung des Resultats zu
tun. Das Herz als der Ort, wo Leben einfach stattfindet, ist
verantwortlich dafür und wir geben uns dem Geschehen hin,
anstatt es kontrollieren zu wollen.

Zum Zeitpunkt der Geburt sind wir direkt mit der göttlichen
oder universellen Energie verbunden. Wir kommen mit der
Seele auf die Welt. Wie sich unsere Persönlichkeit entwickelt,
ist den Einflüssen der Familie, der Umgebung und der Gesellschaft ausgesetzt und hängt von unseren genetischen Anlagen
ab.

Von Kindheit an über das Schulalter bis hin zur Pubertät
werden wir mit Schwierigkeiten konfrontiert. Dies ist die Zeit,
in der sich unsere Persönlichkeit maßgeblich entwickelt. Dabei
drängt unser Bedürfnis, den Anforderungen der Gesellschaft zu
entsprechen und eine für uns akzeptable Identität zu schaffen,
oft unsere Seele in den Hintergrund und wir verlieren den Bezug zum wirklich Wichtigen. Da die Werte der Gesellschaft so
verschieden von denen der Seele sein können, verlieren wir den
Kontakt und die Verbindung zu unserem wahren Selbst. Wie
oft werden wir gefragt, wer wir eigentlich sind, und antworten

dann mit der Beschreibung unserer Tätigkeiten? Wir gestatten der Persönlichkeit, die Seele zu beherrschen.

Während wir älter werden, unterdrücken wir entweder den einen oder den anderen Teil unseres Wesens, anstatt jeweils das Beste unserer Seele und Persönlichkeit zu nutzen. Entweder wollen wir „sein" oder „machen". Eine ausgewogene Balance zu finden ist das eigentliche Ziel eines erleuchteten Menschen. Zu erkennen, dass beide Teile gleich wichtig für unser geistiges Wachstum sind, ist eine der grundlegendsten Lehren.

Auf eine Seelenpartnerschaft hinzuarbeiten wird doppelt belohnt. Es ist die optimale Gelegenheit, das zu werden, was wir sein möchten, unsere Seele und Persönlichkeit zusammenzuführen und innere Erfüllung zu finden – mit der gleichzeitigen Chance auf eine geistige Beziehung.

Um wirklich ganz zu werden und mit jemand anders in Einklang zu leben, müssen wir uns und unseren Partner in vielerlei Hinsicht kennen und akzeptieren. Eine seelische Partnerschaft entsteht dann, wenn sich zwei vollwertige Menschen begegnen, die Intimität und das Bedürfnis zu lernen und zu wachsen schätzen und ein Leben miteinander aufbauen möchten. Diese Verbindung ist das, was uns das Gefühl gibt, zu uns und unserem Partner „heimzukommen", ein tiefes Gefühl der Zufriedenheit und der Akzeptanz des Unvollkommenen.

Oft entdecken wir unsere Seele so lange nicht, bis eine äußere Krise oder ein inneres Gefühl der Leere in unserem Leben auftaucht. Dann trennen wir uns von den reinen Äußerlichkeiten und fangen an, geistige Werte in unsere Entwicklung aufzunehmen. Im Allgemeinen geschieht dies in unserem Erwachsenenleben, wenn wir beginnen, nach dem Sinn und Zweck unseres Daseins zu forschen.

Die Zusammenführung von Persönlichkeit und Seele ist nicht leicht. Auslöser dieses Vorgangs ist in den meisten Fällen eine innere Berufung oder ein äußeres Unglück. Trennung einer Beziehung, Tod in der Familie oder im Freundeskreis, Sucht oder Depression oder die innere Leere in unserem Leben lassen uns zu seelischen oder geistigen Werten zurückkehren. Das zwingt uns, unser Wertesystem, unsere Freundschaften und Lebensweise neu zu überdenken, um herauszufinden, was falsch gelaufen ist. Anders ausgedrückt: Wir schälen uns langsam wie eine Zwiebel – verlieren unsere Schutzschichten und dringen zur Liebe vor –, um zu unserer Seele oder unserem Sein zu gelangen. Wenn wir die Kraft der Seele erkennen, annehmen und schätzen, beginnt sie von selbst, unser Leben zu beeinflussen und zu durchdringen.

Die Integration unserer Seele und Persönlichkeit lenkt unsere Aufmerksamkeit von der Welt nach innen. So kommen wir ein Stück weiter bei der Suche nach unserem geistigen Freund oder Seelenpartner.

4. Das innere Wesen schätzen

Um im Leben und besonders auf den Gebieten der geistigen Freundschaft und der Seelenpartnerschaft erfolgreich zu sein, müssen unsere Kompetenzen sich sowohl auf das „Machen" als auch das „Sein" erstrecken.

Die meisten von uns „machen" gerne und sind erfolgreiche, angesehene „Macher". Unser Leben ist schnell und das Ziel ist, erfolgreich zu sein, gut auszusehen oder uns korrekt zu verhalten. „Macher" schätzen Logik, Denken, Geld, Sport, eine großartige Persönlichkeit und Attraktivität. Das Ergebnis wird immer auf Grund äußerer Standards, die die Gesellschaft bestimmt, bewertet.

„Sein" ist das genaue Gegenteil. Es ist eine Einstellung dem Leben gegenüber, in der wir uns selbst menschlich verhalten. Zu „sein" heißt, ohne Bewertung zu leben. Es ist der Moment, in dem wir entweder alleine oder mit anderen zusammen unserer Seele Tribut zollen, indem wir die Verbindung zu unserem höheren Selbst, Gott und dem Universum suchen und dabei unsere spirituellen und emotionalen Bedürfnisse erkennen. Im „Sein" können wir uns Zeit lassen und den Moment leben, unsere Gefühle und Intuitionen erleben, unsere sechsten und siebten Sinne. Es fördert die Entwicklung unserer inneren Werte wie Leidenschaft, Liebe, Großzügigkeit und Freundlichkeit. Aus diesen Zutaten werden Seelenverbindungen hergestellt.

Die Grundlage der geistigen Partnerschaften sind Vertrautheit, uneingeschränkte Liebe, Gefühle, die mitgeteilt werden, das Zuhören und die Zeit, die gemeinsam miteinander verbracht wird – alle aus der „Sein"-Kategorie. Es handelt sich dabei oft um das genaue Gegenteil des Verhaltens, durch das wir in unseren Berufen erfolgreich wurden. Aus diesem Grund gelingt es vielen von uns nicht, dieses geistige Verhältnis zu erreichen, denn wir haben den „Sein"-Teil unseres Wesens verloren. Wir haben die meiste Zeit unseres Lebens damit verbracht, Gefühle zu unterdrücken oder zu ignorieren, denn in unserem äußerlichen Leben sind wir zu beschäftigt, um uns um sie zu kümmern. Wir vertrauen unserer Intuition (der inneren Stimme) nicht und verleugnen ihren Einfluss. Wenn wir dann endlich mal einen ruhigen Moment haben, ignorieren wir oft unsere Gefühle und Eingaben aus Angst, dass sie uns überwältigen und wir uns eben ändern müssen. Wir weisen sie so lange zurück, bis wir abgestumpft, krank oder depressiv geworden sind. Nur in Zeiten der Not besinnen wir uns auf diese Gefühle.

In dem Moment, in dem uns irgendetwas Angst einjagt oder wir uns unwohl fühlen, einen Schmerz oder ein negatives Gefühl erfahren, verlassen wir das „Sein". Unsere Reaktion heißt weglaufen und „machen". Unsere Gesellschaft schätzt den Erfolg und das Ergebnis und nicht das innere Wachstum oder menschliche Gefühle. In einer Welt, die dem „Machen" unterliegt, gibt es Gesetze und Regeln, nach denen das Ergebnis bewertet wird. Irgendjemand ist immer besser. Wir fühlen uns oft minderwertig.

Wir sind eine Gesellschaft von „Machern", die keine Verbindung mehr zu den wahren Werten hat. Wie sonst könnten wir uns und unsere Mitmenschen so behandeln, wie es üblich ist? Alles basiert auf Geld und Erfolg. Kein Wunder, dass so viele Ehen in die Brüche gehen und Depressionen und Stress ungeahnte Ausmaße annehmen. Wir verlieren uns. Unter diesen Bedingungen einen geistigen Freund oder Seelenpartner zu finden ist unmöglich.

Glücklicherweise können wir alle die Ebene des „Seins" erreichen. Wir müssen nur langsamer tun und uns daran erinnern, wer wir sind und was für uns im Leben wirklich von Bedeutung ist. Es ist wichtig, nicht zu vergessen, dass jeder Mensch ein unverletzliches Ganzes ist. Es reicht völlig aus, nur zu „sein". Sie müssen Ihren Wert niemandem durch Taten beweisen. Im „Sein" zu leben ist erholsam. Es gibt Ihnen neue Kraft und hilft Ihnen, sich für die kommenden Aufgaben zu stärken.

Um uns selbst bedingungslos zu lieben, ist das „Sein" unverzichtbar. Diese Selbstliebe wägt ab und weiß, wer wir sind (Seele) und was wir sind (Persönlichkeit). Descartes hätte sagen sollen: „Ich bin, deshalb existiere ich." Das „Wer" ist immer da und bekommt Unterstützung durch das „Was". Mit anderen Worten macht das, was Sie tun, Sie zu dem, der Sie sind, und schafft ein „Sein", in dem Seele und Persönlichkeit harmonisch vereint sind. Wir können uns für Fehlverhalten entschuldigen, aber niemals für unser Wesen. Niemand kann unsere „Seins"-Erfahrungen bewerten. Sie können uns auch niemals genommen werden und sind das Einzige, was ganz alleine uns gehört; ein Geschenk, das in Ehren gehalten werden soll.

Die Vereinigung von Seele und Persönlichkeit beginnt, wenn wir Ruhe, Gefühle und Intuition zu schätzen lernen. Das „Sein" anzuerkennen braucht Zeit und ein waches Bewusstsein, damit wir unsere innere Stimme hören können. Diese Stimme erinnert uns daran, wer wir wirklich sind. In diesen ruhigen Momenten sind wir mit unseren Ängsten und Grenzen konfrontiert.

Die innere Stimme ist wie ein Ratgeber auf Abruf. Sie und unser höheres Selbst geben uns die Zuversicht, dass wir nicht alleine sind und es wirklich einen Plan für unser Leben gibt. Wir werden ermutigt, in der Ungewissheit zu leben und das Geheimnis des Lebens in uns aufzunehmen. Es ist sehr beruhigend, dass über uns gewacht wird und es einen Weg gibt, auf dem wir geführt werden, wenn wir uns nur die Zeit nehmen, zu hören und danach zu handeln.

Viele von uns haben Angst, auf diese Stimme zu hören, wenn gleichzeitig mit ihr Veränderungen notwendig werden. Zum Beispiel haben wir Angst, unsere alten Verhaltensweisen im Umgang mit dem anderen Geschlecht aufzugeben, wenn wir dafür auf die romantischen Illusionen verzichten müssen. Lieber träumen wir von dem Mann oder der Frau unseres Lebens, als nach einem Partner zu suchen, der uns seelisch unterstützt.

Menschen, die in Kontemplation ihrer inneren Stimme lauschen und sie stärken, behaupten oft, dass sie einen Kontakt zu einer Energie haben, die sie unterstützt und ermutigt. Wie auch immer wir diese Stimme nennen, ob nun Inspiration oder Intuition – es ist tröstlich zu wissen, dass wir nicht alleine sind und jederzeit um Führung oder Rat bitten können. Diese Annahme lässt unser „Sein" wachsen und nährt sowohl unsere Seele als auch unsere Persönlichkeit.

Wir müssen bewusst versuchen, uns in „Sein"-Tätigkeiten zu engagieren. Das ist für diejenigen von uns ein beängstigendes Unternehmen, die ein hektisches „Macher"-Leben führen. Was können wir für das „Sein" tun? Gute Musik hören, Meditation, Tagebuch führen, leise und langsam in einer schönen Gegend spazieren gehen oder warm baden. Auch Nichtstun kann eine großartige „Sein"-Beschäftigung sein, bei der Sie über die fünf Sinne hinaus Gefühle analysieren und Sorgen überdenken können. Die Tätigkeit spielt keine Rolle. Es liegt in Ihrem persönlichen Ermessen, was Ihnen gut tut. Jeder von uns hat seine eigenen Präferenzen und weiß, was ihn zufrieden stellt und erfüllt.

Achten Sie einmal darauf, wie oft Sie Ihre innere Stimme hören. Je mehr Sie mit Ihrem höheren Selbst in Verbindung stehen und sich die Zeit nehmen, in sich hineinzuhorchen, desto mehr werden Sie aus dieser Quelle erfahren und unterstützt. Im optimalen Fall bleiben Sie durch mehrmaliges Innehalten pro Tag in Verbindung mit Ihrer inneren Stimme. Wenn Sie auf das hören, was Ihnen die Stimme sagt, und danach handeln, werden Sie immer daran denken, wer Sie sind und zu sich und den wirklich wichtigen Dingen finden.

Wie Sie sehen, sind beide, „Machen" (Persönlichkeit) und „Sein" (Seele), im Leben unerlässlich. „Machen" ist den meisten von uns vertraut. „Sein" ist eine kontemplative Kunst, die wir uns mit wachsendem Bewusstsein aneignen. „Machen" ist mit schwerer Arbeit und der Entwicklung von Fähigkeiten verbunden, um im Leben erfolgreich zu sein. Es strebt nach der Veränderung der Welt. „Sein" basiert auf dem Verständnis der Welt und beeinflusst unser Leben. Es ist für eine seelische Verbindung zu einem anderen Menschen essenziell. Um eine ganze und liebevolle Persönlichkeit zu werden, müssen wir uns in allen unseren Teilen anerkennen und ehren. Die Entwicklung einer geistigen Freundschaft oder Seelenpartnerschaft hängt von der Integration des „Machens" und des „Seins" ab. Denken Sie daran: Jemanden zu lieben ist nicht nur eine Tätigkeit, sondern auch eine „Seins"-Erfahrung.

5. Uns selbst lieben

Kommunikation ist der Beginn der Verständigung. Gefühle sind der Anfang der Selbstentwicklung. Berührung der erste Schritt der Teilnahme. Uns selbst zu lieben, die Grundlage von allem. (Anonym)

Warum ist es so wichtig, dass wir uns selbst lieben? Um diese Frage zu beantworten, müssen wir wissen, dass die wichtigste Beziehung, die wir haben, nicht die zu einem geliebten Menschen ist, sondern die zu uns selbst. Uns selbst zu lieben ist die Grundlage einer guten Partnerschaft. Dieses Konzept der Selbstliebe beruht darauf, dass wir uns bedingungslos akzeptieren und lieben, denn diese Art von Liebe hat ihren eigenen Geist. Er ermöglicht uns, unsere Fehler und Zweifel dadurch zu akzeptieren, dass wir persönliche Stärken und Schwächen ohne Wertung betrachten. Hierdurch bekommen wir die Kraft und Sicherheit, um uns auf eine spirituelle Partnerschaft vorzubereiten. Um uns ganz unseren Partnern hingeben zu können, müssen wir unsere Seele finden und festhalten. Wollen wir eine liebevolle Beziehung haben, müssen wir, um uns in unserer Haut wohl zu fühlen, sowohl unsere guten als auch schlechten Eigenheiten akzeptieren lernen. Wenn wir nie gelernt haben, uns selbst nahe zu stehen, wie können wir es dann bei einem anderen Menschen? Sobald wir uns aber kennen, ist es uns möglich, uns ganz auf eine liebevolle spirituelle Partnerschaft einzulassen. Nichts zieht einen geistigen Freund mehr an, als sich ganz zu öffnen und gleichzeitig sowohl stark als auch verletzlich zu sein. Hier beginnt eine Beziehung, in der sich Seelen verbinden.

Wir alle haben gute und schlechte Eigenschaften. Selbstachtung zeigt sich in einer positiven Einstellung zu uns selbst, unabhängig von unseren physischen und psychischen Attributen. Ganz gleich ob wir nun hübsch oder eher durchschnittlich, intelligent oder einfach, aufgeschlossen oder introvertiert, gesund oder krank sind – wir müssen uns selbst positiv sehen. Unsere Stärken und Schwächen sowie unsere Talente und

Fehler machen das Bild von uns aus – einem einzigartigen Menschen. Selbstliebe ist in allen Lebenslagen unser bester Freund, auch dann, wenn es uns einmal nicht so gut geht. Da wir uns nach der beschützenden Liebe sehnen, die eigentlich Eltern ihren Kindern geben sollten und die dennoch viele von uns in ihrer Jugend nie erfahren haben, müssen wir uns nun selbst bemuttern, uns lieben, behüten und besonders in schwierigen Zeiten anerkennen. Indem wir uns beschützen, fühlen wir uns sicher und die Mauern zwischen uns und den anderen beginnen zu fallen. Dies ist essenziell für Intimität und Freundschaften, die die Grundlage einer seelischen Partnerschaft sind.

Viele von uns kennen aus eigener Erfahrung gestörte Familienverhältnisse. Wir wurden an äußeren Standards gemessen, die Familie, Freunde und die Gesellschaft vorgaben. Wer wir als Individuen waren, spielte keine Rolle. Liebe war mit Bedingungen verknüpft – „Du siehst gut aus, aber ...“, „... warum hast du keinen Einser bekommen?“ Liebe wurde mit Bewertung verknüpft und nicht mit Gefühlen und Akzeptanz.

Die meisten Menschen glauben immer noch, dass Liebe verdient werden muss, jemand nur dann geliebt wird, wenn er bestimmten Anforderungen entspricht. Als Reaktion darauf werden manche von uns zu Überfliegern, die aus Angst, dann nicht mehr anerkannt oder geliebt zu werden, gar nicht mehr aufhören können. Andere resignieren: „Warum soll ich mich noch anstrengen, ich schaffe es ja doch nicht.“ Wenn unsere Eltern, die uns liebten und für uns das Beste wollten, kritisch und bewertend waren, was können wir dann von anderen Menschen erwarten? Wir müssen lernen, dass eine gesunde Beziehung Annahme, Unterstützung und Verständnis und nicht Bewertung und Wettkampf bedeutet.

Die fünfte geistige Weisheit unterstützt das Erlernen und Anerkennen von etwas, das die meisten von uns nie gelernt haben – uns selbst und damit auch andere bedingungslos zu lieben. Unseren Partner zu kennen und das für ihn zu wünschen, was das Beste für ihn ist – nicht mehr und nicht weniger – das ist Liebe. Es ist nicht einfach. Wie kann uns jemand anders lieben, wenn es uns schon schwer fällt?

Indem wir uns selbst lieben, vergeben wir uns, dass wir auch nur Menschen sind und als solche nicht perfekt sein können. Uns selbst zu lieben heißt, dass wir uns bemühen, „das bestmögliche Ich zu werden". Es bedeutet, dass wir in einem gewissen Rahmen alles erreichen können. Dies wird unser Leben bestimmen und ständig unser Handeln und unsere Taten beeinflussen. Denken Sie an die Fehler, die wir täglich begehen. Viele von uns leiden unter Minderwertigkeitskomplexen, wenn sie diese oder jene Aufgabe nicht bewältigen können. Wir können uns nicht richtig selbst lieben, denn wir wissen eigentlich gar nicht, was es heißt, einen Fehler zu begehen. Wenn wir etwas falsch machen, wissen wir zwar, was zu tun ist, aber nicht, wie es geht. Um Fehler zu vermeiden, müssen wir einfach neue Fähigkeiten erlernen und die meisten Dinge können erlernt werden. Sehen Sie deshalb einen Fehler auch als Möglichkeit an, zu lernen. Das Ziel ist, die Fähigkeiten zu beherrschen, und nicht, sich selbst abzuwerten. Ein Fehler ist wie eine schwarze Null, eine gute Gelegenheit, um für den Erfolg zu lernen.

Nehmen wir einmal an, Sie haben sich in jemanden verliebt, der Sie ständig zurückweist. Es gibt eine Reihe von Gründen für eine derartige Partnerwahl, so zum Beispiel besonders kritische Eltern oder Zurückweisung in der Kindheit. Die meisten von uns sind unter diesen Umständen lieber das Opfer, denn die Rolle ist uns vertraut.

Es gibt jedoch auch einen anderen Weg. Um unser Verhaltensmuster zu durchbrechen, können wir uns sagen, dass wir es momentan einfach nicht besser können. Dann müssen wir in uns forschen, um eine neue Lösung zu finden, oder jemanden suchen, von dem wir sie lernen können. Positiv können wir diesen Zusammenbruch (etwas Schlimmes passiert und bringt uns von unserer gewohnten Routine ab) als eine Gelegenheit zum Lernen und Wachsen betrachten. Wenn sich in unserem Leben ein zerstörerischer Einfluss bemerkbar macht, müssen wir uns verzeihen und zugeben können, dass wir unser Bestes gegeben haben. Das ist der Beginn von Hingabe und Vergebung.

Um sich für eine Seelenpartnerschaft vorzubereiten, muss man lernen, sich selbst ganz und gar zu akzeptieren. Dadurch werden Sie auch Ihren Seelenpartner lieben, da diese Art Verbindung ein Geben und Nehmen ist.

6. Ganz werden

Um einen geistigen Freund oder seelischen Partner zu finden, müssen wir in unserer Ganzheit schon große Fortschritte gemacht haben. Diese Reise beinhaltet viele Schritte, die wichtigsten sind:

- uns kennen und akzeptieren
- unseren Glauben, unsere Werte und unsere Ziele verdeutlichen
- unsere Fähigkeiten schätzen und unsere Grenzen erkennen
- verantwortlich für uns und unser Verhalten sein
- unsere früheren Verletzungen erkennen und heilen lassen
- die Lehren des Lebens für uns nutzen
- uns unserem persönlichen Fortkommen und Wachstum widmen

Grundsätzlich ist ein Mensch, der ganz ist, ein Erwachsener mit einer eigenen Identität. Wir schätzen das „Sein" und die Selbsterfüllung und haben keine Angst davor, alleine zu sein. Wir wissen, wer wir sind. Wir bestimmen unser Leben und mögen uns. Dazu gehören unser Glaube, unsere Werte und unser Verhalten, die Dinge an uns, die wir mögen, und die, die wir ablehnen. Wir schätzen Verantwortungsbewusstsein, Hingabe, Ausgeglichenheit und Aufrichtigkeit. Wir können mit Beziehungen und Zusammenbrüchen umgehen.

Beziehungen haben, wie auch das Leben, ihre Höhen und Tiefen. In einer Partnerschaft nehmen die Beteiligten zu unterschiedlichen Zeitpunkten unterschiedliche Rollen an, wobei jede Rolle andere Fähigkeiten voraussetzt. Ein Teil unseres Wachstums besteht darin, diese Fähigkeiten zu erlernen und sie dann auch in einer Partnerschaft einzusetzen. Ein neues Bewusstsein bereitet uns auf einen geistigen Freund oder Seelenpartner vor.

Wenn es uns gut geht, ist es nicht schwer, eine Seelenpartnerschaft zu führen, denn wir schätzen die Intimität und das Gespräch mit unserem Partner. Wir kritisieren und mindern unseren Partner unter keinen Umständen. Wir unterstützen uns gegenseitig in unseren Entscheidungen und versuchen zusammen, zu lernen und zu wachsen. Wir erkennen die alten Verletzungen unseres Partners und nutzen dieses Wissen, um uns gegenseitig in unserem Heilungsprozess zu unterstützen. Auf diese Weise kann sich die Partnerschaft entwickeln. Grundsätzlich gilt: Bis wir genügend Fortschritte bei der Erlangung unserer eigenen Ganzheit gemacht haben, sollte „Ich" nicht nach „Wir" suchen. Machtkämpfe kommen im Allgemeinen in Beziehungen vor, in denen die Partner noch nicht „ganz" sind. In diesen Kämpfen geht es darum, dass einer der Partner seine Persönlichkeit aufgibt; dieses Verhalten entspringt unserem Egoismus, der Angst vor Unabhängigkeit, falschen Projektionen oder dem Bedürfnis nach Macht. Es mag scheinen, als ob in der Beziehung beide ihr eigenes Leben führen oder der eine seine Persönlichkeit aufgegeben hat, um sich dem anderen unterzuordnen. Solche Beziehungen führen in der Regel zu Depressionen, passiv-aggressivem Verhalten, Apathie oder Wut. Das Selbst geht verloren. Keiner der beiden Partner genießt Intimität, Freundschaft oder Partnerschaft.

Eine Seelenpartnerschaft braucht und eine geistige Freundschaft sollte aus zwei separaten „Ichs" bestehen, die sich zu einem „Wir" zusammenschließen. Kein Partner braucht den anderen für sein Selbstwertgefühl, sondern sie ergänzen und vervollständigen sich. Als Partner arbeiten sie an ihrem eigenen Leben und versuchen immer, auch den anderen zu motivieren.

In einer gesunden Beziehung erkennen wir unsere persönlichen Bedürfnisse und sind uns unserer privaten Konflikte und der Altlasten aus unserem früheren Leben bewusst. Im Allgemeinen hängt unsere Reaktion auf ein Problem von unserem Blickwinkel ab, den wir hauptsächlich in unserer Kindheit und Jugend (durch das, was wir in Familie und Gesellschaft lernten) entwickelt haben. Die Wahrheit ist subjektiv, da jeder von uns andere Filter und Linsen benutzt, um die Geschehnisse zu analysieren. Es gibt kein Richtig oder Falsch in der Art, die Welt zu sehen, sondern viele unterschiedliche Perspektiven. In gesunden Partnerschaften erkennen und freuen sich beide über die Unterschiede. Sie lernen voneinander in Bezug auf Stärke und Ansichten. Je mehr wir eins mit uns selbst werden, desto besser können wir Entscheidungen treffen, die sowohl für uns als auch für unsere Beziehung gut sind.

Der Weg zur Einheit ist ein Prozess und gibt uns letztlich neue Perspektiven. Ganz egal welche Veränderungen äußerlich stattfinden – durch unser Wachstum fühlen wir uns stark, ausgeglichen, vollkommen und in der Lage, mit allem, was das Leben uns zu bieten hat, umzugehen.

Eigene Größe und Heilung kommen durch die Verbindung von Psyche und Geist zustande – psychospirituelle Heilung. Dazu muss die Lethargie überwunden werden und einer Aktivität weichen. Grenzen setzen, Risiken eingehen und Ängste überwinden, Verantwortung übernehmen und Entscheidungen treffen – dies sind Beispiele heilender Tätigkeiten. Selbstliebe, Vergebung sich selbst und anderen gegenüber sowie psychospirituelle Heilung tragen entscheidend zur Ganzheit bei.

Die psychospirituelle Heilung beginnt in dem Moment, in dem wir erkennen, dass wir für unser Leben selbst verantwortlich sind. Die negativen Denk- und Verhaltensweisen, die ein Teil von uns wurden, müssen erkannt, untersucht und verstanden werden. Dazu gehört, die Wunden und Wertesysteme unserer Kindheit zu analysieren und zu verstehen, warum sie unsere heutigen Beziehungen zerstören. Der Rückblick in die Vergangenheit soll nicht dazu dienen, nun bis zum Ende unserer Tage über unsere unglückliche Kindheit zu trauern, sondern dazu, die schlechten Erfahrungen als Ausgangspunkt für Veränderungen und zum Erlernen neuer Fähigkeiten zu nutzen.

Heilen, damit wir Kraft haben und in uns selbst ruhen, das heißt, sich mit Schmerz und Angst auseinander zu setzen. Dies ist unabdingbar für eine ganzheitliche Lebensweise und um die Höhen und Tiefen einer Beziehung durchstehen zu können. Tiefe Liebe braucht großen Mut und viel Kraft. Wir müssen uns unserem Leben stellen und nicht vor unseren Grenzen und Beschränkungen davonlaufen; wir müssen unserer Angst ins Gesicht sehen, zugeben, dass wir Angst haben, damit leben und sie bezwingen. Manchmal scheint es sicherer zu sein, den Status quo zu wahren, aber echtes Selbstvertrauen kann nur dann entstehen, wenn man Risiken eingeht, sich traut und entdeckt, was man wirklich kann.

Um eine Verbindung zwischen Körper und Seele herzustellen, müssen wir unsere Gefühle, Bedürfnisse, Wünsche und

Werte erkennen. Das heißt, uns anzunehmen und unser Herz, unsere Gedanken und unsere Seele in den Prozess der Heilung mit einzubeziehen. Die meisten Menschen haben diese Verbindungen verloren und wissen deshalb auch nicht genau, was sie eigentlich wollen.

Damit wir emotional heilen können, brauchen wir die Verbindung zu unserem Herzen. Wir müssen unseren Gefühlen trauen und sie als Teil von uns anerkennen. Dadurch finden sich Intellekt und Selbst. Um Intimität herzustellen, bedarf es der Fähigkeit, sich klar und deutlich auszudrücken. Zu einer effektiven Unterhaltung gehört, den Unterschied zwischen einem Gespräch über Gefühle und dem Erleben der Gefühle zu kennen. Den meisten von uns fällt es leichter, vor den Gefühlen davonzulaufen, als sie zu erleben. Aber das kann negativ auf uns zurückfallen. Um eine geistige Freundschaft oder Seelenpartnerschaft aufrechtzuerhalten, müssen Probleme erkannt und besprochen werden.

Ein ganzheitlicher Mensch zu sein bedeutet auch, dass wir uns bemühen, ausgeglichen und erfüllt zu leben, indem sich „Sein" und „Machen" die Waage halten. Das heißt, dass wir genügend Zeit für uns, die Arbeit, Spiel, Erholung, Unterhaltung, Intimität, Familie, Freunde, finanzielle Absicherung, Wohltätigkeit und Lebenssinn aufwenden. Hierdurch verhindern wir, dass wir uns in einer Beziehung verlieren oder leiden.

Selbstvertrauen und Selbstachtung gehören ebenfalls zu unserer Ganzheit. Das heißt, dass wir die Welt so akzeptieren, wie sie ist, und erkennen, dass Menschen Grenzen haben. Wir können nicht alles machen und auf allen Gebieten kompetent sein. Selbstvertrauen setzt voraus, dass wir die Welt wertungsfrei als Ort anerkennen, wo es Dinge gibt, die wir beherrschen, und andere, bei denen das nicht so ist; manches, was wir machen sollen; vieles, was wir lernen können, aber ebenso einiges, das wir anderen überlassen müssen. Wir müssen unsere Fähigkeiten und Schwächen ebenso wie die anderer Menschen erkennen, akzeptieren und damit umgehen.

Ganz zu sein heißt auch, unseren Selbstrespekt dadurch zu wahren, dass wir nach den Maßstäben leben, die wir setzten, also das tun, was wir predigen. Anstatt immer Recht haben zu wollen, leben wir kooperativ und achten darauf, dass wir in unserer Partnerschaft gerecht sind.

Die Heilung unserer Persönlichkeit, unserer Herzen und unserer Seele ist unser aller psychospirituelle Arbeit. Wenn wir wahre Gefühle erleben und zu einem ganzheitlichen Menschen werden, verbindet sich unsere Seele mit unserer Persönlichkeit. Carl Jung sagte dazu: „Wenn du dich selbst findest, findest du Liebe." Spirituelle Partnerschaften entstehen nicht durch Besitz oder Kontrolle, sondern durch unsere Fähigkeit, offen, liebevoll und frei zu sein.

7. Den Weg weitergehen

Als Menschen befinden wir uns alle auf einer psychospirituellen Reise und suchen nach Ganzheit, Bedeutung und Erfüllung. Das Wichtigste auf diesem Weg ist, die Hindernisse, die uns davon abhalten, uns mit unserem wahren Wesen zu vereinigen, zu überwinden. Meist wollen wir nach einem emotionalen Desaster zu uns selbst finden, da wir dann erkennen, dass unser äußerliches Leben leer und bedeutungslos ist. Dadurch werden wir gezwungen zuzugeben, dass das, was uns bisher zufrieden stellte, uns Kraft und Erfüllung gab, unsere Bedürfnisse nicht mehr länger befriedigen kann. Diese überraschenden und erschreckenden Veränderungen rufen in uns einen inneren Drang nach Veränderungen wach. Hier beginnt die Suche nach Weisheit und dauerhaften persönlichen Werten.

Sich auf die Suche zu begeben ist Ausdruck des bewussten Wunsches, sich mit seiner Seele zu vereinigen. Es spielt keine Rolle, wie weit Sie schon gekommen sind, aber Sie müssen sich bewusst mit Ihrer Intelligenz, Ihrer Intuition und Ihrem Herzen einsetzten. Da der Prozess, ganz zu werden, ein kontinuierlicher ist und sich ständig weiterentwickelt, gibt es weder Anfang noch Ende, sondern nur den Weg. Er wird uns den Weg zu dem Menschen weisen, der wir eigentlich sind. Dadurch finden wir Erfüllung, Sinn und ein Gefühl für die Bedeutung unseres Lebens und die spirituellen Elemente werden mit dem weltlichen Dasein verknüpft. Auf der Suche nach Antworten ist das der Beginn einer dauerhaften Hinwendung nach innen. Es macht Freude und Vergnügen, aber erfordert auch viel Kraft, Mühe, Disziplin, Mut und Ausdauer. Wir werden ab und an auf die Nase fallen, wieder aufstehen, uns Gott oder einem universellen Wesen zuwenden und weitermachen.

Weil unser Leben nun einen Sinn und Zweck hat, erfüllt es sich durch erweitertes Bewusstsein, erweiterte Aufmerksamkeit, Ganzheit, Freude, Kreativität und Liebe. Wir haben die Möglichkeit, das „Ich bin" durch ein „Wer kann ich sein?" zu ersetzen. Unser Dasein wird eine wunderbare Gelegenheit, um zu wachsen, zu lieben und einander mit ganzem Herzen zu dienen.

Die Fähigkeit, uns selbst zu lieben, ist nötig, damit wir das höhere Wesen im anderen erfahren können. Die Verbindung unseres Herzens mit unserer Seele ist ein tief spirituelles Unterfangen, das sowohl Segen als auch Verantwortung birgt. Zuerst müssen wir unseren eigenen Weg gehen, das Leben herausfordern und so authentisch wie möglich werden. Erst dann sind wir bereit, uns wirklich hinzugeben. Uns selbst wirklich zu lieben ist die einzige Möglichkeit, uneingeschränkte Liebesfähigkeit zu erlernen.

Uns auf die Reise zu begeben bedeutet, die Schritte zu unternehmen, die uns das erlernen lassen, was wir in diesem Leben benötigen. Bei vielen von uns werden die Reaktionen durch die Persönlichkeit gesteuert; aus diesem Grund treffen wir unsere Entscheidungen nicht wirklich. Wir machen das, was uns beigebracht wurde, so zum Beispiel:

- Selbstbetrachtung, Lernen und Wachsen nicht wirklich zu schätzen
- niemals nach dem Sinn und Zweck des Lebens zu fragen
- unser Leben auf die Befriedigung unserer persönlichen Bedürfnisse auszurichten
- Unterhaltung durch die Sinne, äußerliche Zufriedenheit, materielle Sicherheit und/oder Erfüllung persönlicher Ambitionen zu suchen
- menschliche „Macher" zu sein
- Materialismus oder körperliche Vorzüge zu schätzen
- gedankenlos gegenüber den Mitmenschen zu sein

Wir befinden uns im geistigen Tiefschlaf. Die erste Reaktion auf ein Unglück ist die Negierung oder Abwehr der Notwendigkeit zu Veränderungen. Als nicht bewusste Menschen kompensieren wir unsere Gefühle und Gedanken mit einer Sucht, wie zum Beispiel Workaholismus, Coabhängigkeit oder Alkoholismus, oder drehen uns im Kreis, weil wir Angst haben, unser Leben zu ändern und uns damit einem Prozess schutzlos auszuliefern, bei dem wir nicht wissen, was uns erwartet. Uns auf den spirituellen Weg zu begeben heißt, äußerliche Bedenken zu überwinden und tiefer nach unserer Seele und unserem

Daseinszweck zu suchen. Die Frage, die wir uns stellen sollten, ist, warum sich manche Menschen auf den Weg begeben, während andere widerstehen.

In unserem Leben müssen wir bestimmte Dinge lernen und Schwierigkeiten überwinden. Wir können dem nicht entkommen. Wenn wir beim ersten Mal nicht hören wollen, werden wir so lange leiden müssen, bis wir es endlich kapieren. Sie haben zum Beispiel dauernd Freunde, die Ihren Eltern ähneln. Je nachdem, wo Ihre Schwachstellen sind, werden Sie immer wieder Partner finden, die genau dort angreifen. Alkoholismus, seelische oder körperliche Misshandlung oder auch einfach Vernachlässigung und Gleichgültigkeit werden so lange immer wieder auftauchen, bis die Ursache behoben ist. Wenn Sie die einmal herausgefunden haben und die Heilung beginnt, sind Sie auf dem besten Weg, als Mensch ganz zu werden.

Die Heilung ist ein holistischer und kein linearer Vorgang. Es gibt keine Ursache und keine Wirkung. Jeder Tag ist ein Abenteuer; es gibt keine Gebrauchsanweisung. Wir müssen lernen, den Augenblick zu schätzen und nicht dauernd nach Antworten zu suchen, denn im richtigen Moment bekommen wir sie von selbst. Auf diese Weise nehmen wir aktiv am Leben teil, anstatt es nur an uns vorbeiziehen zu lassen. Jeder von uns hat sein eigenes Programm an seelischer Arbeit zu absolvieren und seine eigenen zeitlichen Vorgaben, um sich selbst zu entdecken. So können wir unseren tiefsten Zweck und unser größtes Potenzial entdecken.

Weisheit wird uns nicht automatisch zuteil, sondern wir entdecken sie erst, wenn wir uns auf die unbekannte Reise in unser höheres Selbst begeben. Der Drang, im Leben eine tiefere Bedeutung zu finden, zeigt uns drei weitere Schritte auf, die eine langsame Änderung in uns bewirken – die Erweckung, die Seelenfinsternis und die Wiedergeburt.

Die Erweckung

Die Erweckung ist der Moment, in dem wir als Individuen mit unserem alltäglichen Leben unsere Welt plötzlich durch einen spirituellen Ruf, ein Gefühl der Trennung von etwas tief in unseren Herzen und Seelen Befindlichem, auf den Kopf gestellt sehen. Die Seele ruft uns auf nach Wahrheit, Authentizität und Bedeutung zu suchen. Wenn wir auf die Erweckung reagieren, leisten wir gegenüber unserem höheren Selbst einen Eid. Wir werden von etwas Größerem als uns selbst angetrieben – von der Suche nach dem Sinn und den essenziellen Fragen: „Wer bin ich? und „Warum bin ich?" Die Suche beginnt in uns, dort wo Harmonie und Glück verborgen sind.

Sobald wir uns einmal auf dem Weg befinden, gibt es keine Umkehr mehr. Ist der Eid geleistet, übernimmt eine größere Macht als wir (eine universelle Energie oder höhere Form) und führt uns.

Die Erweckung beginnt für jeden von uns unterschiedlich, plötzlich oder langsam im Laufe der Zeit. Nachdem sie einmal erfolgt ist, muss sie erhalten und weiter verfolgt werden. Dieser Weg erfordert großen Mut und Glauben, denn zu Beginn fühlen wir uns sehr allein gelassen.

Die Seelenfinsteris

Der nächste Teil des Weges ist ein unheimlicher, schmerzhafter und einsamer Sprung ins Ungewisse. Wir wissen nicht, was uns erwartet, und aus diesem Grund wird dieser Teil die Seelenfinsternis genannt. Zweck dieser Erfahrung ist die Enthüllung dessen, woran wir in unserer äußerlichen Welt gebunden sind und was uns vom Glauben an uns und unser höheres Bewusstsein abhält. Dr. Caroline Myss beschreibt diesen Vorgang in ihrem Buch *Mut zur Heilung* als „Rückruf des Geistes". Sie betont, dass Sie das, was Sie bindet und Ihnen Ihre Kraft raubt, lösen und sich mit Ihrer inneren Energie verbrüdern müssen.

Der Weg zur Ganzheit setzt voraus, dass wir ehrlich, offen und mutig die Triebkraft betrachten, die unseren Gefühlen zu Grunde liegt, sie wahrnehmen, einschätzen und reagieren. Es ist eine Reise durch unsere Abwehrmechanismen, bei der wir unsere Persönlichkeit bewusst wahrnehmen und sie mit unserer Seele verknüpfen wollen.

Wir müssen unsere eingeübten Verhaltensweisen und überkommenen Vorstellungen, die uns davon abhalten, die Wahrheit über uns zu erkennen, deutlich sehen. Auflehnung ist ein Teil dieses Prozesses. Es ist normal und gesund, unsere Ansichten zu hinterfragen. Nach Zeiten solcher Prüfungen kehren wir authentischer in unser Leben zurück. Alle Auffassungen und Wertesysteme, die wir angenommen haben, wurden hart erkämpft, erprobt und verdient und uns nicht einfach geschenkt oder aufgezwungen.

Immer wenn wir uns in einem persönlichen Erneuerungsprozess befinden, müssen wir uns den Schatten unserer Vergangenheit stellen und damit fertig werden. Die Teile von uns, die wir gerne übergehen oder ignorieren würden, entpuppen sich als wichtig für unser persönliches Wachstum. Wenn wir all dies in uns aufnehmen, machen sie unsere Stärke aus, während die Dunkelheit dem Licht weicht.

Es ist wesentlich, sich diesem göttlichen oder universellen Vorgang hinzugeben und ihm zu vertrauen. Befreiung ist die Aufgabe, durch die verschiedenen Schalen langsam zum Kern der Wahrheit vorzudringen und so diese Erfahrung in Heilung und Selbsterneuerung zu verwandeln. Diese psychische und spirituelle Reise ist ein lebendiger Vorgang, der sich ändert und gedeiht. Die buddhistischen Meister bestätigen, dass wir so lange durch Leid wachsen, bis wir lernen, dies durch Freude zu tun.

Anfangs ist außer dem Schmerz der schwierigste Teil der Seelenfinsternis das Gefühl, dass das Leben von Neuem beginnt und man sich innerlich wie ein Fremder fühlt. So schwer diese Erfahrung auch sein mag – sie ist für die weitere Entwicklung im Leben notwendig. Wir werden durch diesen Prozess gezwungen, ganz in der Gegenwart zu leben und unsere Vergangenheit sowie alle Pläne für die nächste Zukunft zu ignorieren. So unangenehm diese komplette Loslassen auch ist – die entstandene Leere gestattet der göttlichen Energie, uns ganz zu durchdringen. Wir erkennen, dass wir auf diesem Weg nie alleine sein werden und uns universelle Führung und Weisheit beschützen, während wir unser wahres Selbst entdecken. Unterstützung durch das Zwölf-Punkte-Programm, einen Therapeuten oder spirituellen Berater, der bereits seine eigene innere Reise durchgemacht hat, Bücher und Workshops können in diesem Prozess ebenfalls hilfreich sein. Gehen Sie Schritt für Schritt durch Ihre Seelenfinsternis, achten Sie auf sich und pflegen Sie sichere und liebevolle Partnerschaften, die Ihrem persönlichen Heilungsverlauf dienlich sind.

Die Wiedergeburt

Die Wiedergeburt ist der Vorgang, in dem wir in das Zentrum unseres Wesens zurückkehren, wieder dem Licht entgegen. Nach unserer schweren Arbeit erkennen wir, dass wir das, was wir suchen, bereits besitzen. Wir kommen zu uns nach Hause. Strahlend nehmen wir das Leben wahr und fühlen die freudvolle Freiheit des „Seins".

> *Was chaotisch war, wurde einfach,*
> *Was durcheinander war, wurde klar*
> *Was bedrückend gewöhnlich war, wurde heilig und besonders.*
> (Anonym)

Menschen, die wieder geboren wurden, leben nach den folgenden sieben Grundsätzen:

- Wir verpflichten uns, die Welt ohne Ablenkungen oder Verzerrungen zu sehen.
- Wir sind fähig, unsere Einstellung und Gedanken zu überprüfen und mit uns und anderen geradeheraus und ehrlich umzugehen.
- Wir leben das, was wir glauben und sprechen.
- Wir bleiben in Verbindung mit uns.
- Wir sind dankbar für die Möglichkeit, ein spirituelles Leben zu führen.
- Jeden Tag loben und feiern wir die Geheimnisse des Lebens.
- Wir sind dankbar dafür, dass wir anderen Menschen das zurückgeben können, was wir für uns selbst gefunden haben.

Die Bereitschaft für einen geistigen Partner ist ein Ergebnis der Lebenserfahrung; ein Resultat der Reise zu dem, was wirklich bedeutungsvoll und wichtig ist. In dem Moment, in dem wir unsere Träume erkennen und annehmen können, ist es uns möglich, auch einem anderen Menschen die Freiheit zu lassen, seinem Geschick zu folgen. Es ist uns möglich, die Geschehnisse, denen sich unser Partner stellen muss, anzunehmen. Wir besitzen die Fähigkeit, andere Ansichten anzuerkennen und zu schätzen.

Wenn Sie verstehen, wie das Leben ist, können Sie die Geheimnisse einer Verbindung eher akzeptieren und anerkennen, dass Veränderungen unausweichlich sind. Letztlich ist eine wahre Intimität nur dann möglich, wenn Sie Ihre Seele erkennen können und nach ihren Werten leben.

Sie haben nun die Unterstützung der sieben geistigen Weisheiten, die Sie für einen geistigen Freund oder Seelenpartner vorbereiten. Wenn Ihr potenzieller Partner auch seine Aufgaben abgeschlossen hat, wird das Universum Sie auf seine geheimnisvolle und unfassbare Art zusammenführen.

Teil II
Schritte der Seelenarbeit

Die sieben Schritte der Seelenarbeit verkörpern die vielen intra- und interpersonellen Themen, mit denen wir uns auseinander setzten und die wir analysieren müssen, um zu gesunden und die sieben geistigen Weisheiten ganz in uns aufzunehmen und zu nutzen. Diese Schritte helfen uns bei der innerlichen Vorbereitung, die man benötigt, um eine geistige Beziehung einzugehen und sich auf den Weg einer spirituellen Partnerschaft zu begeben.

Die folgenden sieben Schritte haben wir aus verschiedenen Gründen gewählt. Einmal, weil sie die sieben geistigen Weisheiten verkörpern, und zweitens, weil uns unsere früheren Erfahrungen mit Klienten gezeigt haben, dass dies die kritischen Punkte bei der Heilung auf dem Weg zu einer Seelenpartnerschaft sind.

Die sieben Schritte der Seelenarbeit:

1. Kommen Sie aus der Finsternis ins Licht.
2. Erkennen Sie das Geschenk der Einsamkeit.
3. Lernen Sie die heilende Kraft der Vergebung kennen.
4. Akzeptieren Sie auch Schatten.
5. Fühlen Sie, heilen Sie und schauen Sie nach vorne.
6. Leben Sie ausgewogen.
7. Ändern Sie sich zum Bestmöglichen.

Jeder von uns hat seinen eigenen Weg zur inneren Genesung, Bedeutsamkeit und Ganzheit. Unsere innerliche Vorbereitung auf eine geistige Verbindung muss aus diesem Grund Schritt für Schritt auf die individuellen Bedürfnisse zugeschnitten sein, um unser gesamtes Potenzial für eine Seelenpartnerschaft freizusetzen. Jeder von uns muss den Bewusstseinsgrad, den wir für dieses Ziel erreichen müssen, selbst bestimmen. Die folgenden Aufgaben helfen uns, uns selbst zu erkennen und zu dem Menschen zu werden, der wir sein sollen.

Denken Sie daran – wir sind nie verlassen. Hilfe, sowohl geistige wie auch praktische, finden wir immer. Wenn wir auf unsere Herzen hören und danach handeln, wird uns unser höheres Selbst behilflich sein, das zu tun, was im Moment nötig ist.

Bei der Bearbeitung der sieben geistigen Weisheiten erkennen Sie die spezifischen Probleme, an denen Sie noch arbeiten müssen. Bei der Arbeit an der spirituelle Weisheit „Das Leben hat eine Bedeutung" erstellte zum Beispiel eine unserer Klientinnen die folgende Liste möglicher Themen, die sich ausschließlich auf diese Weisheit bezieht:

- Das Universum in seiner Bedeutung erkennen
- Eine Beziehung zu einem höheren Wesen aufbauen
- Aus den Erfahrungen und Erlebnissen des Lebens lernen
- Im Jetzt leben
- Mit dem Herzen helfen
- Unseren eigenen Daseinszweck erkennen

Während Sie die Schritte der Seelenarbeit durchlesen, wird Ihnen auffallen, dass es keine deutliche Reihenfolge gibt; aus diesem Grund haben Sie verschiedene Möglichkeiten vorzugehen:

- Beginnen Sie mit dem Schritt, der Ihnen am leichtesten scheint, um schnelle positive Ergebnisse zu erhalten.
- Wählen Sie den Schritt, der für Sie am schwersten ist, um das Schwierigste hinter sich zu bringen.
- Welcher Schritt stellt für Sie das größte Hindernis dar und hindert Sie daran, weiterzukommen? Nehmen Sie ihn.
- Vertrauen Sie Ihrem Gefühl und fangen Sie mit dem Schritt an, der Sie am meisten anspricht.

Nehmen Sie so viel Unterstützung an wie möglich. Tauschen Sie sich mit Familie und Freunden aus, greifen Sie auf Bücher, Kassetten und Videos zurück. Das Wichtigste aber: Öffnen Sie sich, um sich selbst zu entdecken.

Sollten Sie weitere Unterstützung benötigen, können Sie je nach Fortschritt Ihrer Reise viele andere Hilfsangebote nutzen, so zum Beispiel die Zwölf Schritte oder Selbsthilfegruppen, Einzel- oder Gruppentherapie, spirituelle und religiöse Berater sowie eine Vielzahl von Workshops.

Wir schlagen vor, dass Sie einen Therapeuten finden, der den ganzen Menschen behandelt; jemand, der einem ganzheitlichen Ansatz zu Gesundheit und Wohlbefinden folgt. Ein fundamentales Ziel der Therapie ist, außer der Symptombehandlung, allgemeine Änderungen des Lebensstils zu bewirken, indem eine Integration der Gefühle, des kognitiven Denkens, der geistigen (Prüfung der Bedeutsamkeit und der eigenen Stellung im Universum) und physischen Aspekte des menschlichen Daseins angestrebt wird. Ein holistisch orientierter Therapeut arbeitet mit dem Klienten als Partner und sowohl alternative als auch konventionelle Therapieansätze werden zu Gunsten besserer Ergebnisse eingesetzt.

Bitte denken Sie immer daran, dass es sich um einen Wachstumsprozess handelt. Sie müssen sich Zeit für Introspektion und für die Veränderungen, die in Ihnen stattfinden, nehmen. Die Schritte der Seelenarbeit sollten langsam durchgearbeitet werden. Gewöhnen Sie sich langsam an Ihr inneres Wachstum sowie an die neuen Werte. Immerhin dauert es mindestens 90 Tage, um ein neues Verhalten zu erlernen.

Achten Sie darauf, dass Sie sich in diesem Prozess nicht selbst verlieren. Jede Informationsquelle hilft Ihnen, Ihr Ziel zu erreichen. Informationen erschließen Ihnen neue Perspektiven und helfen Ihnen zu unterschiedlichen Zeiten auf verschiedene Weise. Sie sollten nicht in der Terminologie stecken bleiben, die wir oder andere Leute benutzen. Das Wichtigste ist Ihre Fähigkeit, die Informationen so zu nutzen, dass Sie in der Selbstfindung unterstützt werden. Es gibt keine richtige Stelle, um zu beginnen. Fangen Sie einfach an und Ihr höheres Selbst wie auch das Universum werden Sie leiten. Vertrauen Sie darauf.

8. Aus der Dunkelheit ins Licht

*U*nsere tiefste Angst ist nicht, dass wir unvollkommen sind. Unsere tiefste Angst ist, dass wir über alle Maßen Kraft haben.

Es ist unser Licht, nicht unsere Finsternis, das uns am meisten Angst einjagt.

Wir fragen uns: „Wer bin ich schon, um strahlend, großartig, talentiert und einzigartig zu sein?"

Genau genommen – wer bist du, um es nicht zu sein?

Du bist ein Kind Gottes; indem du dich erniedrigst, dienst du niemandem.

Es ist nichts Großartiges dabei, wenn du dich kleiner machst, damit andere Menschen sich in deiner Gegenwart nicht unsicher fühlen.

Wir werden zur Ehre Gottes geboren, der in uns lebt.

Nicht nur in einigen, sondern in uns allen.

Und indem wir unser Licht leuchten lassen, gestatten wir unbewusst auch anderen Menschen das Gleiche.

Wir befreien uns von unserer eigenen Angst.

Unsere Gegenwart befreit automatisch andere.

Nelson Mandela, 1994 Vereidigungsrede

Nelson Mandelas bemerkenswerte Rede enthüllt die schlichte Wahrheit, dass die meisten von uns Angst davor haben, im Licht zu leben, denn dies setzt voraus, dass wir unser wirkliches Selbst und damit auch unsere Einzigartigkeit anerkennen. Das ist der Prozess des Bewusstwerdens.

Jemand, der bewusst lebt, lebt im Licht. Diese Menschen wissen, dass es Wahlmöglichkeiten gibt, und überlegen sorgfältig, bevor sie sich entscheiden. Auch bewusst lebende Menschen leiden unter Ängsten, aber sie lassen sich dadurch nicht vom Leben abhalten. Sie schätzen Wahrheit und Eigenverantwortung, ändern sich und lernen. Sie überprüfen ständig ihre Gefühle, überwachen ihre Ängste und machen sich nichts vor. Sie wissen um ihre eigenen Stärken und Schwächen und die der anderen, ohne zu urteilen, und sehen sich mit den Augen der anderen. Ihnen ist klar, dass mit der Selbstwahrnehmung auch ihre eigenen Probleme transparenter werden und damit leichter zu bewältigen sind.

Wenn wir das Leben klar und bewusst wahrnehmen, werfen wir damit unsere Fesseln ab und werden fähig, die richtigen Entscheidungen zu treffen. Erfolgreich leben – entscheidend dafür ist, dass wir anerkennen, wer wir wirklich sind, und unsere Chancen wahrnehmen wollen. Indem wir uns dem Licht öffnen, können wir uns mehr auf uns selbst konzentrieren. Wenn wir durch unser Leben im Licht authentisch sind, müssen wir unsere Einzigartigkeit anerkennen und Mut haben, den Weg zu beschreiten, der uns zu einem geistigen Freund oder Seelenpartner führt.

Die meisten von uns haben jedoch beschlossen, entweder vor sich selbst davonzulaufen oder zuzuschauen, wie das Leben vorübergeht. Uns scheint die Finsternis sicherer; wir wagen nicht, uns in Frage zu stellen aus Angst, das „Boot zum Kentern" zu bringen. Zudem brauchen wir auf diese Weise auch keine Ansprüche an uns zu stellen und auch andere Menschen erwarten keine großartigen Leistungen von uns. Folglich konzentrieren wir uns auf Beständigkeit und äußerliche Sicherheit.

Doch ist dies das Leben, das die meisten von uns haben wollen? Finden wir an diesem scheinbar so sicheren Ort wirklich Schutz? Wenn ja, zu welchem Preis für unseren Geist und unsere Inspiration? Warum haben die meisten von uns Angst davor, authentisch zu leben?

Wir haben Angst vor einem Leben im Licht, weil wir dann für alle unsere Entscheidungen selbst verantwortlich wären. Ein erschreckender Gedanke. Eine andere verständliche Ursache ist, dass es die vertrauten zwischenmenschlichen Beziehungen in unserer Familie und unserem Freundeskreis sehr verändern würde.

Wie Caroline Myss in ihrem Buch *Mut zur Heilung* beschreibt, werden wir in ein System des Gruppenbewusstseins oder einer Stammeskraft geboren. Unser „Stamm" oder die Familie, aus der wir kommen, hat ein bestimmtes Wertesystem und Verhalten, in der jedes Mitglied seine zugewiesene Rolle einnimmt. An erster Stelle steht die Gruppe, dann erst kommt das Individuum. In dieser Konstellation wird von uns erwartet, andere mehr zu lieben als uns selbst, und wir werden als egoistisch bezeichnet, wenn wir unseren Bedürfnissen Priorität einräumen.

Die Familie oder der Stamm fühlt sich dazu berufen, Ihnen vorzuschreiben, was Sie denken und fühlen und wie Sie sich verhalten sollen. Die Erwartungshaltung der Gruppe übt einen enormen Druck auf Sie als Individuum aus. Sie werden geliebt, aber es gibt Bedingungen. Veränderungen werden nicht gerne gesehen. Es wird erwartet, dass Sie der Familie oder der Gruppe zuliebe Ihre Bedürfnisse unterdrücken, denn die Gemeinschaft geht vor. Sie werden mit allen Mitteln davon abgehalten, sich weiterzuentwickeln, selbst Entscheidungen zu fällen und Ihre Kraft zu entdecken, denn das bedeutet Veränderungen und beinhaltet die Gefahr der Trennung.

Wenn Sie nicht folgen, fühlen sich die Anführer betrogen und bestrafen Sie, um Ihre Individualität zu unterdrücken. Dies kann auf verschiedene Weise geschehen. Sie werden kühl und ablehnend behandelt, und wenn auch das keinen Erfolg hat, wird nicht mehr mit ihnen gesprochen. Manche Gruppen greifen auf körperliche Gewalt zurück, um abzuschrecken oder weiterhin Kontrolle auszuüben. Alle Clans fühlen sich im Recht, mit ihren Mitteln das zu erreichen, was der Anführer für richtig hält. Im Gruppenbewusstsein ist es gegen das allgemeine Interesse, den einzelnen Menschen zu schätzen oder Ansichten zu gestatten, die als Gefahr für alle empfunden werden.

Wenn Sie keine innerliche Stärke haben, werden Sie dem Druck wahrscheinlich nachgeben. Gails Beispiel zeigt, welcher Druck von ihrer Familie ausging:

Im Gymnasium verliebte ich mich in Al. Es war wirklich eine Seelenpartnerschaft; wir waren die besten Freunde und verbrachten unsere Zeit gerne miteinander. Mein Vater lehnte Al ab, da er zu „jüdisch" war. Kurz darauf begann auch ich, ihn abzulehnen, und wir trennten uns. Heute noch vermisse ich das, was ich mit ihm hätte haben können. Es ist mir schmerzlich bewusst geworden, dass ich das Wohlwollen meines Vaters über eine liebevolle und erfüllte Partnerschaft stellte. Ich hatte kein starkes Selbstbewusstsein und konnte mich nicht gegen meinen Vater durchsetzen.

Wenn wir uns selbst nicht kennen und lieben, übertragen wir leicht jemand anders die Macht, über unser Leben zu entscheiden. Das ist ein Leben in Finsternis!

Die Sicherheit der Gruppe verführt, denn als Belohnung für den Gehorsam und die Loyalität erhalten wir viele Vorteile – Akzeptanz in der Gruppe, emotionale Sicherheit, Schutz und Bindung. Teil einer Gruppe zu sein, die unsere Bedürfnisse erfüllt, gibt uns Macht und Sicherheit. Unterstützung und Loyalität garantieren uns Schutz und verbinden uns mit der physischen Welt.

Der Clan versucht auch, uns zu überzeugen, dass wir nicht alleine überleben und aus diesem Grund nicht über unser Leben entscheiden können. Um uns zu halten, werden wir verwöhnt – umso mehr, wenn wir angegriffen sind. Mit anderen Worten wird das geschätzt, was Caroline Myss unsere „Verwundbarkeit" oder Opfermentalität nennt.

Bashas Beispiel zeigt, wie ihre Persönlichkeit durch ihre Mutter und den Clan unbewusst manipuliert wurde:

> Meine Mutter war immer für mich da. Wann immer ich Schwierigkeiten hatte, hörte sie zu und nahm an meinen Sorgen teil. War meine Mutter nicht greifbar, hatte ich Freunde, die mich trösteten. Wenn ich von meinen Problemen berichtete, wurde ich immer unterstützt, aber nicht bei der Lösung des Problems. So konnte ich niemals mein eigenes Leben führen. Mit 27 Jahren verfiel ich in Panik, da ich wegen meines Promotionsstudiums alleine in eine andere Stadt ziehen musste. Kein Wunder, dass ich nie heiratete. Intuitiv war mir klar, dass ich mich zuerst selbst kennen lernen musste, bevor ich eine Partnerschaft eingehen konnte. Sonst würde ich mich selbst verlieren. Wie würde ich ein Psychologe werden können oder eine Ehe eingehen, wenn ich nicht einmal mit meinen eigenen Problemen fertig würde. Jetzt weiß ich, dass ich mich selbst niemals gefunden hätte, wäre ich weiterhin zu Hause geblieben. Durch mein Leben alleine und weit entfernt von meiner Familie verstand ich endlich, dass meine Mutter mich mehr brauchte als ich sie. Früher untergrub ich mein Selbstwertgefühl, indem ich mich immer nach den Vorgaben meines „Clans" richtete, und versank in der Sicherheit dieser Bindungen.

Obwohl wir uns in unserem Stamm sicher und beschützt fühlen, haben wir doch gleichzeitig ein starkes Verlangen in uns, ein eigenständiger Mensch zu werden. Wir müssen unser Leben und die Entscheidungen, die wir treffen, aus eigener Kraft und Verantwortung meistern. Wenn wir durch die Vorgaben der Gruppe in unserem psychospirituellen Wachstum gehindert werden, macht sich dies durch Unzufriedenheit und Unruhe bemerkbar. Sich loszulösen ist schwer, denn es setzt psychische, physische und emotionale Trennung von den Menschen voraus, mit denen wir uns verbunden und bei denen wir uns sicher fühlen.

Entweder bleiben wir stehen und arrangieren uns mit den gewohnten Verhaltensweisen (äußere Sicherheit) oder wir ändern uns und trennen uns von der Familie und dem vertrauten Umfeld. Bewusstwerdung ist ein schmerzhafter Prozess, der Mut erfordert.

Eines der schwierigsten Probleme, die wir lösen müssen, ist, dass wir gleichzeitig zwischen zwei Lebensformen schweben. In der alten, die wir nun aufgeben müssen, und in der neuen, vor der wir uns fürchten, denn sie verlangt, dass wir selbst ohne äußerliche Sicherheit Verantwortung für unser Leben übernehmen. Intuitiv wissen wir, dass wir uns nie mehr mit unserer Vergangenheit entschuldigen können, sobald wir einmal begonnen haben, unsere Kraft zu entdecken. Wir übernehmen Verantwortung. Wir stecken Energie in unsere Persönlichkeitsentwicklung, indem wir uns ins Licht begeben und kontinuierlich zu den Dingen zurückkehren, die uns als Individuen unterstützen. Wenn wir stark genug sind, um uns dem Einfluss einer Gruppe zu entziehen, haben wir auch die Kraft, unser Leben zu ändern.

Dies ist ein Vorgang des eigenen Wachstums und der Individualisierung. Wir konzentrieren uns darauf, Entscheidungen zu treffen und unserem Leben eine Richtung zu geben. Dazu müssen wir in uns hineinhören, um unsere Bedürfnisse zu erkennen. Solange wir Bequemlichkeit und Sicherheit als Kriterien für unser Leben nehmen, werden wir Angst vor unseren Intuitionen haben, denn durch sie lernen wir Neues kennen, was uns erschreckt.

Durch die innere Stärke werden wir lebendig. Wir müssen unsere Hindernisse alleine überwinden und unsere Selbstliebe anerkennen, wenn wir die Ebene geistiger Partnerschaft erreichen wollen. Um ins Licht zu treten, müssen wir folgenden Schwur verinnerlichen:

Ich werde meiner Kraft immer oberste Priorität einräumen, egal wo oder mit wem ich bin. Ich muss ein eigenständiges „Ich" werden, bevor ich ein „Wir" mit meinem Partner sein kann.

Seelenarbeit

Die folgenden Fragen werden Ihnen auf ihrem Weg aus der Dunkelheit zu einem bewussten Leben. Wir raten Ihnen, ein Tagebuch über Ihre Antworten zu führen, damit Sie auf Ihrem Weg zur Selbsterkenntnis die Möglichkeit haben, Ihre Antworten nochmals durchzulesen und Ihre Fortschritte zu erkennen. Denken Sie daran, so ehrlich wie möglich zu sein; es gibt keine „korrekten" Antworten und es bewertet Sie auch niemand anders.

1. Warum haben Sie Angst vor Veränderungen? Was denken Sie über äußerlichen Schutz und Sicherheit? Welche Vorteile haben Sie durch ein abgesichertes Leben? Was verlieren Sie aus dieser Sicht?
2. Wovor haben Sie mehr Angst: vor Erfolg oder Misserfolg? Welche Ängste halten Sie davon ab, Ihren eigenen Wert anzuerkennen und auch von anderen anerkennen zu lassen? Machen Sie eine Liste Ihrer Ängste und beschreiben Sie, wie Sie dadurch am Wachstum gehindert werden.
3. Welche Vorurteile (zum Beispiel: „Männern kann man nicht trauen" oder „Zeig bloß niemandem deine schlechten Seiten") haben Sie von Ihrer Familie übernommen? Welche Teile davon beeinflussen noch heute Ihre Gedanken – ganz besonders, wenn es um Sex und Freundschaft geht? Erkennen Sie jetzt, dass es nicht zu Ihrem Besten ist?

Konzentrieren Sie sich darauf, das Positive in jeder Lage zu erkennen, indem Sie im Jetzt leben und aufmerksam sind. Diese Aufmerksamkeit oder Ernsthaftigkeit des Geistes ist der

Anfang der Kontemplation. Üben Sie diese neue Fähigkeit ein, indem Sie sich jeden Tag eine Tätigkeit, zum Beispiel Essen oder Spazierengehen, heraussuchen und sich voll darauf konzentrieren – indem Sie 15 oder 20 Minuten nichts anderes als das machen. Leben Sie in der Gegenwart, ohne sie zu bewerten. Denken Sie daran, überlegt zu handeln. Stellen Sie sich vor, Sie haben gegessen und wissen überhaupt nicht mehr, wie es geschmeckt hat. Kommt Ihnen das bekannt vor? Werten Sie Ihre täglichen Erlebnisse mit dieser neuen Überlegtheit. Das ist der Anfang zur Erkenntnis ihrer Einzigartigkeit.

Um im Licht zu leben, muss das Unbewusste bewusst werden. Dies können Sie erreichen, wenn Sie im Hier und Jetzt leben und sich darauf konzentrieren. Die meisten Menschen erwarten, dass sich bestimmte Dinge so verhalten oder so sind, weil das schon immer der Fall war. Wenn Sie bereits eine vorgefasste Meinung haben, ist es schwer, neue und weiterführende Gedanken zu entwickeln. Vertrauen Sie. Lassen Sie los, sobald Sie eine Frage einmal gestellt haben.

Nehmen Sie sich jeden Tag Zeit, um die Frage „zu erleben". Stellen Sie eine Frage und bleiben Sie offen für Antworten. Fragen Sie sich zum Beispiel: „Warum fällt es mir so schwer, einen netten Menschen kennen zu lernen?" oder „Warum vermeide ich es, Zeit für ‚Sein' aufzubringen?" Passen Sie genau auf, denn Sie werden sofort Antworten bekommen. Schreiben Sie diese Antworten zunächst wertfrei auf. Seien Sie spontan. Überlegen Sie. Beachten Sie Ihre Ängste, während diese entstehen. Lassen Sie sich nicht aufhalten.

Meditation

Ich verpflichte mich, mein Leben in der Finsternis aufzugeben und ein Leben im Licht zu beginnen. Ich werde mich nicht durch meine Ängste hindern lassen. Ich weiß, dass ich, je mehr ich meine Einzigartigkeit anerkenne, meinem geistigen Partner näher komme.

9. Entdecken Sie das Geschenk der Einsamkeit

Als wir Rhonda, eine 21-jährige Kosmetikerin das letzte Mal sahen, strahlte sie. Wir wollten von ihr wissen, ob sie sich verliebt habe, und sie antwortete:

Ja! Ich liebe mich selbst. Nachdem ich einen Idioten nach dem andern kennen gelernt habe, mich verletzt und missbraucht gefühlt habe, beschloss ich, erst mal eine Zeit lang alleine zu bleiben und nur hin und wieder einige gute Freunde zu treffen. Anfangs fiel es mir schwer. Ich war noch nie alleine, sondern hatte immer eine Beziehung nach der anderen.

Das ist jetzt sechs Monate her und ich habe jetzt endlich das Gefühl, mich gefunden zu haben. Ich bin viel selbstsicherer und mag mich zum ersten Mal in meinem Leben. Jetzt habe ich Zeit, um nachzudenken, wer ich eigentlich bin.

Ich kann andere Menschen beobachten und sehe, wie meine Freunde mit ihren Partnerschaften umgehen. Sie sind so, wie ich war – voller Bedürfnisse, unglücklich, leidend und klagend. Ich habe mich in meinen Beziehungen verloren.

Jetzt kann ich lachen, wenn meine Freunde zu mir sagen: „Es wird langsam Zeit, dass du einen Freund hast." Genau genommen bin ich die Einzige, die zufrieden und glücklich ist. Ich habe die Nase voll von unglücklichen Beziehungen. Warum sollte ich mir das Gleiche nochmals antun?

Ich weiß gar nicht mehr, warum ich überhaupt mit meinem letzten Partner zusammen war. Wahrscheinlich hatte ich Angst vor der Einsamkeit und brauchte die Gesellschaft. Das hat meinen Verstand getrübt. Aber sogar mit ihm zusammen war ich einsam. Und jetzt lebe ich alleine und habe niemals dieses Gefühl der Verlassenheit.

Ich habe mich wieder entdeckt. Jetzt nehme ich mir die Zeit, um mich kennen zu lernen und meine Ziele zu definieren, im Leben und in einer Partnerschaft. Endlich bin ich seelisch und emotional einigermaßen ausgeglichen. Mir ist der Unterschied zwischen ‚einen Mann wollen' und ‚einen Mann brauchen' klar geworden. Meine Ansprüche haben sich geändert. Ich verdiene mehr als einen Mann, der nur Spaß will und für mich nur dann da ist, wenn es mir gut geht. Dass ich gebe und er nimmt, ist für mich nicht länger akzeptabel. Ich hätte nie gedacht, dass ich so etwas sagen würde, aber ich verbringe einen Abend jetzt lieber alleine mit einem Buch, als mit einem Mann auszugehen, der mich nicht wirklich interessiert. Ich dachte immer, ich lebe mein eigenes Leben, aber das ist erst jetzt der Fall, wo ich alleine bin.

Ich werde dann wieder ausgehen, wenn ich in der Lage bin, mein eigenes Leben zu führen und eine Beziehung aufrechtzuerhalten. Ich muss sicher sein, dass ich mich nie mehr aus Verzweiflung auf eine schlechte Beziehung einlasse. Jetzt, da ich mir Zeit genommen habe und mir bewusst wurde, dass ich mein Leben liebe, will ich es nicht mehr aufgeben. Die Einsamkeit war das größte Geschenk für mich, denn wie hätte ich mich sonst lieben gelernt?

Wir fühlen uns dann verlassen, wenn wir uns von uns selbst entfernen, und nicht dann, wenn keine anderen Menschen uns umgeben. Die Fähigkeit, alleine zu sein, ist ein Geschenk. Man ist alleine und fühlt sich doch nicht verlassen. Das ist ein wunderbares Gefühl, das unserer Seele entspringt und zeigt, dass wir uns mit unserem höheren Selbst und der universellen Energie verbinden. Durch Einsamkeit können wir uns dem Druck der Welt draußen mit ihren Ansprüchen und ihrem Chaos entziehen. Wir können unsere Visionen aufleben und die Vergangenheit, Gegenwart und Zukunft an uns vorbeiziehen lassen. Wir erfahren das Glück, den Moment zu leben. Es ist eine Zeit, in der wir jede Nuance unseres Lebens überdenken und den Reichtum in uns selbst anerkennen können.

Es ist kein Luxus, sondern lebenswichtig, uns Zeit für uns selbst zu gönnen und uns ein sicheres Refugium zu schaffen! Es ist für unsere Existenz genauso wichtig wie essen, schlafen und arbeiten. Genau genommen ist es die einzige Tätigkeit, die uns mit neuem Willen erfüllt, denn wir haben die Verantwortung.

Die Einsamkeit können wir durch einen Aufenthalt in der Natur verstärken, wo wir uns zentrieren und mit dem Universum verbinden können. Dort kann unsere innere Stimme, unterstützt durch äußerliche Ruhe und Erhabenheit, ungehindert zu uns sprechen. Letztlich heilt uns das Universum.

Außer Unabhängigkeit, Wendigkeit und Selbstliebe zu fördern, unterstützt die Einsamkeit noch verschiedene weitere Eigenschaften:

- Sie setzt Grenzen: Bis wir genau wissen, wer wir sind, und uns selbst lieben können, ist es uns unmöglich, Grenzen zu setzen. Ein Beispiel ist die Fähigkeit, nein zu sagen und auch ein Nein zu akzeptieren.
- Sie fördert die Kreativität: Durch Kreativität entdecken wir unser Innerstes und fühlen uns übermütig und frei. Wir entdecken neue Möglichkeiten, mit unseren Problemen umzugehen und anderen zu dienen.
- Sie füllt positive Energien auf: In der Einsamkeit können wir durch Introspektion und das Tanken neuer Energie Stress abbauen. Wir heilen und überwinden vergangene Verluste. Wir können neue Lebensweisen für uns finden und akzeptieren.
- Sie nährt und erneuert die Seele: Dadurch bleiben unsere Seele und unsere Persönlichkeit miteinander verbunden.

Wir betrügen uns mit der Illusion, dass uns andere Menschen glücklich machen werden. In Wahrheit ist das unsere Aufgabe und dazu können wir auf unsere innere Energie und Spiritualität zurückgreifen. Wie Rhonda dürfen wir unsere Kraft nicht abgeben, sondern müssen einen Teil für uns behalten. Das ist möglich, wenn wir den „Liebhaber" in uns finden, der uns hält und eine seelische Verbindung ermöglicht. Das Ziel ist, mit Lust zu lieben und nicht aus Bedarf. Dazu müssen wir uns zuerst selbst mögen, uns selbst genügen und erfüllt leben.

Wenn wir aus unserer Klausur zurückkehren, werden wir uns völlig auf einen anderen Menschen einlassen, denn wir sind endlich eins und ganz mit uns selbst. Wir fühlen die Ruhe, die Stille und das Vertrauen, die in uns liegen. Unsere Seele verbindet sich mit unserer Persönlichkeit und lässt uns in strahlendem Licht erscheinen. Nun sind wir bereit, unsere Seelenpartnerschaft einzugehen.

Seelenarbeit

Gönnen Sie sich Zeit bei der Beantwortung der folgenden Fragen. Beantworten Sie sie alleine und ohne irgendwelche Störungen:
Was gibt Ihnen eine Partnerschaft, das Sie sich nicht selbst erfüllen können? Verdeutlicht Ihnen Rhondas Geschichte das? Welchen Stellenwert hat Einsamkeit für Sie? Welche Ängste und Ausreden halten Sie davon ab, die Einsamkeit zu erfahren? Machen Sie eine Liste und fragen Sie sich dabei: Helfen Ihnen diese Entschuldigungen und Ausreden oder sind sie ein Teil der übernommenen Werte und Vorstellungen Ihrer Familie oder der Gesellschaft?

Selbsterfahrung lässt sich leicht auf einen anderen Zeitpunkt verschieben, obwohl sie für uns Priorität haben sollte. Einsamkeit fördert die Introspektion. Die Anforderungen und der Druck unserer Umwelt zwingen uns zur Anpassung und lassen keine Zeit zur Selbstreflexion. Um den Pfad zu einer geistigen Freundschaft oder Seelenpartnerschaft zu finden, müssen Sie die folgenden Fragen sowohl mit Ihrem Verstand als auch mit Ihrem Herzen und Ihrer Seele in Ruhe bedenken und erwägen. Konzentrieren Sie sich bei der Beantwortung auf das, was gut für Sie ist, und nicht darauf, was andere von Ihnen erwarten.

- In welchen Punkten driften Ihre Seele und Ihre Persönlichkeit noch auseinander? Warum?
- Welcher Lebensstil und welcher Partner würden ein Zusammenwachsen Ihrer Seele und Ihrer Persönlichkeit fördern?
- Welche Dinge haben Sie erreicht, auf die Sie besonders stolz sind?
- Welche Träume haben Sie?

■ Erstellen Sie eine Liste Ihrer Verpflichtungen. Kommen Sie durch deren Erfüllung Ihren Zielen und Träumen näher? Wenn nicht, wie lässt sich das ändern?

Meditation

Ich schätze die Einsamkeit. Ich weiß, dass die Zeit, die ich alleine verbringe, eine Gelegenheit für mich ist, mich selbst lieben zu lernen und schneller eine göttliche Verbindung zu meinem Seelenpartner aufzunehmen.

10. Die heilende Kraft der Vergebung

Die Fähigkeit, sowohl uns als auch anderen Menschen zu vergeben, ist einer der wichtigsten Schritte bei der Heilung alter Wunden. Durch Vergebung haben wir die Möglichkeit, frühere Verletzungen, die wir zu Unrecht erhalten haben, zu überwinden und unsere Vergangenheit ruhen zu lassen. Dadurch entgehen wir einem Leben voller Wut und Ablehnung auf Grund dieser vergangenen Ereignisse.

Das Leben ist ungerecht. Deshalb hat jeder von uns einen Grund für seine Wut und Abneigung. Vielleicht fühlen wir uns im Recht und es erleichtert uns, wenn wir diese Gefühle ausleben, aber auf der anderen Seite belasten wir uns gefühlsmäßig, geistig und körperlich durch dieses Festhalten an alten Verletzungen. Wissenschaftliche Untersuchungen zeigten eine hohe Koinzidenz zwischen Wut und Depressionen, Krebs- und Herzerkrankungen.

Außerdem werden wir durch unser Festhalten Gefangene der Vergangenheit. Wir können uns nicht weiterentwickeln, um gute Beziehungen zu anderen Menschen, geschweige denn zu uns selbst aufzubauen. Wir reagieren möglicherweise extrem selbstzerstörerisch, nur weil uns jemand beleidigt hat oder wir auf Grund unserer Erwartungen auch nur annehmen, dass er es getan hat. Indem wir über den vergangenen Ärger nachdenken – uns mit ihm beschäftigen und ihn wieder und wieder in uns aufleben lassen –, bleiben wir immer mit ihm verhaftet. Je mehr wir darüber nachgrübeln, desto stärker wird sein Einfluss auf uns. Unsere Frage muss sein: „Wer ist der Leidtragende, wenn ich mich weiterhin mit dieser Beleidigung beschäftige? Der Verursacher oder ich?"

Indem wir anderen vergeben, heißen wir nicht deren Verhalten gut, sondern befreien uns selbst. Da es ein Vorgang in unserem Herzen ist, brauchen wir den anderen Menschen weder zu sehen noch mit ihm in Kontakt zu treten. Wir können in dem Wissen, dass wir alle menschlich sind und Fehler begehen, vergeben. Gleichzeitig müssen wir anerkennen, dass wir niemals vergessen werden – das heißt, dass wir aus unseren Fehlern lernen.

Vergebung ist ein Akt der Liebe und Hingabe, der aus dem Herzen kommt. Dadurch ist es uns möglich, den Schmerz, die Gefühle und die Abneigung, die mit dieser negativen Erfahrung verbunden sind, zu lösen und uns aus unserem Gefängnis zu befreien. Wir tun uns damit selbst einen Gefallen. Nun können wir ein gefühlsmäßig ausgeglichenes Leben führen, verabschieden uns von unserer Opfermentalität und sind von vergangenen und gegenwärtigen Verletzungen genesen.

Viele unserer unbewältigten Probleme haben ihren Ursprung in unserer Kindheit, als wir noch nicht in der Lage waren, uns zu schützen. Als Erwachsene haben wir es in der Hand, unsere Wunden zu heilen und zu gewährleisten, dass Gleiches nicht wieder passiert. Bei schwer wiegenden Verletzungen kann die Vergebung Jahre dauern und läuft in verschiedenen Stadien ab. Betroffenheit, Wut, Trauer, Verwirrung und Selbsthass gehen allmählich über in Liebe, Akzeptanz und Vergebung, uns und anderen gegenüber. Endlich erfahren wir dann ein Gefühl der Freude und Freiheit.

Während Sie sich auf dem Weg der Vergebung befinden, ist es wichtig, dass Sie sich an folgende Punkte erinnern:

- Wir müssen uns annehmen und uns vergeben – wir haben damals das Bestmögliche getan.
- Unsere Kraft kommt aus unserer Einstellung und Auslegung. Wir können unsere Gefühle uns selbst, anderen oder den Umständen gegenüber ändern, indem wir uns bemühen, alles aus einer anderen Perspektive zu sehen. Das erleichtert unseren Schmerz und macht uns nicht länger zu Opfern. Dadurch können wir Liebe spüren.
- Wenn wir verletzt werden, haben wir die Wahl, wie wir reagieren. Wir können wütend werden und denken, dass uns einige Mitmenschen mit Absicht wehtun. Auf diese Weise machen wir uns zu Opfern. Oder wir konzentrieren uns darauf, das Gute in uns und anderen zu erkennen. Dies zeigt eine verantwortungsvolle und reife Einstellung zum Leben und dadurch werden alle zu Gewinnern.

Durch Bashas Geschichte hoffen wir, die Schritte der Vergebung zu verdeutlichen:

Allen schien es, als hätte ich einen lustigen, immer gut gelaunten, fröhlichen und hilfsbereiten Vater. Alle mochten ihn. Aber seinen Kindern gegenüber, die er liebte, war sein Verhalten kritisierend und leistungsorientiert. Er stellte hohe Erwartungen an uns und lobte fast nie. Ich hatte das Gefühl, ihm niemals zu genügen. An seine Liebe waren Bedingungen geknüpft. Auch ärgerte es ihn, dass wir seine Einstellungen und Ansichten nicht teilen wollten. Er nahm sich nie die Zeit, sich mit uns zu unterhalten, und wusste deswegen auch nicht, wie wir dachten oder fühlten. Er war der Brotverdiener. Daraus ergab sich, dass er für meine Schwester und mich keine Zeit hatte, denn er arbeitete viel. Wenn er dann nach Hause kam, sprach er kaum. Wir aßen auch kaum zusammen. Seine Freizeit verbrachte er mit unserem Hund, Nikki, einem Zwergpudel, oder mit meinen Cousins. (Später erkannte ich, dass ihn der Umgang mit seinen Töchtern verunsicherte und er sich deshalb lieber von uns fern hielt.)

Jahrelang fühlte ich mich ungeliebt und abgelehnt. Ständig versuchte ich, seine Liebe zu gewinnen. Ich driftete zwischen einem Verhalten, von dem ich wusste, dass es ihn ärgerte – ich schwänzte die Thoraschule oder stiftete die Klasse zum Singen des Liedes „Onward Christian soldiers" an –, und dem einer perfekten Tochter, die über Jahre hinweg jeden Sonntagmorgen ganz früh aufstand, um ihm in unserem Familienunternehmen zu helfen. Nichts verbesserte unser Verhältnis. Ich schwankte zwischen Selbstzerstörung und Wut auf meinen Vater. Ich fühlte mich durch sein Verhalten persönlich getroffen.

Als Teenager bat ich meine Mutter, sich von meinem Vater scheiden zu lassen, und machte eine Psychotherapie, um meinen Vater zu ändern. Dr. E. sagte immer zu mir: „Basha, du kannst deinen Vater nicht ändern, sondern nur dich selbst. Er ist so, wie er ist, und auf Grund seiner Vergangenheit kann er auch seine Liebe auf keine andere Art zeigen.

Ich kochte vor Wut! Wie konnte mir ein Psychologe sagen, dass ich ein Problem hätte. Jetzt war ich nicht nur auf meinen Vater wütend, sondern auch auf den Therapeuten, was zur Folge hatte, dass ich Männern nicht mehr vertraute. Unbewusst versuchte ich, die Schwierigkeiten mit meinem Vater zu lösen, indem ich entweder wirklich nette Männer kennen lernte (denen ich dann nicht erlaubte, mich zu lieben) oder mir kritische, kühle, überhebliche Typen aussuchte, um die ich mich dann bemühte. Es funktionierte nie, denn ich wollte erreichen, dass mich ein anderer Mensch bedingungslos liebte, anstatt dass ich mich bemühte, meinem Vater zu vergeben, ihn zu lieben und sowohl ihn als auch mich so anzunehmen, wie wir waren.

Vor ungefähr 15 Jahren gestand ich mir dann ein, dass ich nicht nur ein sehr schwaches Selbstbewusstsein hatte, sondern auch meine Beziehungen zu Männern katastrophal waren. Ich war am Boden zerstört! Ich fasste den Entschluss, mich von Männern fern zu halten und meine Zeit in Selbstheilung und Vergebung zu investieren. Ich kam mir nicht liebenswert vor, denn die Art und Weise, auf die mein Vater seine Liebe zeigte, passte nicht zu den Vorstellungen, die ich davon hatte, wie ein Vater seine Tochter lieben sollte – das Syndrom heißt: „Vater weiß alles am besten."

(Nach vielen Jahren der Analyse kam ich zu der einfachen, wahren und dennoch tief emotionalen Erkenntnis:

Ich liebe meinen Vater und er wird niemals der Vater werden, den ich für mich gewählt hätte.

Und, wichtiger noch: Mein Vater liebt mich und auch ich werde nie die Tochter sein, die er gerne gehabt hätte.)

Tagelang heulte ich hysterisch, während ich uns beiden vergab. Endlich konnte ich mich von meinem Traum eines perfekten Vaters verabschieden und anerkennen, dass ich nie die Tochter sein könnte, die er sich wünschte. Nach diesen anfangs schmerzhaften Erkenntnissen bemerkte ich eine wirkliche Liebe zwischen uns. Eine Woche später ging es mir gut und ich war zufrieden und frei. Ich verstand, dass mein Vater nicht deshalb so kritisch war, weil er mich nicht liebte, sondern weil er andere Wertvorstellungen hatte als ich. Er konnte nur seine eigenen Ansichten anerkennen. Jetzt fühlte ich seine Liebe und akzeptierte ihn, so wie er war. Meine Wut auf ihn war verflogen und ich konnte ihn bedingungslos und ohne Erwartungen lieben. Rückblickend wird mir jetzt klar, dass ich für meinen Vater eine größere Bedrohung darstellte als er für mich. Mein Vater wünschte sich immer, dass ich ihn bedingungslos anerkennen und lieben würde, anstatt auf ihn wütend zu werden, weil er nicht meinen Erwartungen, wie ein Vater zu sein habe, entsprach. Ich musste mich als Erste ändern, denn er konnte es nicht.

Mit mir änderte sich auch sein Verhalten. Er wurde zu dem liebevollen Vater, den ich mir immer gewünscht hatte. Indem ich meinem Vater und mir vergab, konnte sich eine wunderbare und erfüllte Beziehung entwickeln. Als ich das erkannte, war ich frei in meinen Entscheidungen und musste mich nicht länger sabotieren. Daraus ergab sich, dass auch meine Beziehungen sich änderten. Ich begann, mich mit offenen, liebenswerten Männern zu treffen, mit denen ich ein inniges Verhältnis eingehen konnte. Ich fühlte mich dessen wert und hatte ein Recht darauf, geliebt zu werden. Durch Vergebung heilten meine Wunden und mit ihr änderte sich mein ganzes Leben.

Ungefähr sechs Jahre später starb mein Vater ganz plötzlich. Glücklicherweise verstanden wir uns zu diesem Zeitpunkt ausgezeichnet und verbrachten gerne Zeit miteinander. Er fehlt mir sehr, aber es beruhigt mich, seine positive, liebende Energie um mich herum zu spüren. Das größte Geschenk, das ich mir selbst machen konnte, war, dass unsere Beziehung zum Zeitpunkt seines Todes von gegenseitiger Liebe und Anerkennung geprägt war.

Sechs Monate nach meines Vaters Tod lernte ich dann Jeff kennen. Ich bin überzeugt davon, dass es das Werk meines Vaters ist, der mir einen so wundervollen Ehemann geschickt hat. Vergebung hat für mich ein Leben in Ruhe und Frieden gebracht, ich fand den Vater, den ich mir immer gewünscht hatte, und auch meinen Seelenpartner und meine große Liebe Jeff.

Seelenarbeit

Dies ist eine Gelegenheit, sich aller negativen Gefühle, die Sie gegenüber der Familie, vergangenen oder gegenwärtigen Partnern und Freunden haben, bewusst zu werden. Dann steht es Ihnen frei, sich ihrer zu entledigen.

1. Erstellen Sie eine Liste aller Gründe und Ursachen, warum Sie wütend sind oder Abneigung verspüren. Beziehen Sie in Ihre Überlegungen Ihre Familie und derzeitige Partnerschaften mit ein.
2. Schreiben Sie einen Brief an sich, in dem Sie sich auf Dinge hinweisen, die Sie sich selbst vergeben müssen. Denken Sie daran, dass auch Sie nur ein Mensch sind und deshalb Fehler machen. Sie haben sich so lange geschämt und an Ihren Verfehlungen festgehalten, dass es nun an der Zeit ist, sich davon zu lösen. Sie brauchen sich nicht länger selbst zu strafen, sondern haben es verdient, endlich frei zu leben.
3. Schreiben Sie auf, wem Sie gerne vergeben möchten. Erobern Sie langsam Ihr Leben zurück, indem Sie Schritt für Schritt verzeihen. Eine Möglichkeit ist, den Betroffenen einen Brief zu schreiben. Ob Sie ihn dann wirklich absenden oder nicht oder sich lieber mit ihnen unterhalten, ist irrelevant. Denken Sie daran, wie wichtig es für eine neue, gesunde Partnerschaft ist, dass Sie mit Ihrer Familie und früheren Partnern Frieden schließen. Das ist wichtig für Sie, nicht für die anderen.
4. Lesen Sie Bashas Geschichte noch einmal und überlegen Sie dabei, in welchen Bereichen sich Ihr Leben verbessern kann, indem Sie sich selbst und anderen vergeben. Verzeihen ist ein Prozess, der schrittweise abläuft. Dr. Norman C. Shealy schlug in seinem Buch *Enzyklopädie der Heilkunde* verschiedene Möglichkeiten zur Bewältigung von Wut, Angst und Schuld sowie zur Erlernung von Vergebung vor. Zum Beispiel:

Lernen Sie, sich wohl zu fühlen, indem Sie unerledigte Dinge beenden. Erinnern Sie sich an bedeutende Verletzungen in der

Vergangenheit – Wut, Angst, Schuld. Wo genau spüren Sie die Anspannung? Stellen Sie sich folgende Fragen:

- Gibt es eine Möglichkeit, die Lage jetzt noch zu ändern?
- Kann ich den Vorfall mit dem Verursacher besprechen und ihn dazu bewegen, sich bei mir zu entschuldigen? Kann ich ihn verklagen?
- Habe ich eine Möglichkeit, Ähnliches in Zukunft zu vermeiden?
- Was habe ich daraus gelernt und in wieweit hat es mich zu einem besseren Menschen gemacht?
- Bin ich bereit, den Betroffenen zu verzeihen und sie zu akzeptieren?
- Wenn nicht, was werde ich für mich tun, um zu verzeihen?
- Fühle ich mich wohl, wenn ich dauernd Hass verspüre?
- Löst sich das Problem, wenn ich mich ständig darüber aufrege?
- Bin ich bereit, mich von meinen negativen Gefühlen zu trennen, wenn es mir dafür gut geht?

Meditation

Ich konzentriere mich darauf, mir und anderen zu vergeben. Ich weiß, wenn ich daran arbeite, besonders auch in Bezug auf meine Eltern, werde ich Frieden und auch die Freiheit finden, meinen Lebens- und Seelenpartner kennen zu lernen, der mich lieben und anerkennen wird.

11. Die Schatten annehmen

Der Weg zu innerer Ganzheit und zu innerem Bewusstsein beinhaltet auch, das anzunehmen, was Carl Jung „unseren Schatten" nennt. Die dunkle Seite unserer Persönlichkeit wird durch schlechte Erfahrungen und negative Erlebnisse bestimmt. Wir alle sind eine Mischung aus Gut und Böse und nur das Verhältnis zwischen beidem bestimmt, wer wir als Mensch sind.

Selbstsicher zu sein bedeutet, unsere Fehler oder Schatten bewusst wahrzunehmen und Selbstbetrug zu vermeiden. Das sollten wir auch an andere Menschen weitergeben. Gegenseitige Anerkennung und Vertrautheit sind ein wesentlicher Bestandteil auf dem Weg zu einem geistigen Freund oder Seelenpartner.

Die Mehrheit von uns hat jedoch Schwierigkeiten damit, das zu akzeptieren, was wir unsere dunklen Stellen nennen. Wir sind der Meinung, dass wir, um geliebt zu werden, fehlerfrei sein müssen. Wir bemühen uns, vieles uns und anderen gegenüber zu verheimlichen in der Hoffnung, uns dann nicht mit den Schatten der Vergangenheit auseinander setzen zu müssen. Oft verleugnen wir unseren Ärger, unseren Egoismus und unsere Süchte sowie andere schlechte Eigenschaften, um zu verhindern, dass wir unsere Schwächen oder Grenzen erkennen.

Die Fassade, die wir errichtet haben, ist gut gesichert. Indem wir eine Illusion leben, erkennen wir uns selbst nicht deutlich. Wir verleugnen unsere schlechten Eigenschaften und beruhigen uns mit folgenden Gedanken:

- Nicht so tragisch, wird schon niemand merken.
- Lassen wir's sein, beim nächsten Mal geht's besser.
- Es geht mir nur deshalb so schlecht, weil sie/er mir das angetan hat (Opfermentalität).

Gleichzeitig nehmen wir aber sofort die negativen Eigenschaften anderer wahr. Außerdem projizieren wir das, was wir an uns selbst nicht wahrhaben wollen, auf unsere Mitmenschen. Was für Heuchler sind wir doch! Wann immer wir die oben genannten Aussagen treffen oder andere kritisieren, können wir davon ausgehen, dass wir uns durch Illusionen selbst schützen, anstatt die Wahrheit über unser eigenes Verhalten zu erkennen.

Die spirituelle Übung, unsere Schattenseiten anzuerkennen, heißt, dass wir uns mit unseren guten und schlechten Seiten auseinander setzen. Das ist einer der Gründe, warum das Zugeben unserer Sünden oder die aufrichtige Anerkennung unseres Versagens so ein wichtiger Punkt auf dem geistigen Weg zur Selbsterkenntnis sind. Wir sind hier auf der Welt, um Fehler zu machen und zu lernen. Wir sind nicht unfehlbar. Die Schatten zeigen sich in unseren Zurückweisungen, unserer Kritik und bissigen Bemerkungen, unserem Verdruss, den Lügen, der Selbstgerechtigkeit, unserem Zaudern und Selbstmitleid.

Wir befinden uns in einem ewigen Prozess des Lernens. Wenn unsere Schatten ihr hässliches Gesicht zeigen, müssen wir sie bekämpfen, indem wir sofort handeln. Tief in uns wissen wir: Auch wenn es einfacher ist, einer Illusion aufzusitzen oder die Gegebenheiten oder das Schicksal verantwortlich zu machen, schadet derartiges Verhalten letztlich uns selbst und der Möglichkeit, eine gesunde Partnerschaft zu führen.

Die einzige Möglichkeit, unsere negativen Seiten zu bezwingen, besteht darin, auch unsere Schatten anzunehmen, denn das, was wir nicht wahrhaben wollen, bleibt umso länger. Die Wahrheit ist der Weg zu innerer Freiheit und Selbstständigkeit. Wir brauchen uns nicht zu verstecken, sondern können alles zugeben und Verantwortung übernehmen – für das Gute, das Schlechte und das Hässliche. Sonst leben wir hinter Mauern, schützen uns selbst und kritisieren andere.

Zu unserer Selbstliebe gehört, dass wir unsere Dämonen erkennen und von ihnen lernen. Wir müssen verstehen, was wir verbergen und wovor wir ausweichen, was uns erschreckt und uns verletzt. Wir müssen uns selbst objektiv betrachten und für unsere Handlungen die Verantwortung übernehmen oder wir werden immer wieder mit den gleichen Schwierigkeiten kämpfen müssen. Wir müssen unsere negativen Seiten mit anderen Augen sehen, um sie deutlich zu erkennen.

Neid zum Beispiel, der normalerweise in den Niederungen unseres Seins zu finden ist, ermöglicht uns dann, wenn er ins

Bewusstsein geholt und zur Weiterentwicklung genutzt wird, Wachstum. Nehmen Sie als Beispiel Gloria, die auf ihre beste Freundin Martha neidisch war. Als Martha in ihren Männerbekanntschaften nicht so erfolgreich war, stand Gloria ihr bei und war bereit, ihr auf jede erdenkliche Weise zu helfen. Als jedoch Martha einen liebevollen Partner gefunden hatte, wurde Gloria abweisend und kritisierend und setzte damit ihre Freundschaft zu Martha aufs Spiel. Die Gefahr, Martha als Freundin zu verlieren, zwang Gloria, sich ihres Neides bewusst zu werden und ihn zu analysieren. Sie entdeckte dabei, dass dies von Vorteil war und sie etwas über sich lernen konnte. Sie war eifersüchtig auf Martha, weil diese etwas besaß, was auch sie gerne gehabt hätte. Diese Erkenntnis verhalf ihr zu einem neuen Bewusstsein über ihr Wertesystem und die Erwartungen, die sie an eine Beziehung stellte. Gloria überwand ihren Neid und war damit für einen liebevollen Partner offen.

Seelenarbeit

Unsere Schattenseiten freizulegen kann schwierig sein, ist aber notwendig, um einen geistigen Freund oder Seelenpartner zu finden.

1. Wen kritisieren Sie am meisten? Beobachten Sie sich selbst. Hat die Person Eigenschaften, die Sie bei sich selbst nicht akzeptieren können?
2. Um ein guter Selbstbeobachter zu werden, achten Sie mehrmals am Tag auf Ihr Verhalten und stellen Sie Gutes und Schlechtes objektiv fest. Urteilen Sie nicht, sondern beobachten Sie nur. Diese Übung ist wesentlich komplizierter, als es scheint.
3. Lassen Sie sich nicht entmutigen, falls es nicht klappt. Der Sinn und Zweck der Meditation ist, Sie zu beruhigen, indem Gedanken und Gefühle durch Sie hindurchziehen, während Sie sich auf Ihr Mantra (Laute) oder Ihren Atem konzentrieren. Das Ziel ist, dass Sie von Ihren Gedanken unberührt bleiben. Indem Sie sich immer wieder ihrem

Atem oder dem Mantra zuwenden, können Ihre Gedanken oder Gefühle Sie nicht beherrschen.

4. Listen Sie all die Dinge auf, die Sie an sich mögen, und auch die, die Sie belasten oder die Sie ablehnen.

5. Achten Sie auf die Gedanken, die Ihnen dabei durch den Kopf gehen.

6. Geben Sie Schwächen zu, wenn Sie diese Liste mit einer guten Freundin durchgehen.

7. Hören Sie gut zu, wenn Ihnen diese Freundin sagt, wie Sie auf andere wirken. Denken Sie daran, dass Sie Ihre Freundin ist und Sie unabhängig von Ihren guten und schlechten Eigenschaften mag. Sie müssen nicht perfekt sein, um geliebt zu werden.

Meditation

Ich will mich ganz akzeptieren, damit ich mich selbst lieben und mein bestmögliches Ich werden kann.

12. Fühlen, heilen und sich weiterentwickeln

Alle unsere Gefühle sind ein Bestandteil menschlicher Erfahrung. Sie müssen beachtet und respektiert werden. Dennoch haben viele von uns in ihrem Leben so viel gelitten, dass wir sie tief in uns verschlossen haben. Oft wissen wir gar nicht, wie es uns geht, weil wir uns so weit von einigen Teilen unseres Wesens entfernt haben.

Um zu überleben, verleugnen wir Schuld, Ärger, Trauer und Angst ebenso wie Freude, Glück und Aufregung. Unsere Herzen sind so verschlossen, dass wir unfähig sind, Schmerz oder Zufriedenheit zu erleben, geschweige denn auszudrücken. Wir sind wie lebende Tote. Aus diesem Grund fürchten wir uns auch häufig vor seelischer Arbeit. Unsere Angst ist, dass längst vergrabene Gefühle, Erinnerungen und Schmerzen wieder hervorkommen, und deshalb fällt es uns leichter, den Status quo zu belassen. Auf diese Weise treten wir aber auf der Stelle und kommen niemals weiter. Wenn wir hingegen das Risiko eingehen und uns endlich der Vergangenheit stellen, gewinnen wir das Leben und auch den Partner, den wir verdienen.

Um eine geistige Freundschaft oder Seelenpartnerschaft eingehen zu können, müssen Sie in der Lage sein, Ihrem Partner Ihre Gefühle und Gedanken aufrichtig mitzuteilen. Das beinhaltet auch Ihre Familiengeschichte und die Wunden der Vergangenheit und wie dadurch ihre Fähigkeit, mit anderen Menschen zu kommunizieren, beeinflusst wird. Durch diese Offenheit nimmt Ihr Partner oder Ihrer Partnerin Ihr Verhalten nicht persönlich und wird Ihnen in Ihrem Wachstum eine Hilfe sein.

Vor ungefähr zehn Jahren hatte Basha eine Seelenpartnerschaft mit einem sehr unterstützenden und umsorgenden Mann namens Julian. Ein Gespräch drehte sich darum, dass sie nicht in der Lage war, Ärger auszudrücken und fair zu streiten. Wenn ihre Eltern Meinungsverschiedenheiten hatten, schrie und tobte ihr Vater, während sich ihre Mutter zurückzog und schmollte. Die Probleme wurden nie gelöst. Basha versprach

Julian daraufhin naiv: „Ich weiß, dass ich nicht fair streiten kann, aber ich verspreche dir, dass ich mich niemals so wie meine Mutter verhalten werde." Einen Tag später kam es zu einer kleinen Auseinandersetzung zwischen Basha und Julian und Basha zog sich sofort zurück. Julian tippte ihr auf die Schulter und wies sie liebevoll darauf hin: „Schau mal, wie du dich verhältst." Basha brach sofort in Tränen aus, als sie ihr Verhalten erkannte. Es war unerheblich, wie gerne sie anders handeln würde. Sie konnte nicht anders. Das verletzte Ich ihrer Kindheit hatte sich sofort in der Annahme, nun nicht mehr liebenswert zu sein, durch Rückzug geschützt.

Weil Basha das Risiko eingegangen war, ihre Ängste und ihre Familiengeschichte mit Julian zu besprechen, nahm er ihr Verhalten nicht persönlich, denn er befand sich auch gerade in seinem Heilungsprozess. Stattdessen begann er, ihr faires Verhalten in Auseinandersetzungen beizubringen. Basha ihrerseits fasste Vertrauen, dass sie nicht von dem Menschen, den sie liebte, abgelehnt wurde, nur weil es Meinungsverschiedenheiten gab.

Was wir verinnerlichen müssen, um weniger Angst vor der Bewältigung unserer Vergangenheit zu haben, ist, dass wir unsere Gefühle nicht heilen können. Sie sind eine Information an uns, wie es in unserem Inneren aussieht, und spiegeln unsere Sicht der Welt wider. Alle Gedanken, Werte und Annahmen beeinflussen, wie wir uns fühlen, aber dennoch lernen wir die meisten Werte von unserem „Clan" und der Gesellschaft, die unsere automatische Interpretation der Umgebung bestimmen. Wir müssen unsere Gefühle kennen und akzeptieren lernen, um in der Gegenwart leben und das Leben so erfahren zu können, wie es ist; vorurteilsfrei und ohne falsche Erwartungen.

Wenn wir unsere Gefühle ändern wollen, müssen wir zuvor unsere Einstellung und unser Wertesystem als Ursache, warum wir uns so oder so fühlen, überprüfen. Wir können durch Änderung unserer Sichtweise schmerzhafte Erinnerungen heilen und loslassen. Unsere Realität hängt ganz von unserer Interpretation der Geschehnisse ab.

Wie alle Verteidigungsstrategien erfüllt auch Verleugnung eine gewisse Zeit lang ihren Zweck. Heilung beginnt dann, wenn wir erkennen, dass die negativen Kräfte dieser Gefühle in uns gefangen sind und uns mehr Schaden als Nutzen bringen.

Wir leiden ausschließlich dann, wenn wir uns an die Vergangenheit klammern und Veränderungen widerstehen. Es ist Zeichen unserer Weigerung, uns weiterzuentwickeln. Wir müssen uns fragen: „Möchte ich lieber meine Wut und die zu Grunde liegende Traurigkeit verstehen und frei sein oder möchte ich sie lieber ignorieren und mich von ihr beherrschen lassen?"

Wir alle haben die Möglichkeit, unser Lebensskript neu zu schreiben. Anne, eine 43-jährige Rechtsanwältin, entschied sich genau dazu. In dem Maße, in dem sie ihr Leben neu interpretierte, entpuppte sie sich zu einem wundervollen Schmetterling. Ihre Geschichte ermutigt uns alle:

Das Wichtigste ist, sich selbst zu kennen und sich Zeit zur Reflexion zu nehmen. Ich hörte auf, mich gegen das, was andere Menschen über mich denken, zu schützen. Ich sagte mir immer wieder den Satz: „Was andere Menschen sagen, tun, glauben oder denken, betrifft sie und ihre Wertvorstellungen, aber nicht mich." Indem ich mich auf dieses Konzept konzentrierte und es verinnerlichte, konnte ich mich befreien und bemerkbar machen.

Es fing alles im vergangenen Herbst an, als ich mich entschied, mit dem Rauchen aufzuhören. Nicht aus gesundheitlichen Gründen, sondern um klarer sehen zu können. Ich erkannte, dass Zigarettenrauch sogar mich abstieß und die meisten Menschen sich sofort von Rauchern abwenden. Sie sehen nur den Rauch und vor lauter Ekel gar nicht mehr den Menschen dahinter. Rauchen war für mich nichts weiter als eine Möglichkeit, mein wahres Ich vor der Welt zu verstecken. Das Rauchen aufzugben war für mich Zeichen meines ernsthaften Wunsches, mit dem Versteckspiel aufzuhören und mit dem wirklichen Leben zu beginnen.

Ich hörte einige Tage vor dem eigentlich geplanten Zeitpunkt auf. Ich zweifelte nie an meinem Erfolg, auch wenn es mir schwer fiel. Ich fühlte mich, als ob eine Armee aufmarschierte und die Zigaretten vertrieb. Ich wusste, dass ich diesmal gewinnen würde, denn meine Einstellung hatte sich geändert.

Durch diesen Vorfall begann ich darüber nachzudenken, auf welche Weise ich mich noch unsichtbar machte. Ich wuchs mit einer kindlichen, passiven Einstellung zum Leben auf. Ich dachte nie darüber nach, was ich machen wollte oder was ich zu sagen hätte. Stattdessen war ich immer dankbar, wenn die Menschen nett zu mir waren, auch dann, wenn sie sich merkwürdig verhielten. Von Menschen, die wirkliche Freunde sein wollten, zog ich mich zurück, denn ich befürchtete, dass sie von mir etwas verlangten, was ich ihnen nicht geben konnte. Ich sah mich immer als kleines Mädchen, das versuchte, das Leben eines Erwachsenen zu führen. Ich wusste nicht, wer ich war, was ich wollte oder warum ich überhaupt da war.

Für mich war das Sichtbarwerden eine Heimkehr zu mir selbst. Ich erkannte, dass ich versuchte, mich durch meine Vorstellungen von dem, was andere Menschen über mich denken und fühlen könnten, zu definieren, und mir wurde bewusst, dass ich mich noch nicht mit meiner Identität auseinander gesetzt hatte. Innerlich fehlte mir etwas.

Obwohl ich nicht weiß, wohin mich diese neue Sichtbarkeit führen wird, bin ich fest entschlossen, authentisch zu sein und mich anderen zu zeigen. Ich sage mir jetzt: „Schritt für Schritt" oder „Tag für Tag" und kämpfe so lange mit mir selbst, bis ich an meinem Ziel bin.

Es jagt mir keine Angst mehr ein, als Nichtraucher wahrgenommen zu werden. Auch wenn Menschen über mich urteilen, sage ich mir selbst ständig, dass ich mein Leben nicht nach den Befindlichkeiten anderer ausrichten kann. Es ist mir und ihnen gegenüber nicht fair. Jeder muss sich seinen Ängsten stellen und ich werde mich weiterhin bemühen, den Menschen gegenüber ehrlich zu sein. Es fällt mir nicht leicht, denn ich hasse Auseinandersetzungen und Konflikte. Wie dem auch sei, ich habe mich trotzdem dazu entschlossen, in allen Bereichen meines Lebens aufrichtig und sichtbar zu werden.

Erleichternd ist, dass ich z um ersten Mal das Gefühl habe, bei mir zu sein. Ich fühle mich, als ob das kleine verletzte Kind in mir eine liebende und beschützende Mutter hat, jemanden, der es umsorgt. Zum ersten Mal in meinem

> Leben fühle ich mich glücklich und sicher. Ich bin nicht mehr so weit von mir und dadurch auch von der Welt entfernt.

Gefühle geben uns die Freiheit, uns selbst zu definieren und uns von den Schatten der Vergangenheit zu befreien. Wenn wir taub sind, verlieren wir den Kontakt zu uns und sind nicht mehr glücklich. Zuerst ist es vielleicht erschreckend und merkwürdig, die eigenen Gefühle zu erkennen und zu akzeptieren. Nehmen Sie sich Zeit. Anfangs wird es wahrscheinlich für diejenigen von Ihnen schwer werden, die für ihre Gefühle kritisiert wurden oder kein Leitbild haben. Auch diejenigen, deren Zugang zum Leben überwiegend rational ist, fühlen sich vielleicht nicht ganz wohl. Sie werden vielen verschiedenen Gefühlsformen begegnen, während Sie sich an längst vergangene Verletzungen erinnern: Wut, Verwirrung, Frustration. Manchmal geht es uns anfangs auch schlechter, bevor es dann besser wird.

Der Prozess der Heilung muss langsam und sorgfältig begonnen werden. Wir müssen unterschiedliche Lernmethoden beherrschen, um die Gefühle innerhalb unserer eigenen Zeitgrenzen zu erfahren.

- Suchen Sie sich einen sicheren Platz in Ihrer Wohnung oder an einem anderen Ort, an dem Sie Einsamkeit und Ihre Intimsphäre genießen können (ohne Unterbrechungen!).
- Gönnen Sie sich die Zeit, auf Ihre Gefühle und die zu Grunde liegenden Ursachen zu hören. Es ist hilfreich, wenn Sie dabei Tagebuch führen.
- Bleiben Sie in Kontakt mit sich selbst, indem Sie sich Zeit nehmen und sich darauf konzentrieren, bewusst zu sein.
- Unser Verständnis der Welt um uns herum wird von dem beeinflusst, was wir von uns selbst halten. Um Scham zu heilen, müssen wir erkennen, dass es nur eine Interpretation dessen ist, wie wir uns wahrnehmen. Erst wenn wir uns dem stellen, sind wir frei.
- Um den Heilungsprozess zu beschleunigen, müssen wir unsere vergangenen Wahrnehmungen vergessen und nur

die Gegenwart als Realität anerkennen. Die Vergangenheit ist passiert und vorbei. Nun können wir ein neues Bild von uns zeichnen und unsere Vergangenheit neu definieren.

- Wir haben Gefühle, aber wir sind nicht diese Gefühle.
- Besprechen Sie Ihre Gefühle mit mindestens einem vertrauten Menschen offen und ehrlich. Für den Anfang reicht es, wenn Sie sie zulassen und Ihre Geschichte erzählen. Das ist für Ihren Heilungsprozess wichtig.
- Es spielt keine Rolle, ob wir unsere Gefühle und Erlebnisse mit einem Freund oder Therapeuten teilen, solange diese Person warmherzig, mitfühlend, anerkennend und fürsorglich ist und Anteil nehmen kann. Ihre Bezugspersonen müssen sich ihrer eigenen Vergangenheit bewusst sein und das Vertrauen, das Sie ihnen entgegenbringen, schätzen.
- Emotionale Intimität bedeutet, dass Sie einem Menschen, bei dem Sie sich sicher fühlen, Einblick in ihr Innerstes gewähren.

Während wir unsere Gefühle anerkennen und akzeptieren, werden wir auf dem Weg zu uns selbst immer stärker (wie Anne) und lassen uns nicht länger von unseren Ängsten regieren. Unsere Gefühle unterstützen uns dabei. Durch die veränderte Sichtweise unserer Vergangenheit können wir unsere früheren Wunden heilen und eine neue Zukunft gestalten sowie uns auf unsere Gefühle, die mit unserer veränderten Weltsicht zusammenhängen, verlassen. Es ist wichtig, dass wir lernen, uns selbst und andere zu lieben und anzuerkennen.

Seelenarbeit

Suchen Sie einen ruhigen und bequemen Platz, an dem Sie Ihren Gefühlen nachgehen können.

1. Wenn es Ihnen schwer fällt, Ihre Gefühle wahrzunehmen, atmen Sie zunächst tief ein. Achten Sie darauf, welche Gedanken Ihnen in den Sinn kommen und was Sie dabei empfinden, aber bewerten Sie nichts.

2. Es ist absolut wichtig, dass Sie weiterhin Freude am Leben verspüren und an das denken, was Sie glücklich macht. Machen Sie sich jeden Abend eine Liste all der Dinge, für die Sie im Laufe des Tages dankbar waren und über die Sie sich gefreut haben. Sarah Ban Breathnach bietet in ihrem Buch *Ein guter Tag* ausgezeichnete Beispiele.

3. Schreiben Sie jeden Tag die Gefühle auf, die Sie in Bezug auf ein Erlebnis des Tages, egal ob positiv oder negativ, verspürt haben. Wie haben Sie die Situation erlebt? Betrachten Sie das Ereignis objektiv und sprechen Sie dabei von sich in der dritten Person, um eine andere Sichtweise nachvollziehen zu können. Wie hätte man dieses Erlebnis noch sehen können? Achten Sie darauf, wie sich Ihre Gefühle mit den anderen Interpretationen ändern.

4. In Zeiten, in denen Sie unter starken emotionalen Schwankungen leiden, sollten Sie Ihre Gefühle nicht negieren, sondern analysieren und versuchen, sie zu verstehen. Bemühen Sie sich dann, diese durch neue, Ihrer persönlichen Weiterentwicklung dienliche Ideen oder Interpretationen zu ersetzen. Wie wirkt sich das aus?

5. Lernen Sie, sich selbst vor bestimmten zwischenmenschlichen Beziehungen und Situationen zu schützen. Bleiben Sie entweder ganz weg, indem Sie, so wie Anne, das Kind heilen und sich vorsagen: „Wenn andere Menschen mich kritisieren, werde ich ihnen vergeben und mit ihnen fühlen. Ich werde mich dazu wirklich anstrengen, denn eigentlich ist die Kritik ein Ausdruck ihrer eigenen Schmerzen und Ängste. Ich habe das Gleiche hinter mir und muss aus diesem Grund sanft mit ihnen umgehen und darf mich nicht auf das gleiche Niveau begeben. Ich werde mich nicht mehr vom Leben ärgern lassen, indem ich immer gleich alles persönlich nehme."

Meditation

Ich will heilen, indem ich meine Gefühle und Gemütsregungen Menschen mitteile, denen ich vertrauen kann. Dadurch lerne ich, mit meinem Seelenpartner liebevoll und wahrhaftig umzugehen.

13. Führen Sie ein ausgewogenes Leben

Es ist im Leben nicht möglich, sich immer gerade dann zu verlieben oder befördert zu werden, wenn wir es am nötigsten haben. Es ist aber für unsere Gesundheit und unser Glücksgefühl gut, glättet die Unebenheiten des Lebens und bringt das Gute in uns zum Vorschein, indem sichergestellt wird, dass wir uns genügend im „Sein" befinden. Aus diesem Grund müssen wir für unser Leben planen und ihm jeden Tag einen Sinn geben.

„Sein" wird als die Zeit definiert, die wir einer Sache zu keinem anderen Zweck widmen als dem, uns zu erquicken und zu regenerieren, während wir gleichzeitig mit unserem Innersten und unserem höheren Ich verbunden sind. Diese Tätigkeiten berühren unser Herz, unsere Seele und unseren Geist. Unser Gefühl der Ganzheit und der Selbstliebe wird gesteigert.

Um eine geistige Freundschaft zu pflegen, müssen beide Partner die Zeit, die sie nur mit „Sein" verbringen, schätzen. Diese Entscheidung verbessert ihre Fähigkeit, bewusst zu leben, und sie sind dadurch in der Lage, sich zusammen entspannenden Unternehmungen zu widmen. Dadurch wird wiederum die Verbindung zwischen Seele und Persönlichkeit unterstützt, die die Grundlage jeder seelenverwandten Partnerschaft ist. Denken Sie daran: Jeder Partner in einer geistigen Freundschaft muss wünschen, ganz und komplett zu werden. Das „Wir" wieder zu entdecken heißt auch, Wahrhaftigkeit zu schätzen, Gefühle ehrlich mitzuteilen und sowohl „Tun" als auch „Sein" alleine oder zu zweit zu erleben.

Im Folgenden haben wir einen Führer zu den verschiedenen Teile der „Sein"-Aktivitäten, die wir in unserem täglichen Leben abdecken müssen, erstellt, um sicherzustellen, dass wir uns um uns selbst kümmern – um Körper, Seele und Geist. Dann wird es uns, unabhängig von den Ereignissen in unserem Leben, gut gehen, denn wir haben diese Bereiche unter Kontrolle.

Spiritualität/Bedeutsamkeit: eine persönlich wichtige und bedeutsame Angelegenheit, die uns befähigt, unserem höheren Ich verbunden zu bleiben, Zeit zu widmen. Einige Aktivitäten sind zum Beispiel meditieren, beten, Tai Chi, ein kontemplatives Buch lesen oder spazieren gehen.

Intimität/Kommunikation: sich bewusst Zeit für den Umgang mit anderen Menschen zu nehmen. Dazu gehört auch, dass wir uns Zeit für uns selbst gönnen, in der wir uns besser kennen lernen, sowie unsere Gefühle und Gedanken mit einem anderen Menschen teilen. Beispiele hierzu sind: Tagebuch führen, mit einer guten Freundin reden oder eine Therapie machen.

Schlafen: sich sieben bis neun Stunden tiefen, erholsamen Schlaf zu gönnen. Der Schlafbedarf richtet sich nach dem individuellen Rhythmus, also müssen wir lernen, unsere innere Stimme zu hören, die uns mitteilt, wann wir müde sind. Schlaf heilt. Es ist die Zeit, in der sich unser Körper durch Ruhe und Träume erholt – unser täglicher Urlaub. Ein gut ausgeruhter Mensch kann den Stress eines jeden Tages bewältigen.

Freizeit: die freie Zeit, die wir uns jeden Tag zu keinem anderen Zweck gönnen als dem, sie zu genießen. Es gibt kein Ziel. Wir sind nicht faul, wie wir dann oft von uns behaupten, sondern haben Gelegenheit, etwas zu tun, was uns erbaut und Freude macht. Freizeit – das ist die Zeit, die wir quatschend am Telefon hängen, Schaufensterbummel machen, zu Sportveranstaltungen gehen oder einen Roman lesen.

Entspannung: eine Tätigkeit, bei der Sie sich völlig loslassen. Es ist schwer, das Leben zu genießen und in Frieden zu leben, wenn Sie gleichzeitig die Sorgen der Welt auf Ihren Schultern tragen. Zur Erholung gehört auch, einen persönlichen Rückzug zur Heilung und Entspannung zu schaffen. Die Umgebung muss vertraut sein, erholsam, ungestört und friedlich. Sie können sich durch Massage, Meditation, bestimmte Vorstellungen entspannen, klassische Musik hören oder ein Schaumbad nehmen.

Vergnügen: etwas, bei dem wir sicherlich erfolgreich sein werden. In diesem Zusammenhang bedeutet Erfolg, dass wir uns wohl fühlen, ausgeglichen und zufrieden sind. Wir mögen uns und andere, lachen und amüsieren uns. Vergnügen ist besonders wichtig, denn die meisten Dinge des Lebens bereiten uns nicht besonders viel Freude. Sie werden uns von unseren Familien, der Arbeit oder unserem kulturellen Umfeld auferlegt. Es kommt nicht darauf an, wie viel Zeit wir haben, sondern es hängt von unserer Absicht ab, etwas, das uns Spaß macht, zu unternehmen, selbst wenn es nur fünf Minuten unseres stressigen Tages beansprucht. Wichtig ist das Resultat. Vorschläge hierzu: sich mit einem guten Freund unterhalten, eine Tasse Cappuccino in unserem Stammcafe genießen, von jemandem, den wir mögen, umarmt werden oder unsere Katze streicheln.

Spielen: ein Vorhaben, bei dem man sich freuen kann und sich gleichzeitig vergnügt. Während wir spielen, lachen wir und reißen Witze. Indem wir zufrieden und glücklich sind, verbessert sich unsere Ausstrahlung. Zusätzlich werden wir unternehmungslustiger. Wir können ins Kino gehen, Sport treiben, in einen Märchenwald gehen, Karten spielen oder uns mit Kindern und Haustieren beschäftigen.

Die beiden folgenden Aktivitäten lassen sich je nach Einstellung und Ziel sowohl der „Machen-" als auch der „Sein"-Seite zuordnen.

Essen: Selbstliebe zeigt sich darin, dass wir unsere Lebensmittel bewusst wählen und gesunde Nahrungsmittel kaufen. Wir müssen uns Zeit nehmen, um unsere Auswahl zu treffen, und uns über die Geschäfte, in denen wir sie kaufen, informieren.

Sport: Durch diese körperliche Aktivität werden wir kräftiger, verbessern unser Herz-Kreislauf-System und trainieren auf unterschiedlichen Ebenen unsere Ausdauer, unseren Gleichgewichtssinn und unsere Beweglichkeit. Wir können unter vielen Sportarten auswählen, wichtig dabei ist nur, dass wir wirklich Spaß daran haben und sie richtig ausüben. Ziel soll sein, durch unsere körperlichen Anstrengungen unsere Verehrung und

Dankbarkeit für das Leben auszudrücken und durch unseren Körper eine tiefere Verbindung zu uns, zur Natur und zu allem, was uns umgibt, herzustellen. Dies können wir beispielsweise durch Joggen, Wandern, Krafttraining, Tennis, Aerobics, Tanzen und Yoga erreichen.

Wir alle brauchen „Sein"-Tätigkeiten zur Erholung. Sie sorgen für Ausgleich, denn wir wenden viel Zeit für „Machen" auf und verbrauchen unsere Kraft im täglichen Überlebenskampf. Die Frage ist nur, welchen der oben genannten Aktivitäten wir uns in unseren chronisch zu kurzen Tagen widmen wollen.

Als Jane sich diese Frage stellte, erkannte sie, dass ihr Tag nur aus „Machen" bestand; Ausnahmen waren lediglich Schlaf und Freizeit. Ihr Terminkalender setzte sich aus Sport, Schlafen, Essen und Arbeiten zusammen. Den Rest ihrer Zeit verbrachte sie mit Nichtstun, um dem Leben zu entkommen. Genau genommen bestand ihr Leben nur aus „Machen", nie aus „Sein". All ihre Aktivitäten erfüllten ein „Muss" – schlank bleiben, mit erfolgreichen Männern ausgehen, eine nicht zufrieden stellende Arbeit als Anwältin ausüben und die Erwartungen anderer Menschen erfüllen. Sie hatte sich selbst aufgegeben und ihre Träume verloren, um anderen gefällig zu sein. Kein Wunder, dass sie angespannt, ausgebrannt und müde war und sich einen Mann wünschte, der sie aus ihrer inneren Leere entführen würde. Jane erkannte, wie übrigens fast alle Klienten, die wir berieten und führten, dass ihr Leben aus dem Gleichgewicht geraten war. Sie musste sich selbst wieder finden. Als sie dies erkannte, beschloss sie, die Überholspur zu verlassen, langsamer zu treten und mehr Zeit den Dingen zu widmen, die Spaß machen und wirkliche Bedeutung haben. Auf diese Weise entdeckte sie, was ihrem Wesen eigentlich entsprach. Sie erkannte, dass Selbstliebe die Voraussetzung war, um einen Ausgleich zwischen „Machen" und „Sein" herzustellen und ihre Wünsche und Bedürfnisse in beiden Bereichen zu erfüllen.

„Sein" ist wichtig, aber auch die folgenden „Machen"-Aktivitäten müssen in einem ausgewogenen Leben ihren Platz haben:

Arbeit: all das, was wir täglich für uns und andere erledigen. Hier ist nicht nur unsere tägliche Arbeitszeit gemeint. Unter Arbeit fällt auch der Arztbesuch, Einkaufen, Kochen, wenn es eine Verpflichtung ist, und sogar das tägliche Zähneputzen. Produktiv zu sein bedeutet, alle Arbeiten, unabhängig davon, ob sie uns zusagen oder nicht, so gut wie möglich zu erfüllen. Wenn wir unser Leben betrachten, ist der größere Teil unserer Zeit mit diesen Dingen ausgefüllt.

Planen: die wöchentlichen Aktivitäten, die unser Leben in allen Bereichen – körperlich, geistig und seelisch – abdecken, genau zu überlegen und dabei auf „Machen" und „Sein" zu achten. Dazu müssen wir uns immer wieder fragen: „Wer bin ich?", „Was mache ich?", „Welche Tätigkeiten können mich in meinem Wesen unterstützen?" Je nach Einstellung gibt es vieles, was uns helfen kann. Jeff, Bashas Mann, zum Beispiel spielt gerne Tennis. Dabei deckt er die Bereiche Vergnügen, Sport und Spiel ab und veränderte so eine „Machen"-Tätigkeit in eine „Sein"-Erfüllung.

Abhängig von unserer Sichtweise und Einstellung kann jede Handlung zu verschiedenen Zeiten unterschiedliche Bedeutung haben. Das entdeckte Kathy während ihrer Planung. Wenn sie Freizeit hatte, ordnete sie Einkaufen dem „Sein" zu, besonders dann, wenn ihre beste Freundin mit dabei war und nichts Bestimmtes gekauft werden musste. Einkauf war dann ein Abenteuer, vergnüglich, spielerisch, entspannt, persönlich und unterhaltend. Musste auf der anderen Seite innerhalb einer bestimmten Zeit etwas vorher Festgelegtes besorgt werden, änderte sich derselbe Einkauf in einen Zwang und wurde konsequenterweise zur Arbeit.

Seelenarbeit

Bevor Sie die „Sein"-Aktivitäten für sich festlegen, müssen Sie wissen, wie Sie Ihre Zeit verbringen.

1. Wählen Sie einen typischen Tag. Womit verbringen Sie Ihre Zeit? Welchen Teil dieser Zeit wenden Sie für „Sein"-Tätigkeiten auf?
2. Wie würde ein Leben nach Ihrem Geschmack aussehen? Enthielte es mehr „Sein"-Aktivitäten? Bedenken Sie bei dieser Frage Vor- und Nachteile. Wie würden Ihre Änderungswünsche Ihr heutiges Leben beeinflussen?
3. Schauen Sie sich nochmals die neun „Sein"-Tätigkeiten auf den vorhergehenden Seiten an. Schreiben Sie unter jedem Punkt die Dinge auf, die Ihnen gut tun und mit denen Sie gerne Zeit verbringen würden. Notieren Sie auch, was Sie gerne ausprobieren würden.
4. Im Folgenden finden Sie ein Drei-Tage-Muster unseres Kreativ-Wochenplans, der sich an den vorangegangenen „Sein-" und „Machen"-Tätigkeiten orientiert. Lesen Sie die Anleitung sorgfältig durch und tragen Sie dann ein, welche Unternehmungen Ihr Ziel, so zu werden, wie Sie es sich wünschen, unterstützen können.

Genießen Sie es, zu entdecken. Beginnen Sie Neues und bleiben Sie dran. Einen neuen Lebensstil, der unsere Selbstliebe und Ganzheit fördert, konsequent durchzuhalten ist schwierig. Wir sind Gewohnheitstiere, und es fällt uns nicht leicht, uns zu ändern, selbst wenn es zu unserem Vorteil ist. Was können Sie sich Besseres antun, als sich mit Hilfe des Kreativ-Wochenplans einen persönlichen Terminkalender zu erstellen? Da Sie für sich ein neues Leben planen, sollten Sie anfangs mit Bleistift und Radiergummi arbeiten. Ändern Sie Ihren Plan so lange, bis er Ihnen zusagt, denn darum dreht sich das Leben. Es dauert mindestens 90 Tage, bis Sie das neue Verhalten eingeübt haben. Wahrscheinlich unterlaufen Ihnen in der Zeit auch viele Fehler, denn Sie sind nicht gewohnt, sich auf „Sein" zu konzentrieren und darauf, wer Sie sind.

Ein typischer Wochenplan sollte mindestens folgende Punkte enthalten:

Täglich	Jeden zweiten Tag
Essen	Freizeit
Schlafen	Erholung
Vergnügen	Sport
Planungen	Spiel
Intimität/Kommunikation	Spiritualität/Bedeutsames
Arbeit	

Sie sollten in Ihrem Terminplan auch freie Zeiten für Erschöpfung oder unerwartete Notfälle einplanen. Und lassen Sie immer Raum für Änderungen.

Richten Sie sich nach der oben genannten Liste und beziehen Sie bei der Erstellung des Plans für drei Tage Ihre „Machen-" und „Sein"-Aktivitäten sowie Unerwartetes ein.

Sehen Sie sich dann Ihren Plan an. Wäre Ihr Leben ausgeglichener, wenn Sie sich an den Plan halten?

Wie würde sich das auf die Suche nach einem geistigen Freund oder Seelenpartner auswirken?

Muster Drei-Tages-Plan			
h	Sonntag	Montag	Dienstag
7			
8			
9			
10			
11			
12			
13			
14			
15			
16			
17			
18			
19			

20			
21			
22			
23			

Meditation

Ich liebe mich selbst so sehr, dass ich mir Zeit für die Erstellung eines Kreativ-Tagesplans nehme, um danach zu leben. Dadurch unterstütze ich, wer und was ich bin.

14. Werden Sie Ihr bestmögliches Ich

Perfektion ist nicht für Menschen, sondern für Engel.
(Rabbi Reuven Bulka)

Das Streben nach Perfektion ist eine Falle. Unsere Weigerung, diese Tatsache anzuerkennen, ist die Ursache von Leid und Frustration in unserem Leben. Wir können nicht perfekt sein, denn wir sind Menschen. Unser Ziel muss sein, in den Bereichen unseres Lebens so gut wie möglich zu sein, die uns wichtig sind und die wir schätzen. Um Erfüllung zu finden, müssen wir das Bestmögliche aus uns machen.

Viele von uns wurden mit der Erwartung erzogen, dass Perfektion möglich ist, und deshalb jagen wir diesem unerreichbaren Ziel nach. Im Folgenden nennen wir einige Punkte, die Sie beim Versuch, perfekt zu werden, bedenken sollten:

- Wir können nicht in allen Bereichen gleich gut sein. Auch wird es uns nicht gelingen, neue Aufgaben sofort fehlerfrei auszuführen. Wir müssen lernen, uns selbst zu vergeben, wenn wir Fehler in neuen Bereichen begehen.
- Wir werden, wenn wir nur das Ergebnis betrachten, niemals mit uns oder anderen zufrieden sein. Erfüllung im Leben zu finden heißt auch, den Weg zum Ziel zu schätzen und den einzelnen Schritten Anerkennung zu zollen.
- Ein Perfektionist kennt nur das „Machen", niemals das „Sein" und wird sich auch nie selbst lieben. Alles außer Perfektion wird ihm niemals gut genug erscheinen.
- Perfektionisten schätzen sich selbst nur so gut ein wie ihr letztes Ergebnis. Sie erkennen nur ihre Arbeit an. Mit dieser Einstellung verlieren sie ihr gesamtes Selbstwertgefühl in dem Moment, in dem sie keine Leistung mehr erbringen können. Sie lieben sich nur, wenn sie Bedingungen erfüllen, und da sie nie gelernt haben, sich für das, was sie sind, anzuerkennen, fühlen sie sich dann leer.

Unser aller Motivation ist Selbstwertgefühl. Das ist nicht nur von uns abhängig und wie wir uns in allen unseren Teilen fühlen, sondern auch von unserem Verhältnis zur Umwelt. In unserem Bemühen nach Perfektion müssen wir für uns und andere einen realistischen Standard erstellen, der auf erreichbaren und vernünftigen Grundlagen des Möglichen beruht. Perfektion heißt, dass wir, ohne zu urteilen, sowohl die Bereiche anerkennen, in denen wir zu außergewöhnlichen Leistungen fähig sind, als auch die, in denen uns das nicht gelingt. Dort, wo wir weniger gut sind, müssen wir neue Verhaltensweisen und Fähigkeiten erlernen, um sie zu verbessern – oder wir müssen unsere Unzulänglichkeit akzeptieren und das Problem auf andere Weise lösen.

Howard ist zum Beispiel sehr ordentlich, aber unfähig, mit dem Computer umzugehen. Diese einfache Aussage ist keine Wertung, sondern nur Ergebnis einer Beobachtung seines Verhaltens in diesen beiden Bereichen. Manche Dinge können wir gut, andere nicht. Indem wir dies akzeptieren, können wir zwischen unseren Fähigkeiten und Beschränkungen auf gesunde Weise ausgleichen. Sollte es für Howard lebenswichtig sein, den Computer zu beherrschen, muss er sich zuerst als Anfänger deklarieren und einen guten Lehrer finden, der ihm das nötige Handwerkszeug beibringt.

Wir können nicht alles für alle Menschen, uns eingeschlossen, sein. Wir sind sowohl Lehrer als auch Lernende. Um das anzuerkennen, was wir beherrschen, was wir lernen können und was wir besser anderen überlassen, müssen wir unsere Grenzen kennen. Selbsterkenntnis ist die Grundlage, auf der wir unsere Fähigkeiten aufbauen und wissen, in welchen Gebieten wir Hilfe benötigen. Sich verbessern zu wollen heißt, die Bereiche, in denen wir uns weiterbilden können, anzugehen und dafür die Bereiche, in denen uns das nicht gelingen wird, zu vernachlässigen.

Ganz gleich wie gut Sie auf Ihrem Gebiet sind – es gibt immer Möglichkeiten, sich zu verbessern. Wenn wir erst einmal in diesem Teufelskreis des Versagens gefangen sind, werden wir immer wütend und aggressiv reagieren. Außerdem werden wir uns letztlich durch dieses Schuldgefühl, versagt zu haben, selbst foltern. Die Wirklichkeit zeigt uns, dass wir umso mehr auch auf Gebieten leisten und lernen wollen, die uns fremd und bedrohlich erscheinen, je mehr wir unsere Fähigkeiten anerkennen. Indem wir das Risiko auf uns nehmen, werden wir belohnt und angespornt.

Wir müssen uns allerdings bewusst sein, dass die Fähigkeiten, die uns für Erfolg im Geschäftsleben abverlangt werden, ganz andere sein können als die, gute Eltern und Partner zu sein. Perfektion auf einem Gebiet bedeutet nicht automatisch auch Begabung in anderen Bereichen. Betrachten wir zum Beispiel die typische Assistentin der Geschäftsführung einer großen Firma. Sie hat organisatorisches Talent und die natürliche Begabung, die langfristig angelegten Projekte der Firma zu betreuen, aber möglicherweise fällt es ihr nicht so leicht, sich um die Belange ihres Partners und ihrer Tochter zu kümmern. Um diese Bereiche abzudecken, bedarf es anderer Fähigkeiten und sie muss dazulernen.

Schwäche ist ein großer Vorteil eines jeden Menschen in bestimmten Situationen. Unsere Teamassistentin braucht die Unterstützung ihrer Familie, obwohl sie eine großartige Organisatorin ist. Durch die Abhängigkeit von anderen werden wir flexibler, einfühlsamer und geduldiger und lernen dabei gleichzeitig, andere Menschen auf Grund ihrer Fähigkeiten und Talente zu achten. Geistige Freundschaften und Seelenpartnerschaften setzen Lernen, Wachstum und Veränderungen voraus, damit eine gute und erfolgreiche Beziehung entsteht.

Geistige Freundschaften sind hervorragend dazu geeignet, die Verhaltensweisen zu erlernen, die die Grundlage für Hingabe, uneingeschränkte Liebe, Sensibilität, Großzügigkeit, Aufrichtigkeit und Ehrlichkeit sind. Eine Seelenpartnerschaft erfordert Kompetenz in allen Bereichen. Das zeigt sich, wenn wir in einer Partnerschaft Versprechen einhalten und offen miteinander kommunizieren. Menschen, auf die wir uns in Bereichen, die für uns von Bedeutung sind, verlassen können, schätzen wir. Personen mit außergewöhnlichen moralischen Grundsätzen werden von uns bewundert. Um für eine Seelenpartnerschaft fähig zu sein, müssen auch wir diese Eigenschaften besitzen. Deshalb ist es für uns so wichtig, uns gründlich darauf vorzubereiten, uns selbst zu lieben und anzunehmen, bevor wir uns auf die Suche nach unserem Partner begeben.

Wenn ich nicht ich selbst bin,
Wer bin ich dann?
Wenn ich nur alleine bin,
Was bin ich dann?
Wenn nicht jetzt,
Wann dann?

Um sich selbst bestmöglich zu entwickeln, ist es wichtig, sowohl innere Werte wie auch äußere Leistungen anzuerkennen. Damit unterstützen wir die Vereinigung von Seele und Persönlichkeit. Indem wir ein gutes Verhältnis mit uns selbst haben, sind wir in der Lage, auf unterschiedlichen Gebieten kompetent zu werden. Die Fähigkeit, Hilfsbedürftigkeit zu zeigen und unseren Partner um Unterstützung zu bitten, wahrt das für eine gute Beziehung notwendige Gleichgewicht.

Seelenarbeit

Wie können Sie sich optimal entwickeln? Vergessen Sie Ihren Anspruch an Perfektion und geben Sie sich selbst gegenüber ehrlich zu, auf welchen Gebieten Sie gut und kompetent sind.

1. Was steht zwischen Ihrem derzeitigen Leben und dem, das Sie gerne führen würden? Was hindert Sie daran, nach Ihren Wünschen zu leben?
2. Stellen Sie an sich und andere zu hohe Ansprüche? Was haben Sie davon? Welche Verpflichtungen ergeben sich daraus, besonders im Hinblick auf Freundschaft und Partnerschaft?
3. Überlegen Sie, bis zu welchem Grad Sie in Ihrem Leben Perfektion brauchen. Schreiben Sie auf, in welchen Bereichen Ihre Fähigkeiten liegen. Machen Sie auch eine Liste, in welchen Gebieten Sie unfähig sind oder ein Anfänger. Versuchen Sie, objektiv zu bleiben und ohne falsche Bescheidenheit zu urteilen. Gehen Sie Ihre Aufzeichnungen mit einer guten Freundin durch und achten Sie auf deren Urteil.

4. Wo wäre es hilfreich, Neues zu lernen und zuzugeben, dass Sie Anfänger sind? Konzentrieren Sie sich dabei besonders auf die Bereiche, die für geistige Freundschaft oder Seelenpartnerschaft wichtig sind, wie zum Beispiel Vertrauen und Intimität. In welcher Weise könnten Sie vom Erlernen dieser Fähigkeiten profitieren? Überlegen Sie, wer Ihnen dabei helfen könnte. Bitten Sie um Hilfe. Denken Sie daran, dass alles, auch das Führen einer guten Partnerschaft, erlernbar ist.

5. Nehmen Sie sich am Ende eines jeden Tages ein wenig Zeit, um Ihre guten wie auch schlechten Erlebnisse zu überdenken. Was können Sie daraus lernen? Beenden Sie ihren Tag mit einem Dankgebet und der Bitte um Segen.

Meditation

Ich konzentriere mich darauf, mich zum bestmöglichen Ich zu entwickeln. Ich weiß, dass ich in einigen Bereichen fähig bin und dass es andere Dinge gibt, besonders dort, wo Partnerschaft und Vertrauen betroffen sind, die ich noch lernen muss. Ich mache im Leben Fehler und kann aus ihnen lernen. Die Belohnung in einem Leben, das meine Fähigkeiten und mich unterstützt, sind geistige Freundschaft und Seelenpartnerschaft. Das will ich erreichen.

Teil III
Das Beziehungskarussell

15. Gefährte → geistiger Freund → Seelenpartner

Nachdem Sie jetzt hart an sich gearbeitet haben, sind Sie bereit, sich auf die Suche nach einem Seelenpartner zu begeben. Zuerst müssen Sie sich überlegen, was Sie sich wünschen. Es gibt drei verschiedene Arten gesunder Beziehungen: Gefährten, geistige Freunde und Seelenpartner. (Wir nennen sie bindungsfähig.) Sie sind gleichwertig. Wenn Sie sich bewusst für eine Art entscheiden, bedeutet es, dass Sie automatisch entsprechend Ihren Bedürfnissen gewählt haben. Die Beziehung, die Sie eingehen werden, unterstützt somit, wer und was Sie sind, und orientiert sich an Ihren Werten.

Gefährte, geistiger Freund und Seelenpartner gehen ineinander über. Das heißt aber nicht, dass ein Gefährte auch automatisch ein geistiger Freund oder Seelenpartner wird. Mit einem Gefährten befinden Sie sich nicht auf einem spirituellen Weg, während das bei den beiden anderen Beziehungsformen schon der Fall ist.

Denken Sie über Veränderungen und persönliches Wachstum nach, wenn Sie sich noch nicht ganz sicher sind, wie Ihre zukünftige Beziehung aussehen soll. Je mehr Wert Sie diesen beiden Faktoren in Ihrem Leben einräumen, desto höher ist die Wahrscheinlichkeit, dass Sie für eine geistige Freundschaft oder Seelenpartnerschaft bereit und fähig sind.

Haben Sie Ihre Wahl getroffen, bedenken Sie bitte, dass Sie in der Beziehung nicht alleine sind. Auch wenn Sie Ihre psychospirituelle Arbeit erledigt haben, können Sie nicht einen Partner mitziehen, der nicht auch seine Aufgaben gemacht hat. Es geht einfach nicht. Die Art der Beziehung, die Sie miteinander führen werden, ist direkt von dem Grad der persönlichen Entwicklung, den Sie schon hinter sich gebracht haben, und dem, was Sie noch dazulernen wollen, abhängig. In jedem Fall sollten Sie beide etwa gleich weit fortgeschritten sein, um eine der drei genannten Partnerschaftsformen eingehen zu können.

Auf dem Pfad Ihrer Beziehungsentwicklung ist es möglich, dass Sie sich zu unterschiedlichen Zeiten an unterschiedlichen

Orten und wahrscheinlich auch mit unterschiedlichen Partnern wieder finden werden. Ausgenommen davon sind Seelenpartnerschaften. Wir sind der Meinung, dass es sich bei dieser Form der Beziehung um eine lebenslange Verbindung handelt.

Kameradschaft

Diese Beziehung ähnelt einer traditionellen Partnerschaft oder Ehe. Das Leben verläuft gleichförmig ohne besondere Höhen oder Tiefen; Austausch findet eher auf der logischen als auf der gefühlsmäßigen Ebene statt. Die Rollen sind eindeutig verteilt und äußere Bedürfnisse wie Sicherheit, Vertrauen und Beständigkeit werden erfüllt.

Gefährten investieren keine Zeit, Energie und Arbeit in die Erschaffung eines „Wir", deshalb bleiben beide Partner für sich als Individuen. Eine Veränderung ergibt sich dann, wenn einer der Partner sich zu Gunsten des anderen und zum Erhalt der Partnerschaft unterordnet und aufgibt.

Kameraden genießen romantische Freundschaft auf individueller Ebene (nicht aber im gefühlsmäßigen oder geistigen Sinn) und bringen einander gewöhnlich Respekt und Bewunderung entgegen. Ihre Bindung wird von einer Übereinstimmung der Werte (Familie, Clan), gemeinsamen Interessen und Unternehmungen gehalten. Egal ob sie verheiratet sind oder nicht, einen gemeinsamen Haushalt führen oder nicht, sie empfinden füreinander Zuneigung und Anerkennung. Sie verbringen ihre Zeit miteinander, wobei der Schwerpunkt eher auf dem „Machen" liegt als auf „Sein".

Die Kommunikation zwischen Gefährten findet meist auf einer individuellen Ebene statt. Es fehlt die tiefere Beschäftigung mit dem anderen und sich selbst. Da Kameraden das Leben zumeist über die fünf Sinne erschließen, unterhalten sie sich über externe Themen, aber verstummen, wenn es um emotionale oder geistige Bedürfnisse geht. So bequem und sicher diese Form der Beziehung auch scheinen mag, ist sie doch wenig elastisch und bietet auch keinen Platz für emotionale Bedürfnisse. Da die Partner sich nicht bewusst bemühen, sich weiterzuentwickeln und dazuzulernen, kann es passieren, dass sie ihre geistige und seelische Erfüllung außerhalb der Beziehung suchen. Sie führen oft ihr eigenes Leben und verbringen ihre Zeit entweder alleine oder mit ihren Freunden.

Des Öfteren kommt es zu Machtkämpfen. Da beide Individuen geblieben sind, nimmt jeder für sich in Anspruch, Recht zu haben, und kämpft mit persönlichem Einsatz auf subjektiver Ebene. Es ist auch nicht ungewöhnlich, dass strittige Themen ganz und gar ausgeklammert und ignoriert werden. Die Hoffnung besteht, dass sie einfach verschwinden und so die Partnerschaft nicht in Gefahr bringen.

Gefährten können nach den sieben Weisheiten leben, sie tun dies aber als Individuen und nicht als Partner. Auch Ausgeglichenheit und Bedeutsamkeit kommt in ihrem Leben vor, aber es ist nicht die Grundlage ihrer Beziehung. Da die sieben geistigen Weisheiten nicht miteinander erlebt werden, bleibt den Gefährten die Bildung eines stabilen „Wir" vorenthalten.

Kameradschaft hängt in erster Linie von der Persönlichkeit ab. Menschen in derartigen Verbindungen haben sich meist (wenn auch unbewusst) dazu entschlossen, sich nicht psychospirituell zu engagieren. An dieser Entscheidung gibt es nichts zu kritisieren, aber man muss sich im Klaren darüber sein, dass es unmöglich ist, von dieser Ebene aus eine geistige Freundschaft aufzubauen. Wenn nicht beide Partner nach den sieben geistigen Weisheiten leben und an sich arbeiten, wird die Beziehung ewig auf diesem Niveau stehen bleiben.

Kameradschaft ist für viele Menschen eine bequeme und sichere Beziehungsform. Es ist die einfachste der drei genannten Partnerschaftsmodelle, da keine tief greifenden Themen berührt werden und beide sich mit der Erfüllung der gegenseitigen oberflächlichen Bedürfnisse zufrieden geben. Für manche Paare ist das ideal, denn sie sind damit absolut zufrieden und glücklich.

Problematisch wird es erst in dem Moment, in dem sich einer der Partner weiterentwickeln möchte, während der andere lieber den Status quo beibehalten will. Obwohl immer noch von Liebe gehalten, wird in der Beziehung nicht mehr das Bedürfnis nach geistiger und seelischer Verbundenheit erfüllt. Das Verlangen nach geistiger Freundschaft entsteht und die Partnerschaft bekommt Risse. Das ist der Moment, in dem eine Entscheidung getroffen werden muss. Es gibt drei Möglichkeiten: Entweder beide Partner wachsen gemeinsam, sie trennen sich – oder sie bleiben zusammen und einer der beiden wird immer unzufriedener und unglücklicher.

Gail teilte ihrer Freundin Janie in einem Brief mit, wie sie sich in ihrer Beziehung fühlte, als sie sich entschlossen hatte, innerlich zu wachsen, während ihr Partner lieber alles beim Alten belassen wollte:

Liebe Janie,
leider bist du heute Abend nicht zu Hause, gerade jetzt, wo ich wirklich mit dir sprechen muss, und aus diesem Grund schreibe ich dir ...
Mein Leben hat sich dramatisch verändert und wie schon viele Male zuvor stelle ich es und auch meine Beziehung zu Bob in Frage.
Wie du weißt, war mein Vater mir ein wunderbares Vorbild, und in vielem erinnert mich Bob an ihn. Er ist loyal und integer, schätzt die Familie, unsere Freunde und engagiert sich sozial. Er jammert nicht und kann sich mit sich selbst beschäftigen. Mich schätzt und liebt er und zeigt mir seine Zuneigung und Bewunderung. Es gibt vieles, wofür ich ihn lieben kann.
Warum bin ich dann nur seit Jahren so unzufrieden mit mir und meiner Ehe? Warum fehlt mir dauernd irgendetwas?
Sicher hat das viel mit mir zu tun. Vor lauter Wut, dass ich nie zufrieden bin, habe ich mich nicht getraut, offen und ehrlich meine Gefühle zu zeigen, und habe sie unterdrückt, anstatt mich ihnen zu stellen. Ich wollte nicht die Wahrheit sagen, denn ich hatte Angst, dass Bob mich kritisiert oder beschimpft oder – schlimmer noch – mich verlässt.
Und dennoch, jedes Mal wenn ich andeutete, dass ich eine tiefere, ernsthaftere Beziehung wünsche, sagte Bob, dass dies mein Problem sei, denn er wäre ja schließlich mit uns und dem, wie es zwischen uns läuft, zufrieden. Er will das, was er bereits als gut empfindet, nicht ändern.
Also habe ich wieder begonnen, mich in Frage zu stellen. Hat mein Leben einen Sinn? Was steuere ich zu einem höheren Zweck bei? Und wie kann ich mit einem Mann leben,

den ich zwar liebe und achte, der aber meine Vorstellungen von einer wirklichen Verbindung nicht teilt?
Ich habe mir schon oft gedacht, dass wir beide nebeneinander herlaufen. Manchmal kreuzen sich unsere Wege durch Familie, Freunde, Ferien und gemeinsame Interessen, aber dann trennen sich unsere Wege wieder und alles läuft unverändert weiter.
Neulich bat ich Bob, Veränderungen in unserer Partnerschaft mit einer Tür gleichzusetzen: „Wovor hast du Angst, wenn ich jetzt die Tür aufmache? Vor Gefühlsausbrüchen? Vor Streit oder Ärger?" Dann schlug ich ihm vor, die Frage anders herum zu stellen: „Welchen Vorteil könnte es uns bringen, die Tür zu öffnen? Mehr Nähe? Neue Erfahrungen? Eine stärkere Bindung zwischen uns?"
Während er nun vor der immer noch geschlossenen Tür steht, lebe ich mit diesen Fragen und sehne mich nach mehr.

Geistige Freunde

Die meisten Menschen, die behaupten, sich eine geistige Freundschaft zu wünschen, verstehen deren wahre Bedeutung gar nicht, denn dieser Ausdruck wird in unserer Gesellschaft zu freizügig und unreflektiert benutzt. In Wirklichkeit gehört zu einer solchen Beziehung viel Mut und eine Menge Arbeit, denn beide Partner müssen bereits begonnen haben, sich auf psychospirituellem Gebiet weiterzuentwickeln.

Sheri ist das Beispiel einer mutigen Frau, die sich ihren Weg im Leben erkämpft hat. Auf ihrem Weg zu größerem Bewusstsein schaffte sie es, ihre Verluste zu verschmerzen, durch ihr innerliches Wachstum zu heilen und letztendlich mit einer geistigen Freundschaft belohnt zu werden.

Vor 20 Jahren hätte sich niemand vorstellen können, dass Sheri jemals eine liebevolle und gute Beziehung führen würde. An eine geistige Freundschaft war nicht einmal zu denken.

Sheri wurde von einer Mutter aufgezogen, der jegliche Muttergefühle abgingen und die selbst lebensuntüchtig war. Ihr Vater war oft unterwegs, und wenn er dann zu Hause war, schimpfte er, terrorisierte die Familie und war gewalttätig. Als Sheri neun Jahre alt war, ließ er sich von Sheris Mutter scheiden, um deren beste Freundin zu heiraten. Das verwand die Mutter nicht und so musste sich Sheri um ihren jüngeren Bruder Sandy und sich selbst kümmern. In jungen Jahren lernte sie, sich nur auf sich selbst zu verlassen und ihre Gefühle zu verleugnen. Nur wenn sie alleine war, konnte sie weinen.

Sheri überlebte, indem sie der Familienschreck wurde, während ihr Bruder in die Rolle des lieben und wohlerzogenen Kindes schlüpfte. Sie fiel durch Trinken, Drogenkonsum, nächtelanges Fortbleiben und Schuleschwänzen auf. Ständig gab es Auseinandersetzungen mit ihrer Familie und ganz besonders mit ihrem Vater, der genauso starrköpfig war wie sie. Trotzdem gelang es ihr auf Grund ihres Durchsetzungsvermögens, Sozialarbeit zu studieren und später einen Doktortitel in Psychotherapie zu erwerben.

Männer versetzten Sheri in Panik, obwohl sie ein großes Bedürfnis nach einer liebevollen Beziehung hatte. Da sie sehr gut aussah, liefen ihr die Männer nach. Nette Männer verursachten in ihr Beklemmung und deshalb lehnte sie automatisch alle die ab, die sie respektierten und anständig behandelten. Die Männer, mit denen sie sich einließ, waren emotional kalt, genau wie ihr Vater, und es war hoffnungslos, deren Liebe gewinnen zu wollen. Ihre Abneigung verstärkte sich. Sie hatte einige katastrophale Beziehungen, manche Männer waren süchtig. Die Opfer-mentalität hatte sich tief in ihr Bewusstsein eingegraben.

Als Sheri 25 war, rief ihre Mutter an und teilte ihr mit, dass der Bruder vermisst war. Schnell stellte sich heraus, dass ihr Stiefbruder Ed ihren wunderbaren Bruder Sandy aus Eifersucht und Geldgier entführt, gefoltert und lebendig begraben hatte. Sheri war am Boden zerstört. Der einzige Mensch, den sie wirklich liebte und dem sie vertraute, war von einem Mitglied ihrer Stieffamilie umgebracht worden. Sheri fühlte sich schuldig, denn sie dachte, wenn sie sich mehr Zeit genommen hätte, wäre es möglich gewesen, ihren Bruder zu retten. Es wurde noch schlimmer durch den Umstand, dass ihre Mutter außerstande war, über alles zu sprechen. Obwohl Sheri ihr Bestes gab, zehrten der Tod ihres Bruders, die Verurteilung ihres Stiefbruders und ihre eigene Vergangenheit an ihr. Sie bekam Migräne. Obwohl sie selbst psychotherapeutisch tätig war, zog sie keine Therapie in Betracht, denn sie war der Meinung, sie könne es alleine schaffen.

Einige Jahre und etliche enttäuschende Beziehungen später beschloss sie, ihr Liebesleben in den Griff zu bekommen. 1990 sah sie Gails Anzeige für ein Beziehungsseminar und nahm mit ihr Kontakt auf. Zu Beginn hatte Sheri bei Gail drei Sitzungen und nahm dann an einer der Gruppen, die von Gail und Basha geleitet wurden, teil. In der Gruppe begann Sheri, sich und anderen zu vertrauen.

Sie brauchte zwei Jahre, um mit ihrer Vergangenheit abzuschließen und Frieden zu finden; in der Zeit besuchte sie nicht nur die Gruppe, sondern nahm auch noch Einzeltherapie bei Basha. Sheri beschreibt die Änderungen, die in ihr vorgingen: „Als ich mit den Gruppensitzungen begann, ging es mir sehr schlecht. Die Konflikte in mir, der Verlust meines Bruders und das bizarre Verhalten meiner Familie hatten mich ausgezehrt. Je länger ich mich in der Gruppe befand, desto mehr Vertrauen konnte ich den anderen Mitgliedern entgegenbringen. Sie waren jede Woche da und nahmen mich bedingungslos auf. Es war für mich auch sehr gut, anderen Gruppenmitgliedern helfen zu können. Dabei musste ich zum ersten Mal in meinem Leben meine eigene Verletzlichkeit zugeben, was für mich ein großer Schritt war. Die Gruppe und die Dinge, die ich lernte, gaben mir die Möglichkeit, Vertrautheit in einem geschützten Rahmen zu erfahren und sie dadurch in mein Leben zu integrieren. Das war für meine innere Heilung entscheidend und gab mir mein Selbstvertrauen zurück.

Mit dieser neuen Kraft fühlte ich mich in der Lage, die Probleme in meiner Familie anzugehen, ganz besonders diejenigen, die ich über Jahre hinweg verdrängt hatte. Ich konnte meine Eltern mit diesen Dingen konfrontieren. Daraus entwickelten wir eine stärkere und aufrichtigere Beziehung zueinander. Durch mein Vertrauen in Basha zum Beispiel brachte ich meine Mutter mit in die Therapie, damit wir lernten, uns zu verstehen und besser miteinander zu kommunizieren. Daraus resultierend lernte ich mich selbst besser kennen und fing an, darüber nachzudenken, was ich anderen Menschen und insbesondere auch einem geistigen Freund geben könnte.

Wie Sheri schon erzählte, konzentrierte sie sich in den ersten sechs Monaten sowohl in der Gruppen- als auch der Einzeltherapie darauf, sich selbst zu akzeptieren und zu mögen und die Wunden der Vergangenheit heilen zu lassen. Dies gelang ihr mit Hilfe der sieben geistigen Weisheiten und mittels Seelenarbeit.

Als Sheri sich mehr mit sich selbst verbunden fühlte, gab sie ihrem gesellschaftlichen Leben eine neue Richtung. Sie traf ihre Verabredungen bewusster und begann, die seelischen Fähigkeiten und Verhaltensweisen, auf die es dabei ankommt, einzusetzen. Sofort begannen sich nette und beziehungsfähige Männer für sie zu interessieren. Die Gesetze, die Sheris früheres Leben bestimmt hatten, waren vergessen.

Mit Bashas Unterstützung besuchte Sheri, als sie sich dazu in der Lage fühlte, ihren Vater. Ihr war klar, dass sie niemals für eine geistige Freundschaft bereit wäre, solange sie nicht alle noch offenen Fragen geklärt hatte. Sie musste mit ihrem Vater Frieden schließen und den Tod ihres Bruders aufarbeiten. Endlich war sie so weit, dass sie sich auf der gefühlsmäßigen Ebene mit ihrem Vater unterhalten konnte. Da sich ihr Verhalten geändert hatte, reagierte auch ihr Vater zustimmend und liebevoll.

Mit der Unterstützung ihres Vaters bekam Sheri einige Tage Urlaub und konnte so mehr Zeit mit ihm zusammen verbringen. Außerdem interessierte sich Sheri vermehrt für ihr geistiges und seelisches Wachstum und versuchte, ihre Migräneanfälle mittels Akkupunktur zu heilen. Diese erstaunliche Wandlung von einem Opfer zu einem selbstbewussten Menschen hatte einen dramatischen Effekt auf Sheris Verhalten und ihr Leben. Da sie endlich an ihr Recht, glücklich zu sein, glaubte, fiel ihr alles in den Schoß. Sie lernte liebevolle und aufmerksame Männer kennen.

Einige Monate später nahm sie an einem Yogakurs teil. Dort traf sie Neil. Sie erkannte sofort, dass er anders war als alle Männer, die sie jemals getroffen hatte. Ernsthaft, aufrichtig und zurückhaltend. Sie verstanden sich sofort auf geistiger Ebene. Wenn sie mit ihm zusammen war, kam es ihr vor, als ob sie sich gefunden hätte. Noch nie zuvor hatte sie einen so netten Menschen kennen gelernt. Die Intensität ihrer Arbeit mit Gail und Basha hatte sie innerlich verändert und zum ersten Mal in ihrem Leben konnte sie sich tief und ganz an einen Mann binden.

Im Laufe des Yogakurses kamen sie sich langsam näher und bemerkten, dass sie sich beide gerne unterhielten und Privatsphäre schätzten. Sie sprachen über gemeinsame Interessen, Humor, Verletzlichkeit, Zuneigung und Empfindlichkeiten. Sie arbeiteten beide im gleichen Bereich und machten ähnliche Erfahrungen über das Leben, Lernen und inneres Wachstum. Nach einigen Monaten war die Beziehung so gut, dass Sheri Angst bekam und auf den Pferdefuß wartete. Überraschenderweise fand sie ihn nie. Im Laufe ihrer Freundschaft wurde ihr bewusst, was Partnerschaft bedeutete. Auf die tiefe Freundschaft folgte Liebe und langsam bewies Neil, dass sie ihm vertrauen konnte. Er stand in ihren guten und schlechten Zeiten zu ihr. Es beeindruckte Sheri, dass er sie nach nur einer Woche Bekanntschaft ins Krankenhaus begleiten wollte, wo ihr kranker Vater lag. Frühere Freunde hatten sie immer im Stich gelassen, ganz gleich wie schlecht es ihr ging.

Sheri entwickelte eine liebevolle Beziehung zu ihrer Familie und konnte sich selbst nun gestatten, geliebt zu werden. Sie hatte gelernt, sich selbst zu lieben und zu respektieren, und wurde langsam ganz. Ein Mensch, der einen warmherzigen, liebevollen und sorgenden Partner verdient hatte. Die geistigen Freunde Sheri und Neil heirateten im Jahr darauf und befinden sich weiterhin auf dem Weg zur Seelenpartnerschaft. Beide sind fest davon überzeugt, dass ihre Partnerschaft durch das Fundament der Freundschaft noch gewachsen ist, was sich besonders in Krisenzeiten bewies, so zum Beispiel als beide Väter starben und während des Begnadigungsverfahrens für Sheris Stiefbruder. Sheri ist sicher, dass diese Änderung in ihrem Leben nur durch die Arbeit eintreten konnte, die sie mit Bashas und Gails Hilfe, den sieben geistigen Weisheiten und den geistigen Schritten zu einer Partnerschaft bewerkstelligte.

Der Weg zu einer geistigen Freundschaft führt durch Wachstum und Lernen. Geistige Freunde unterliegen einem dynamischen Wandel; die Partnerschaft verändert sich nicht nur einmal, sondern ständig. Beide Partner wissen, dass emotionales und spirituelles Wachstum sie sowohl als Individuen als auch als Paar weiterbringt. Beide haben einander, um ihre Grenzen zu erfahren, zu wachsen und zu lernen. Das ist nicht immer angenehm, aber sie geben sich gegenseitig Halt und können so ihre individuellen Ängste besiegen.

Geistige Freunde unterstützen sich gegenseitig im persönlichen Wachstum. Sie fordern sich gegenseitig heraus, um die weltlichen Beschränkungen der Persönlichkeit, die sie sich selbst gesetzt haben, zu durchbrechen. Das Ziel einer geistigen Freundschaft ist, sich zu öffnen, um authentischer zu werden. Als Teil dieses Prozesses muss jeder auch seine Schattenseiten offenbaren. Das erfordert Mut. Andere Schwierigkeiten, die sie überwinden müssen:

- Sich immer wieder erneut den eigenen Grenzen stellen
- Für den Partner emotional zuverlässig werden
- Alte Wunden heilen lassen
- Andere Ansichten und Werte schätzen und anerkennen
- Die eigenen Ansichten und Gewohnheiten ablegen und mit den Augen des Partners sehen
- Sich immer wieder einem höheren Bewusstsein ergeben
- Ganz werden

Glücklicherweise haben geistige Freunde einander, um sich diesen Herausforderungen zu stellen. Das Bewusstsein, dass ihr geistiger Partner in ihr Leben gekommen ist, um ihnen beim Erfüllen ihrer Aufgaben hilfreich zur Seite zu stehen, gibt ihnen die Möglichkeit, sich dort zu trauen, wo sie andernfalls vielleicht nie den Mut dazu aufgebracht hätten.

Die Ebene der geistigen Freundschaft fordert die Menschen heraus, denn sie müssen den Schritt von einer ichbezogenen Lebensweise zu einem Wir bewältigen. Es reicht nicht, dass geistige Freunde für sich lernen, sondern sie müssen das Erlernte auch auf die Beziehung anwenden. Lernen und Wachsen sowie das Ich und das Wir miteinander zu verbinden erfordert, dass alle Themen in einer gefühlsgeladenen Atmosphäre und in verschiedenen Lebenslagen miteinander behandelt werden. Geistige Partner lernen, auf der Suche nach Ausgeglichenheit zusammenzubleiben. Auch bemühen sie sich, dem anderen genügend persönliche Freiheit zu lassen.

Sie versuchen, Seele und Persönlichkeit miteinander zu verbinden, was sowohl bei den Individuen als auch in der Partnerschaft zu Verwirrung und Machtkämpfen führen kann.

Eine geistige Partnerschaft beinhaltet:

- Sich und den Partner emotional und spirituell verstehen zu wollen
- Seine Gedanken, Gefühle und Ideen mitzuteilen
- „Sein" genauso sehr zu schätzen wie „Machen"
- Sich so oft wie möglich dem Partner gegenüber liebevoll und aufmerksam zu verhalten
- Anzuerkennen, dass es auch Einbrüche in der Vertrautheit und der Kommunikation geben wird, und daraus zu lernen
- Ein Gleichgewicht der Macht zu halten
- Sich immer wieder zu ändern und die Partnerschaft neu zu definieren
- Unausweichliche Änderungen durchzuführen, auch wenn sich daraus Machtkämpfe ergeben können

Diese Prinzipien auch wirklich zu leben setzt ein hohes Maß an Planung, Kommunikation und Einigung voraus. Da geistige Freunde in dieser Hinsicht Anfänger sind, kommt es leicht vor, dass sich ein Gespräch zu einer Machtprobe entwickelt. Hier geht es dann nicht mehr nur um intellektuelle und materielle Ansprüche, sondern berührt auch geistige und emotionale Bereiche.

Lernen beschränkt sich nicht auf körperliche oder emotionale Bereiche. Geistige Freunde trachten danach, diese Grenzen zu durchbrechen und sich spirituell zu entwickeln. Sie erproben, was es bedeutet, sich einer höheren Macht zu ergeben und im Wechsel vom Universum zu lernen und ihm zu geben. Sie erkennen, dass sie bestimmte Pfade beschreiten müssen, um zu lernen.

Es gibt keine Garantie dafür, dass geistige Freunde lebenslang zusammenbleiben. Im Allgemeinen kommt es zur Trennung, weil die Paare nicht mehr gemeinsam wachsen und lernen können. Möglicherweise wuchsen sie am Anfang ihrer Beziehung, waren dann aber nicht fähig, ein Wir zu bilden. Oder einer der beiden ist nicht in der Lage, sich auf bestimmte Bedingungen des anderen einzulassen. Geistige Freunde zu sein bedeutet nicht automatisch, dass alle Bedürfnisse erfüllt werden können.

So anstrengend eine geistige Freundschaft ist, so bereichernd ist sie auch. Die Menschen finden als Individuen und als Partner einer Beziehung Erfüllung und Befriedigung. Das Gefühl, sich im Umgang mit dem Partner selbst zu finden, ist wunderbar.

Die Ebene der geistigen Freundschaft zu erreichen ist bereits eine Leistung. Durch unsere gezielte Suche nach dem richtigen Kameraden oder geistigen Freund können wir mit hoher Wahrscheinlichkeit bereits das Endergebnis beeinflussen. Eine bedeutsame und erfüllte Partnerschaft steht dank der sieben geistigen Weisheiten und der Schritte der Seelenarbeit jedem Menschen offen.

Seelenpartnerschaft

Seelenpartnerschaft ist die umfangreichste und vollkommen vergeistigte Art einer Beziehung. Die Fähigkeit, authentisch zu sein und sich selbst kontinuierlich in Frage zu stellen, ist eine Voraussetzung, wenn Sie eine solche Partnerschaft führen möchten. Seelenpartner schätzen das Wahre und lehnen ab, sich Illusionen hinzugeben. Sie ahnen, dass ihre Verbindung das Maß des Normalen übersteigt, in die Tiefen des Unterbewussten eindringt. Sie glauben fest daran, dass eine göttliche Macht sie füreinander bestimmt hat. Dies ist nur dann möglich, wenn sie dazu bereit sind und aus der Tiefe ihres Herzens danach verlangen und darum bitten. Das Wissen, dass die Verbindung unter einem göttlichen Einfluss steht, ist so stark, dass beide Partner ihr zukünftiges Leben in Gottes Hände legen, zur Gabe an das Universum machen und der Gesellschaft damit dienen. Der Welt als Paar helfen – als geballte, starke Kraft – ist das endgültige Ziel einer Beziehung.

Wie sieht eine Seelenpartnerschaft aus? Obwohl sie die gleichen Attribute hat wie auch eine geistige Freundschaft, besteht die Verbindung auf einer höheren Ebene. Stellen Sie sich die Freude vor, von einem anderen Menschen ganz und vollkommen angenommen zu werden; eine Akzeptanz, die sogar Kritik und Urteil von der Beziehung fern hält. Das ist das wahre Wesen bedingungsloser Liebe.

Im Wir liegt die Kraft. Beide Partner fühlen sich ganz, wenn sie beieinander sind, aber verlieren sich dabei nicht selbst aus den Augen. Auch wenn beide sich alleine beschäftigen, beziehen sie ihre Kraft und Energie aus dem Wir. Das Wir unterstützt das Ich. In dieser Art von Beziehung gibt es keine Machtkämpfe. Wenn Unstimmigkeiten auftreten, werden sie schnell und zu beiderseitiger Zufriedenheit gelöst. Durch totales Vertrauen und emotionale Sicherheit sind Seelenpartner so miteinander verbunden, dass es keiner Machtkämpfe bedarf. Alle beide haben gelernt, eine Sache von allen Seiten zu betrachten und verschiedene Ansichten gelten zu lassen. Fragen werden wahrheitsgemäß beantwortet und nichts wird verschwiegen. Ein wichtiger Teil der Kommunikation findet nonverbal statt.

Nicht jedermann sollte sich eine Seelenpartnerschaft zum Ziel setzen. Denken Sie nicht, dass Sie versagt haben, wenn Sie keine geistige Freundschaft oder Seelenpartnerschaft eingegangen sind. Es gibt nur sehr wenige Menschen, die in einer Seelenpartnerschaft leben oder sich aus einer geistigen Freundschaft weiterentwickelt haben. Es erfordert viel Mut und Arbeit und auch göttliche Hilfe. Auf der anderen Seite erlangen wir durch eine Seelenpartnerschaft die Möglichkeit, in all unseren gesellschaftlichen Bindungen Bedeutung und Spiritualität zu finden und dadurch ständig zu wachsen.

Seelenarbeit

Bevor Sie mit anderen Männern ausgehen und gelernt haben, sich nach den Schritten zu richten, die wir Ihnen in Teil IV vorstellen, müssen Sie ernsthaft in Erwägung ziehen, was für eine Art Partnerschaft für Sie in Frage kommt. Ohne dieses Wissen sind die folgenden Schritte nur schwer verständlich.

Während Sie die folgende Seelenarbeit machen, überlegen Sie sich, was für jede der drei Partnerschaften charakteristisch ist, und wählen sich dann die, die am ehesten zu Ihnen paßt.

1. Bedenken Sie alle Aspekte der Kameradschaft, der geistigen Freundschaft und der Seelenpartnerschaft. Ziehen Sie dabei die folgenden Erwägungen in Betracht:

   - Wer bin ich als Mensch?
   - Wodurch wird das unterstützt?
   - Wie soll unser Wir aussehen?
   - Welche Art von Beziehung unterstützt sowohl meine Persönlichkeit wie auch meine Seele?
   - Bin ich bereit, mich durch Arbeit auf einen geistigen Freund oder einen Seelenpartner vorzubereiten, oder bin ich mit einer Kameradschaft zufrieden?
   - Seien Sie sich bewusst, dass Sie andere Menschen kennen lernen werden, die besser zu Ihnen passen.

2. Definieren Sie, wer und was Sie sind. Fragen Sie sich dann: Welche Beziehungsform passt zu mir? Mit welcher Art Mensch kann ich mir ein Leben vorstellen? Welche Partnerschaft spiegelt am ehesten das Leben wider, das ich führen möchte?

3. Wenn Sie sich selbst in einer Kameradschaft sehen, stellen Sie sich folgende Frage, wenn Sie mit einem Mann ausgehen: Genügt mir diese Ebene oder will ich mich lieber weiterentwickeln (mit den sieben geistigen Weisheiten und der Seelenarbeit) und mich dadurch auf einen geistigen Freund oder Seelenpartner vorbereiten? Wird auch mein Begleiter bereit und in der Lage sein, mit mir zu wachsen?

Meditation

Ich werde eine Beziehung eingehen, die sowohl meine Persönlichkeit wie auch meine Seele fördert. Ich weiß, dass ich mich durch die sieben geistigen Weisheiten und die Seelenarbeit weiterentwickeln kann.

Teil IV
Den Seelenpartner finden

Um in den Genuss aller Vorteile zu kommen, die die Schritte zur Partnersuche in diesem Kapitel bieten, müssen Sie die geistigen Weisheiten ganz verstehen, die Schritte der Seelenarbeit in Teil II durchführen und genau wissen, was für eine Art Partnerschaft Sie sich wünschen.

Die Schritte zur Partnersuche bauen aufeinander auf. Deshalb sollten Sie der Reihe nach vorgehen.

Sie sollten das Tempo bestimmen, mit denen Sie jeden Schritt durcharbeiten möchten. Teilweise sind Grundlagen zur Beziehungssuche in den einzelnen Kapiteln enthalten, die Wochen der Introspektion, Erwägung und Übung brauchen, bevor Sie weitergehen können. Außerdem kann es passieren, dass Sie nochmals zurückblättern müssen, um einen bereits durchgearbeiteten Schritt zu wiederholen oder um nochmals über eine oder mehrere der sieben geistigen Weisheiten oder die Seelenarbeit nachzudenken. Fragen können in einem Schritt auftauchen, zu denen sie die Antworten an anderer Stelle finden. Möglicherweise finden Sie auch neue Antworten oder Lösungen, die Ihnen auf Ihrem Weg helfen.

Sicher werden Sie Fehler machen – aber dafür sind Sie menschlich. Gehen Sie mit sich liebevoll um und behalten Sie immer einen Sinn für Humor.

16. Definition der „Seelenbekanntschaft"

Bekanntschaften zu schließen ist eine ernsthafte Angelegenheit. Wir (Basha und Gail) haben andere Ansichten darüber als viele Menschen mit einer traditionellen Einstellung. In einer Kameradschaft haben die Beteiligten kein Interesse daran, sich auf einer geistigen oder seelischen Ebene zu verbinden. Trotzdem können sie unsere Schritte zu einer Partnerschaft anwenden, um einen zu ihnen passenden Menschen zu finden.

Normalerweise nähern sich Menschen verschiedenen Geschlechts einander mit einer gewissen Absicht. Das Ziel ist, nach relativ kurzer Zeit jemanden zu finden, der zu einem passt, und dann eine Beziehung einzugehen. Die ersten Verabredungen werden mit einem Gefühl der Anspannung und voller Fragen getroffen. Typische Fragen, die in der Gesellschaft allgemein anerkannt sind, könnten lauten:

- Was macht er denn so?
- Ist er klug, gebildet, humorvoll ...?
- Wo wohnt er denn?
- Was für ein Auto hat er?

Auch die Verabredung selbst wirft nach traditionellem Muster Fragen auf:

- Soll ich ihn/sie zum Abschied küssen?
- Was werden meine Freunde/Familie von ihm halten?
- Was soll ich anziehen? Bin ich attraktiv genug?

Auf seelischer Grundlage getroffene Verabredungen hingegen setzen andere Prioritäten:

- Was sagt mein Herz? Berührt er meine Seele?
- Teilen wir ähnliche Wertvorstellungen?

▨ Achtet er auf meine Gefühle und mein Wohlergehen?
▨ Wie geht es mir, wenn wir zusammen sind?

Der größte Unterschied zwischen seelisch inspirierten Bekanntschaften und jenen auf traditioneller Grundlage beruht vielleicht auf dem Konzept der romantischen Freundschaft. Das Ziel einer „Seelenbekanntschaft" ist, *eine romantische Freundschaft anzustreben, in der zwei Menschen sich kennen, einander schätzen und gegenseitig uneingeschränkt anerkennen.*

In vielen Ehen und Beziehungen ist Freundschaft ein Fremdwort. Viele Menschen beklagen sich, dass es leichter ist, wichtige Gefühle mit Freunden oder Freundinnen zu teilen, als mit ihren Partnern. Das liegt daran, dass Freundschaft bei der althergebrachten Form des Kennenlernens nicht das Ziel ist.

Bei seelisch orientierten Bekanntschaften ist das anders, denn romantische Freundschaft ermöglicht ihnen, einen passenden Partner zu finden. Durch diese Freundschaft lernen sie einander erst gut kennen, bevor sie eine sexuelle Beziehung miteinander eingehen. Wenn am Anfang einer Beziehung Sex steht, können Lust und körperliche Anziehung leicht mit Liebe verwechselt werden und wir verlieren uns in romantischen Illusionen. Der Sinn einer Freundschaft ist, den ganzen Menschen kennen zu lernen. Oft sehen wir nur die schöne Fassade und versteigen uns in die romantische Vorstellung der Liebe auf den ersten Blick. Wir sehen alles durch eine rosarote Brille.

Romantische Freundschaft heißt, eher die Seele offen zu legen als den Körper, den anderen Menschen langsam von allen Seiten an sich heranzulassen. Dazu gehört auch, sich selbst und den anderen anzuerkennen und sich dann zu entscheiden, ob man eine tiefere Beziehung miteinander eingehen möchte.

„Seelenbekanntschaften" fördern romantische Freundschaften, denn beide Partner haben von Anfang an eine normale Beziehung zueinander. Das heißt nicht, dass sie deshalb auf das Vergnügen und den Nervenkitzel des Flirtens verzichten müssen. Die Gefühle halten nur länger an (zum Beispiel immer) und sind auch intensiver und tiefer. Das ist eine Tatsache. Wahre Freundschaft kennt keine Geheimnisse und zeigt den Menschen so, wie er ist. Sie müssen nicht alles, was Sie an ihrem geistigen Partner kennen lernen, auch schätzen, aber Sie müssen diese Dinge akzeptieren können und nicht versuchen, sie zu ändern. Es kann wesentlich peinlicher sein, seine Seele, Gefühle und Gedanken offen zu legen, als sich zu entkleiden. Wenn Sie Ihre eigenen Unvollkommenheiten, Fehler und die Vergangenheit noch nicht akzeptiert haben, wird es schwer, auch nur einen Teil davon zu offenbaren. Bevor Sie diese Dinge anderen Menschen gegenüber zugeben können, müssen Sie sie zuerst selbst verarbeitet haben.

Das Ziel bereits zu Beginn einer romantischen Freundschaft ist, wenn sich Ernsteres daraus ergibt, Ihr wahres Ich ohne Scham oder Verlegenheit zeigen zu können. Verbundenheit wächst langsam, indem Sie sich so geben, wie Sie sind.

Zur Belohnung finden Sie einen Partner, mit dem Sie auf allen Ebenen vertraut sind. Es ist eine wunderbare Erfahrung; Sie finden etwas, von dem Sie glauben, es das ganze Leben gesucht zu haben. Denken Sie trotzdem daran, dass nicht jeder Partner der Richtige für Sie ist, Liebe allein reicht nicht aus.

Die folgenden Prinzipien sollen Ihnen als Leitlinie dienen:

1. *Absicht und Bewusstsein sollten Ihre Suche begleiten.* Sie sollten sich nicht aus einer Laune heraus verabreden, sondern gezielt und überlegt handeln.
2. *Sie lernen dabei.* Sie müssen darüber nachdenken, mit anderen sprechen und sich selbst beobachten.
3. *Sie lernen den anderen Menschen und sich selbst kennen.* Sie können Ihre Bedürfnisse und Ihren Lebensstil entdecken.
4. *Eine Beziehung miteinander einzugehen bedeutet die Verbundenheit von Seele und Persönlichkeit.* Die meisten Menschen zeigen nur ihre Persönlichkeit.
5. *Jemanden kennen zu lernen ist nicht eine Tätigkeit für sich, sondern berührt Sie selbst.* Es ist die Bereicherung eines erfüllten und glücklichen Lebens.
6. *Ausgeglichenheit muss Ihr Verhalten bestimmen.* Eine Beziehung einzugehen deckt nur einen Lebensbereich von vielen ab. Das heißt, dass Sie Ihr Leben nicht wegen eines anderen Menschen aus dem Gleichgewicht bringen sollen. (Weil er Vegetarier ist, werde ich jetzt auch Vegetarier, damit wir miteinander ausgehen können.) Bedürfnisse

durch ihn zu erfüllen zeigt, dass Sie sich nicht im Einklang mit sich selbst befinden.

7. *Es braucht Zeit, jemanden kennen zu lernen.* Es gibt keine sofortige Vertrautheit.

8. *Es macht Spaß. Sich und einen anderen Menschen kennen zu lernen ist vergnüglich.* Da eine Freundschaft auf seelischer Basis keine zeitaufwendige und ausschließliche Angelegenheit ist, entfallen Stress und Aufregung. Als eines von vielen Dingen, die Ihnen wichtig sind, können Sie es als Teil eines ausgeglichenen Lebens genießen.

9. *Erkennen Sie sich und den anderen Menschen an.* Versuchen Sie nicht, jemanden zu ändern, sondern freuen Sie sich lieber über die Unterschiede zwischen Ihnen. Grämen Sie sich nicht über das, was Sie nicht bieten können, sondern erkennen Sie, welch großartiger Fang Sie sind (oder sein könnten).

10. *Definieren Sie Ihre Bedürfnisse.* Überlegen Sie sich, welche Verhaltensweisen und Eigenschaften für Sie wünschenswert sind. Lernen Sie jemanden aus freiem Willen und nicht aus Verzweiflung kennen.

11. *Entdecken Sie den Charakter eines Menschen und nicht die Äußerlichkeiten.*

12. *Stellen Sie Fragen.* Nutzen Sie alle Ihnen zur Verfügung stehenden Möglichkeiten, sich selbst und den anderen Menschen zu entdecken.

13. *Überwinden Sie Ihre Ängste.* Lassen Sie sich nie aus Verzweiflung auf eine Beziehung ein und durch Ihre Ängste unter Druck setzten. Seien Sie sich bewusst, dass Sie viel zu geben haben und andere sich glücklich schätzen können, Sie zu gewinnen.

Der letzte Punkt ist etwas heikel. Wir sind der Überzeugung, dass Sie sich auch verabreden sollten, um mit Ängsten und Unsicherheiten, die Sie in Bezug auf Bekanntschaften hegen, besser umgehen zu können und zu erkennen, dass Sie nicht der Einzige sind, der darunter leidet. Indem Sie überlegt und bewusst Verabredungen treffen, lernen Sie, mit diesen Gefühlen zu leben und sie langsam zu überwinden.

Seelische Beziehungsarbeit

Die folgenden Fragen werden von Menschen, deren Persön-
lichkeit und Seele verbunden sind, bejaht. Wir erwarten nicht,
dass Sie bereits jetzt jede Frage positiv beantworten können, aber
wir hoffen, dass Sie zum Nachdenken angeregt werden, wer Sie
sind und warum Sie einen anderen Menschen auf seelischer
Ebene kennen lernen möchten:

1. Lernen Sie jemanden bewusst, absichtlich und zielgerichtet kennen?
2. Ist Ihr Leben ausgeglichen? Herrscht ein Gleichgewicht zwischen Arbeit und Freizeit? Finden Sie Erfüllung im Umgang mit Familie, Freunden und sich selbst?
3. Sind Sie auf der Suche nach einer romantischen Freundschaft? Ist Ihnen die Anerkennung, das Verständnis und der Austausch, die in einer engen Freundschaft herrschen, wichtig? Suchen Sie auch in Ihren Beziehungen danach?
4. Geben Sie sich bei Treffen so, wie Sie sind? Offenbaren Sie Ihr Wesen und kommunizieren sowohl durch Ihre Persönlichkeit als auch durch Ihre Seele?
5. Gehen Sie die Sache langsam an? Nehmen Sie sich die Zeit, sich und den anderen Menschen gründlich kennen zu lernen – bevor Sie eine feste Beziehung eingehen?
6. Sind Sie vom ersten Treffen an ehrlich und authentisch? Zeigen Sie dem anderen bereits von Anfang an Ihren wahren Charakter?

Meditation

Ich werde mir die Zeit gönnen, mich und den anderen Menschen
gründlich kennen zu lernen. Ich weiß, dass wahre Vertrautheit
nur durch eine romantische Freundschaft entstehen kann und ich
dadurch meinen Seelenpartner finden werde.

17. Zugänglichkeit

Menschen, die zugänglich sind, haben eine Aura um sich, eine Art Energie. Selbst wenn sie nicht sprechen, fühlen sich andere Menschen von ihnen angezogen. Zugängliche Menschen sind mit sich im Reinen und diese Zufriedenheit leuchtet von innen heraus.

Zugänglichkeit ist nicht oberflächlich. Es ist mehr, als freundlich und offen zu sein. Aus Sicht einer seelischen Beziehung besteht sie aus Signalen, die wir aussenden und die von empfänglichen anderen Menschen aufgenommen werden. Wenn Sie zugänglich sind, stimmen Ihre Aussagen mit Ihrem Herzen und Ihrer Seele überein. Ihr Äußeres spiegelt Ihre Gefühle wider. Je mehr Sie sich zu erkennen geben, desto mehr werden Menschen mit gleicher Wellenlänge von Ihnen angezogen, denn Energie zieht wieder Energie an.

Auf der Suche nach einer seelischen Beziehung bedeutet Zugänglichkeit nicht, noch mehr, sondern die richtigen Menschen anziehen zu wollen. Das wird Ihnen nicht gelingen, wenn Sie nicht wissen, wer Sie sind, und Ihre Schattenseiten noch nicht überwunden haben.

Zugänglichkeit zeigt sich auch in unserer Sprache. Wir alle haben verschiedene Ausdrucksweisen; ein Mensch ist vielleicht direkt und bejahend, der andere eher zurückhaltend und still. Flirten ist beispielsweise ein guter Ausdruck der Zugänglichkeit, wenn dadurch erkennbar wird, wer Sie wirklich sind. Sie ziehen allerdings die falschen Leute an, wenn Sie sich anders geben, als Sie sind.

Zugänglichkeit ist von weit reichender Bedeutung. Es beginnt damit, dass Sie am Anfang einer Beziehung den anderen Menschen immer besser kennen lernen. Im Laufe der Zeit fühlen Sie sich in der Beziehung immer wohler und sicherer und verbringen mehr und mehr Zeit zusammen. Sie werden dadurch verletzlicher und auf einer höheren Ebene immer offener und zugänglicher.

Menschen sind verschieden, aber Offenheit ist ein willentlicher und bewusster Vorgang. Deshalb müssen Sie auf verschiedene Punkte achten, damit Sie sich nicht selbst sabotieren:

- Wie Sie selbst denken und fühlen
- Wie Sie Ihre Körpersprache einsetzen
- Welche Gesten, Mimik und Verhaltensweisen Sie einsetzen?
- Wie Sie sprechen und was Sie sagen
- Wie Sie Ihre Haare frisieren, Schmuck und andere geschlechtsspezifische Accessoires einsetzen

Wenn die Persönlichkeit nicht mit der Seele vereint ist, senden wir falsche Signale, tragen die falsche Kleidung und ziehen die verkehrten Menschen an. Wir haben unsere innerlichen Aufgaben nicht gemacht und das zeigt sich in unserem Verhalten.

Oft setzen wir Äußerlichkeiten ein, um uns dahinter zu verbergen, anstatt offen zu sein. Bewusst oder unbewusst haben wir eine bestimmte Frisur und benutzen eine bestimmte Ausdrucksweise, die unser wahres Ich verbergen. Ängstlich oder unfähig, uns so zu geben, wie wir sind, vermitteln wir eine falsche Zugänglichkeit. Wir ziehen Leute an, die niemals romantische Freunde oder geistige Partner werden können.

Wirklich zugängliche Menschen haben eine Aura um sich; es ist, als wenn ihre Seele strahlt. Dies passiert dann, wenn Seele und Persönlichkeit vereint sind. Menschen, die ihre Aufgaben gemacht haben, reagieren automatisch auf diese Aura. Sie spüren die Energie und die Ähnlichkeit.

Um selbst dieses Stadium zu erreichen, sollten Sie Folgendes beachten:

- Vermitteln Sie, dass Sie mit sich im Einklang sind, sich wohl fühlen und keine Angst haben.
- Strahlen Sie Wärme, Fürsorge und Offenheit aus
- Nehmen Sie anderen Menschen die Angst, zurückgewiesen zu werden; je zugänglicher Sie sind, desto weniger Befürchtungen haben die anderen.
- Lernen Sie, Ihre Gefühle den Leuten mitzuteilen, denen Sie vertrauen können. Egal wie es Ihnen geht, zeigen Sie es.

■ Lassen Sie Nähe zu. Gestatten Sie den richtigen Leuten,
Ihnen nahe zu kommen, aber seien Sie wählerisch, wen sie
als Freund bezeichnen und mit wem Sie ausgehen.

Wenn man die Vorteile, die durch Zugänglichkeit entstehen,
betrachtet, könnte man meinen, mehr Menschen würden versuchen, so zu sein. Es ist auch wirklich so, dass viele hervorra-
gende Geschäftsleute – und ganz besonders diejenigen, die im
Vertrieb arbeiten – in der Arbeit auf diesem Gebiet Hervorra-
gendes leisten. Sie befinden sich aber im „Machen"-Modus.
Dieselben Personen haben große Schwierigkeiten, wenn sie die
gleichen Leistungen in ihrem Privatleben erbringen sollen. Das
Dilemma ist, dass Flirten ein wesentlich größeres Maß an Zugänglichkeit voraussetzt, denn hier kommt es eher darauf an,
was und nicht wer wir sind. Anders als in der Arbeit müssen
wir hier einen größeren Teil von uns selbst preisgeben. Davor
haben wir Angst, denn wir befürchten, dass wir nicht mehr
liebenswert oder attraktiv sind, wenn wir erst einmal unsere
Schwäche preisgeben.

Viele von uns kommen aus gestörten Familienverhältnissen, in denen wir nicht bedingungslos anerkannt wurden. Wir
haben gelernt, zu verbergen. Zugänglichkeit können wir nur
erreichen, wenn wir diese Wunden abheilen lassen und unser
wahres Ich hervorholen.

Als wir Natalie kennen lernten, waren wir erstaunt, wie attraktiv, würdevoll und selbstsicher sie schien. Wie wir er-
fuhren, war sie Vizepräsidentin einer großen Firma, besaß
einen unfehlbaren Geschmack für Mode und hatte einen
kleinen Kreis wirklich guter Freundinnen. Überraschenderweise hielt sie sich in Bezug auf Beziehungen für unfähig.
Sie hatte bereits zwei Scheidungen hinter sich und schämte
sich entsprechend den Wertvorstellungen ihrer Familie für
ihr Versagen. Obwohl sie Bekanntschaften pflegte, fand sie
nicht den Typ Mann, den sie sich wünschte. Am ersten
Abend unseres Treffens gab sie zu, wie entmutigt sie sich
fühlte, ohne Ziel und Hoffnung. Im Laufe der Jahre hatte
Natalie sich viel mit sich selbst beschäftigt, eine Therapie
gemacht, Bücher gelesen und viele Workshops besucht. Sie

war spirituell ausgeglichen und unterhielt sich jeden Tag, wie sie sagte, mit ihrem besten Freund – Gott.

Als wir begannen, das Thema Zugänglichkeit zu besprechen, hörte sie still zu und fragte später direkt nach unserer Meinung. Während unseres Gesprächs stellte sich heraus, dass sie durch ihre Scham und Verlegenheit sehr zurückgezogen, hochnäsig und irgendwie kühl wirkte, also genau das Gegenteil von dem, wie sie sein wollte. Im Laufe der Wochen verstand Natalie, dass ihre Scheidungen Prüfungen in ihrem Leben gewesen waren, aus denen sie lernen sollte. Sie erkannte, dass sie keine Schuld hatte und Menschen Fehler machen. Indem sie sich akzeptierte, änderte sich ihr Verhalten und projizierte ihre Gefühle nach außen. Durch Augenkontakt, Lächeln, kurze Gespräche und Authentizität zog sie die Männer wie ein Magnet an. In der letzten Stunde verkündete sie: „Ich treffe mich mit Männern, die mir wirklich gut gefallen, die so wie ich sind! Männer sind großartig!"

Es ist nützlich für Sie, sich mit einigen Eigenschaften zugänglicher Menschen vertraut zu machen. Natürlich haben alle Menschen ihr persönliches Verhalten, aber es gibt einige Dinge, die immer gültig sind. Dazu gehören Offenheit, Ehrlichkeit und Ausdrucksweise – nicht nur für Sie, sondern auch bei anderen.

- *Konzentrieren Sie sich auf den Menschen.* Lassen Sie sich nicht ablenken, sondern lernen Sie, sich auf den Moment zu konzentrieren. Wenn Sie vom Thema abgekommen sind, entschuldigen Sie sich und hören erneut zu.
- *Stellen Sie offene Fragen,* die nicht einfach mit Ja oder Nein zu beantworten sind. Auf diese Weise veranlassen Sie den Gesprächspartner, mehr zu erzählen.
- *Achten Sie auf Ihre Körpersprache.* Augenkontakt, Lächeln und weitere Gesten vermitteln dem anderen Ihre Zugänglichkeit.
- *Teilen Sie etwas über sich mit.* Zeigen Sie Gefühle, zum Beispiel: Ich bin das erste Mal alleine auf einer Feier und deshalb so nervös. Diese Dinge, die Ihnen nicht wirklich

schaden können, vermitteln doch ein authentisches Bild von Ihnen. Achten Sie auf die Reaktionen der anderen.

■ *Beginnen Sie einen Dialog, anstatt nur zu erzählen.* Zeigen Sie Ihr Interesse und nicht nur, dass Sie interessant sind. Fragen Sie nach und führen Sie ein Gespräch, indem Sie den anderen zu längeren Antworten animieren.

■ *Zeigen Sie, wer Sie wirklich sind.* Versuchen Sie, Kleidung, Frisur, Schmuck und weitere Accessoires in Einklang mit Ihrem Innersten zu bringen. Damit ziehen Sie die Menschen an, die Sie sich wünschen.

Seelische Beziehungsarbeit

Der erste Eindruck ist entscheidend. Ihr Verhalten, Ihre Einstellung und Begeisterung legen fest, auf welche Menschen Sie wirken. Um sich besser authentisch darzustellen, versuchen Sie folgende Übungen:

1. Sie haben nur fünf Minuten, um einem anderen zu vermitteln, wer Sie sind. Tun Sie so, als ob Sie auf eine Anzeige antworten oder gerade jemanden auf einer Feier kennen gelernt haben und ihn nun in kurzer Zeit für sich einnehmen müssen. Was würden Sie von sich preisgeben? Schreiben Sie die Antworten auf.

2. Erzählen Sie jemandem, den Sie kennen gelernt haben, etwas Persönliches und für Sie Wichtiges, was erst kurz zurückliegt. Achten Sie auf die Reaktion Ihres Gegenübers. Wie verhält er sich? Reagiert er teilnahmsvoll oder abweisend? Erzählt er auch aus seinem Leben etwas Bedeutungsvolles?

3. Zugänglichkeit ist eine natürliche Eigenschaft, die Offenheit und Information zum Ziel hat. Auf diese Weise können Sie mit Hilfe äußerer Verhaltensweisen Ihr inneres Wesen zeigen. Überlegen Sie, wer von Ihren Bekannten sich nach unserer Beschreibung verhält. Beschreiben Sie in zehn Worten, warum Sie diesen Menschen für zugänglich halten.

4. Welche Signale sendet diese Person, beruhend auf ihrer Zugänglichkeit, aus? Fassen Sie Ihre Beobachtungen zusammen und verwenden Sie dazu die Liste von S. 145f.

5. Besprechen Sie unsere Definition der Zugänglichkeit mit einigen Freunden, von denen Sie ein Feedback bekommen können. Sind Sie nach Meinung Ihrer Freunde so, wie Sie selbst gerne sein möchten? Was an Ihrem Verhalten hält andere von Ihnen fern und verhindert, dass Sie die für Sie passenden Menschen anziehen?

6. Wählen Sie eine Eigenschaft, die Sie auf dem Gebiet der Zugänglichkeit gerne verbessern oder erlernen möchten, und üben Sie. Beginnen Sie bei Freunden und versuchen Sie es später bei Bekanntschaften. Nehmen Sie sich dabei niemanden zum Vorbild, den Sie bewundern, wenn dessen Verhalten nicht Ihrer Art entspricht.

7. *Dies ist eine Dehnübung* und vielleicht fühlen Sie sich am Anfang nicht wohl dabei. Dehnübung soll heißen, dass Sie damit Ihre Schmerzgrenze und die Grenzen, die Sie sich selbst gesetzt haben, überschreiten. Es kommen Seiten an Ihnen zum Vorschein, die Sie möglicherweise bisher immer unter Verschluss gehalten haben, was anfangs schwierig sein kann.

8. Vervollständigen Sie den folgenden Satz: „Ich habe Angst, zugänglich zu sein, weil (ich nicht attraktiv genug bin, ich nichts zu sagen habe, ich abgelehnt werde ... usw.)." Was auch immer Sie hinzufügen, das ist es, worüber Sie bewusst nachdenken müssen. Die Dehnübungen werden Ihnen erheblich leichter fallen, wenn Sie das erst einmal hinter sich gebracht haben.

Meditation

Ich bin bereit, anderen gegenüber zugänglich zu werden und auch zu erkennen, wenn sich andere mir gegenüber öffnen. Ich werde deutlich zeigen, wer ich bin, die Signale anderer wahrnehmen und danach meine Entscheidungen treffen.

18. Wunschdenken

Wunschdenken verführt und lockt uns mit Versprechungen vollkommener Zuneigung und Liebe auf den ersten Blick. Sich Hals über Kopf zu verlieben begeistert uns enorm und es ist nicht schwer zu erkennen, warum unsere Gesellschaft sich so gerne romantischen Illusionen hingibt.

Wir sind süchtig nach dem Idealbild der Liebe, das uns in Liedern, Büchern und anderen Medien vermittelt wird und uns verführt, Beziehungen mit den falschen Partnern einzugehen. Dem Zauber der Romantik verfallen, glauben wir, dass wir den perfekten Menschen gefunden haben, mit dem eine Beziehung ewig halten wird. Aber Zeit und Erfahrung zeigen, dass dies eine Täuschung ist, und noch dazu eine grausame. Niemand kann da bestehen.

Wie der Ausdruck schon andeutet, beruht Wunschdenken auf einem falschen Bild von der Liebe. Hier einige der häufigsten Missverständnisse:

- Wir verlieben uns in das Wunschbild, das wir uns von einem Menschen machen, und hoffen, dass er sich dahingehend ändert oder wir selbst ihn ändern können.
- Wir glauben an die Liebe auf den ersten Blick.
- Wir sind sicher, dass ein anderer Mensch unsere perfekte Ergänzung ist.
- Wir glauben, dass Liebe ausschließlich, geheimnisvoll und leidenschaftlich ist.
- Wir bewundern ohne Vorbehalte einen anderen Menschen, der perfekt scheint.
- Wir begehren einen anderen Menschen sexuell so sehr, dass alles andere unwichtig erscheint.
- Wir konzentrieren uns auf die Nebensächlichkeiten – Schönheit, Geld, Sex – und vernachlässigen die inneren Werte.

Wir betrügen uns durch Wunschdenken selbst, wenn wir glauben, dass wir den perfekten Partner gefunden haben, er aber in

Wirklichkeit nur ein vorübergehender Liebhaber ist. Mit Sicherheit hat die Popkultur maßgeblichen Anteil an diesen romantischen Illusionen. Unsere Aufmerksamkeit richtet sich auf Äußerlichkeiten und wir verwechseln Lust und Leidenschaft mit Liebe. In dem Moment, wenn wir jemanden kennen lernen, der Erfüllung unserer durch Kino und Fernsehen angeregten Phantasien verspricht, stöhnen wir: „Genau wie Brad Pitt" und sind hin und weg.

> Georg, ein pharmazeutisch-technischer Assistent und hoffnungsloser Träumer, erzählte, dass er sechs Mal mit Joan ausging und wusste, dass sie die Frau seiner Träume war. Attraktiv, klug, Eigentumswohnung und auch der Sex war wunderbar. Immer und immer wieder sagte er: „Ich kann an ihr keinen Fehler finden."

Was ist an dem Verhalten verkehrt? Was ist daran verkehrt, Leidenschaft und Lust mit Liebe zu verwechseln? Es ist verkehrt, weil es kein solides Fundament darstellt, und die Menschen aus diesem Grund eines Morgens aufwachen und sich fragen: „Wer liegt hier eigentlich in meinem Bett?"

Wenn wir uns romantischen Illusionen hingeben, passieren die folgenden vier negativen Dinge:

1. *Wir suchen nach einem perfekten Menschen, den es aber so nicht gibt.* Niemand kann eine Idealvorstellung leben; wir wollen das immer während Hochgefühl der Leidenschaft, anstatt die natürlichen Höhen und Tiefen der Liebe zu akzeptieren.
2. *Wir halten an einer schlechten Beziehung fest und malen uns aus, dass sie perfekt sei.* Aus diesem Grund investieren wir mehr, als wir können, und klammern uns an unsere Partner, da sie alles zu sein scheinen, was wir haben.
3. *Wir fliegen auf Leute, die Begehren in uns wecken.* Die Erfüllung unserer Lust und Leidenschaft ist wichtiger als der langsame Beginn einer romantischen Freundschaft, in der die Liebe desto tiefer wird, je mehr man den anderen Menschen kennen lernt.

Miranda hatte eine Bekanntschaftsanzeige aufgegeben. Eines Abends unterhielt sie sich stundenlang mit Carlos und wollte ihn unbedingt kennen lernen. Es schien, als ob er alle Kriterien erfüllen könne; Ende 30, ledig, Angestellter und humorvoll. Sie war sich sicher: „Das ist er!" Beim nächsten Seminar waren wir alle neugierig. „Ach nein, er ist nicht mein Fall. Es hat nicht gefunkt." Simon, ein Teilnehmer, fragte: „Was gefällt dir an ihm nicht? Hat er sich danebenbenommen?"

„Nein, er ist der perfekte Gentleman," erwiderte Miranda, „stilvoll und attraktiv. Wir haben schon gemeinsame Interessen, aber wie ich bereits sagte – nichts für mich. Er zieht mich nicht an."

Miranda sucht jemanden, der ihre Hormone anspricht, und niemanden, der ihre Seele oder ihr Herz berührt.

4. *Wir erhalten die romantischen Illusionen lange aufrecht, manchmal sogar bis zur Hochzeit.* Eine rosa Wolke nebelt uns ein und verdeckt unsere wahren Werte und Ziele.

Sie müssen eine andere Art der Anziehung wahrnehmen als die, die uns durch eine Illusion geboten wird. Wenn Sie einen Seelenpartner gefunden haben:

▪ Teilen Sie die gleichen Interessen und Überlegungen, die die innere Verbindung unterstützen.

▪ Fühlen Sie sich in der Gesellschaft des anderen wohl. Die Beziehung vermittelt ein warmes, wohliges Gefühl – als ob man zu Hause angekommen sei.

▪ Erleben Sie ein Déjà-vu; eine starke Bindung besteht zwischen Ihnen und es kommt Ihnen vor, als ob Sie diesen Menschen schon ewig kennen würden.

▪ Fühlen Sie sich in seiner Gegenwart besser; es gibt eine Verbindung zwischen Ihren Herzen, Seelen und Gedanken.

Indem Sie romantische Illusionen überwinden, geben Sie seelenvoller Liebe eine Chance und vermeiden die herben Enttäuschungen und Schmerzen, die ein herkömmliches Kennenlernen häufig begleiten.

Es ist oft nicht einfach, sich von romantischen Illusionen zu lösen. Das ist wie bei starken Drogen; die Betroffenen werden in eine kurzzeitige (sehr kurzzeitige!) Euphorie versetzt, nach der die Gesellschaft süchtig ist. Um die Gewohnheiten zu überwinden, müssen Sie als Erstes gegen Ihr Gefühl handeln, alte Gewohnheiten durchbrechen und das als unmöglich Erscheinende angreifen.

Geistige Beziehungen sind jedoch sehr hilfreich, um sich von romantischen Illusionen zu entwöhnen.

Seelische Beziehungsarbeit

1. Menschen, die in Wunschdenken verfallen, denken oder handeln üblicherweise nach folgendem Schema (kreuzen Sie das für Sie Zutreffende an):

   ▦ Sobald ich meinen Traumpartner gefunden habe, ändert sich mein Leben.

   ▦ Mein Partner wird mich nie verlassen und meine Zukunft ist abgesichert.

   ▦ Liebe auf den ersten Blick ist wahre Liebe.

   ▦ Eine perfekte Partnerschaft verändert mich und das Leben wird leichter.

   ▦ Ich muss nichts über Liebe lernen oder mein Wissen darüber bewusst erweitern.

   ▦ Mein Partner und ich werden immer einer Meinung sein.

   ▦ Eine Beziehung zu haben ist wesentlich besser, als alleine zu sein.

   ▦ Ich werde meinen wahren Prinzen schon dazu bringen, mich zu lieben.

   ▦ Ich werde meinem Partner eine Traumfrau sein.

   ▦ Alles, was ich brauche, ist Liebe.

   ▦ Keine Chance, wenn es nicht sofort funkt.

2. Markieren Sie die Formulierungen, die Sie schon einmal benutzt haben, um einen Partner zu beschreiben:

- Es hat mich umgehauen
- Liebe auf den ersten Blick
- Urknall
- Lust
- Der perfekte Mann
- Ein wunderbarer Liebhaber
- Mein Traummann
- Körperliche Anziehung

Überlegen Sie, auf welche Weise Wunschvorstellungen verhindert haben, dass Sie eine seelenvolle Beziehung eingehen konnten.

Meditiation

Ich erkenne, wie romantische Wunschvorstellungen die Möglichkeit einer seelenvollen Beziehung verhindert haben. Ich werde ab jetzt realistische Erwartungen an meine Verabredungen stellen und nach einer emotionalen und geistigen Verbindung suchen, aus der eine romantische Freundschaft erwachsen kann.

19. Zuverlässigkeit

Emotionale Stabilität müssen Sie in sich selbst und in dem anderen Menschen suchen. Besonders Personen, die sich selbst lieben und daran arbeiten, ganz zu werden, erreichen einen Punkt, an dem emotionale Sicherheit zu einem selbstverständlichen Teil ihrer Persönlichkeit wird. Offenheit, Verletzlichkeit und Anerkennung werden in Verbindung mit Worten, Körpersprache und Verhalten wiedergegeben.

Emotional stabile Menschen erfüllen folgende Kriterien:

- Sie respektieren Grenzen.
- Sie sagen stets die Wahrheit.
- Sie verstricken sich nicht und sind nicht coabhängig.
- Sie verwenden keine vertraulichen Informationen gegen Sie.
- Sie sind vertrauenswürdig.
- Sie urteilen nicht und weisen keine Schuld zu.
- Sie sprechen offen über ihre Ängste, Unsicherheiten, Fehler und Schwächen.

Am Beginn einer seelenvollen Beziehung ist es wichtig, die emotionale Stabilität eines anderen Menschen anhand seiner Worte, seines Verhaltens und seiner Taten einzuschätzen. Eine Möglichkeit dazu bietet sich, indem man Grenzen setzt und beobachtet, ob der zukünftige Partner diese respektiert. Dazu eignet sich alles, worüber Sie eine feste Meinung haben, sei es nun Musik, die Sie nicht mögen, oder Benehmen, das Ihnen nicht gefällt. Bereits beim ersten Treffen sollten Sie Grenzen ziehen. Zum Beispiel könnten Sie Ihr Interesse ausdrücken, im Nichtraucherbereich eines Lokals zu sitzen. Wenn Ihr Begleiter sagt: „Ach, so schlimm ist der Rauch doch nicht", hat er deutlich die Grenze überschritten, die Sie ihm gesetzt haben. Daraus können Sie schließen, dass er emotional nicht stabil genug für Sie ist.

Es wird Zeiten geben, in denen Sie zu Ihrem Bekannten sagen müssen: „Das kann ich akzeptieren, aber mit jenem Verhalten bin ich nicht einverstanden." Diese Grenzziehung macht es möglicherweise nötig, dass Sie mehr auf Ihre eigenen Bedürfnisse als auf die eines anderen Menschen achten. Unter Umständen müssen Sie sich sogar eine Weile zurückziehen und alleine sein. Jemand, der emotional stabil genug ist, wird das verstehen und die Grenzen, die Sie ziehen, akzeptieren.

Menschen, bei denen Sie gut aufgehoben sind, versuchen immer, bei der Wahrheit zu bleiben. Sie versuchen, Ihnen liebevolle Ratschläge zu geben, falls Sie einen Fehler begehen, und schimpfen nicht gleich oder beschuldigen Sie der Dummheit oder des Unvermögens. Wenn Sie eine Beziehung eingehen, achten Sie darauf, ob Ihr Partner Ihnen hilfreiche und gut gemeinte Hinweise über Sie geben kann.

Manche Menschen kommen aus gestörten Familienverhältnissen und haben deshalb Schwierigkeiten, emotional zuverlässig zu sein. Wenn Sie zum Beispiel als Kind missbraucht wurden, werden Sie (ohne beachtliche innere Arbeit) große Probleme haben, das Vertrauen und die Intimität, die für emotionale Stabilität nötig sind, aufzubringen. Oder Sie hatten Eltern, bei denen ein Teil unberechenbar war. Oder Ihre Eltern haben Sie immer nur kritisiert und waren mit Ihren Leistungen niemals zufrieden. Dann versuchen Sie auch als Erwachsener, Ihrem Partner immer alles recht zu machen. Gail beschreibt ihre chaotische, coabhängige Familie folgendermaßen:

Ich wuchs in einer Familie auf, die nur wenige persönliche Grenzen anerkannte. Jeder war über alles informiert, und was auch immer ich tat, wurde von meiner Familie beobachtet, die nie ganz zufrieden zu stellen war.

Alle waren ständig um mich herum, und wenn ich mich dagegen aufzulehnen versuchte, war gleich die Hölle los. Streit, Gebrüll, Überredungsversuche, Schweigen – um mich gefügig zu machen, wurden alle Mittel ausgeschöpft. Es funktionierte immer. Ich war als junge Frau Mitte 20 noch nicht in der Lage, meine Garderobe alleine auszusuchen. Ich fühlte mich nie sicher, habe mich niemals selbst gemocht, sondern versuchte immer, mich der Familie anzupassen.

Alle waren einverstanden, als ich heiratete. Aber sogar auf unserer Hochzeitsreise fühlte ich mich nicht meinem Mann verbunden, sondern hatte das Gefühl, dass irgendetwas fehlte. Wenn wir Entscheidungen treffen mussten, besprach ich mich zuerst mit meiner Familie, bevor ich ihm meine Meinung mitteilte. Seinen Ansichten konnte ich nie vertrauen (obwohl er klug war und gute Entscheidungen traf), sondern zog immer zuerst meinen Clan zu Rate.

Im Nachhinein ist mir bewusst, wie abträglich dieses Verhalten meiner Ehe war. Wie konnte sich mein Mann sicher und meiner Unterstützung gewiss sein? Kein Wunder, dass unsere Ehe geschieden wurde. Erst danach begab ich mich in eine Therapie und begann, mich von meiner Familie zu lösen. Als meine Mutter starb, zürnte sie mir noch immer, dass ich mich getraut hatte, auf die Meinung meiner Familie zu verzichten und meine eigenen Entscheidungen zu treffen. Sie hat mich nie verstanden.

Vor über 20 Jahren schwor ich mir, nie wieder eine Situation zuzulassen, in der meine Grenzen nicht klar und deutlich emotional wie auch körperlich sichtbar sind – weder im Umgang mit Freunden noch in der Familie oder mit einem Partner. Deshalb habe ich mich auch bewusst dazu entschieden, niemals mit Ed zusammenzuziehen oder ihn zu heiraten, obwohl wir nun schon viele Jahre miteinander liiert sind. (Ich bin mir ziemlich sicher, dass ich mich allen Männern gegenüber so verhalten würde.) Nur auf diese Weise bin ich mir sicher, dass mir niemand vorschreibt, wie ich zu leben habe oder was ich tun muss.

Wenn Sie Ihre Beziehung auf emotionale Stabilität hin untersuchen, sollten Sie dabei auch gleich auf Machtkämpfe achten. In dem Moment, in dem Sie emotional streiten, haben Sie sich auf unsicheres Gelände begeben. Sobald Sie Aussprüche wie „Immer machen wir das, was du willst" oder „Diesmal gehen wir hin, wo ich will" hören, sollten Sie sich ernsthaft über die Ziehung Ihrer jeweiligen Grenzen unterhalten.

Emotionale Sicherheit kann man nicht entwickeln, wenn die eigenen Gefühle und Ansichten nicht von denen des Partners getrennt werden können. Ausdrücke, die diesen Umstand beschreiben, sind „Verwicklung" und „Coabhängigkeit". Die folgenden Fragen werden Ihnen helfen herauszufinden, welche

Ereignisse in der Vergangenheit Ihrer Fähigkeit, emotional stabile Verbindungen einzugehen, geschadet haben:

- Gibt es jemanden, der Ihre Intimsphäre und Ihre persönlichen Grenzen nicht respektiert hat?
- Gibt es eine Beziehung, in der Sie Ihre Interessen aufgegeben und Ihre Individualität zu Gunsten des Partners verloren haben?
- Hat jemand aus Ihrer Familie für Sie gesprochen und sich angemaßt, Ihre Gedanken und Gefühle zu kennen?
- War in Ihrer Jugend die Familie wichtiger als der einzelne Angehörige?
- Hat Ihre Familie versucht, Sie zu beeinflussen, und Sie und Ihr Verhalten auch dann noch kritisiert, als Sie bereits älter waren und anfingen, sich von der Familie zu lösen?
- Kommen Sie aus einer Familie, die Ihren Leistungen gegenüber gleichgültig war oder alles herabwürdigte (oder lobte)?

Menschen, die sich selbst aufgegeben haben oder sich einem anderen Menschen unterordnen,

- ignorieren ihre eigenen Gefühle und achten dafür umso mehr auf die der anderen;
- tun so, als ob ihre Interessen und Ansichten mit denen ihres Freundes, Liebhabers oder Partners übereinstimmen;
- gehen eine sexuelle Beziehung ein, um eine Freundschaft zu beginnen oder aufrechtzuerhalten;
- ordnen ihre Ansichten denen eines anderen Menschen unter;
- ändern in letzter Minute ihre Pläne – je nach Laune ihres Partners;
- opfern ständig – Zeit, Talent, Geld, Hilfe ... usw.

Seelische Beziehungsarbeit

1. Versuchen Sie folgende Übungen, um Ihre emotionale Selbstsicherheit wiederzugewinnen:

   ▪ Schreiben Sie täglich die Dinge auf, die Sie am liebsten tun würden (zum Beispiel lieber in dieses Lokal zu gehen als in ein anderes).

   ▪ Erstellen Sie eine Liste Ihrer Grenzen und besprechen Sie diese mit Freunden. (Zum Beispiel: „Ich gehe gerne eine Woche mit dir zum Zelten, aber ich bin nicht bereit, drei Wochen mit dir und deinen Kumpels in der Wildnis zu verbringen.")

   ▪ Achten Sie darauf, beim Setzen welcher Grenzen Sie sich schwer tun.

   ▪ Üben Sie zu widersprechen und sich trotzdem dabei wohl zu fühlen.

2. Testen Sie die emotionale Stabilität anderer:

   ▪ Beginnen Sie, indem Sie eine Liste (der Taten und Äußerungen) erstellen, die auf emotionale Stabilität schließen lassen, wie zum Beispiel:

   ▪ *John hörte Mary zu, und obwohl er nicht ihrer Meinung war, kritisierte oder griff er sie deswegen nicht an.*

   ▪ *Sally sprach mit Tom über ihre Ängste, vor versammelter Belegschaft eine Rede zu halten. Tom nahm ihre Gefühle ernst und erzählte, wie es ihm ging, wenn er in einer großen Versammlung reden musste; etwas, das oft von ihm erwartet wurde.*

   ▪ Erstellen Sie eine andere Liste mit Verhaltensweisen (in Wort und Tat), die einen vertrauensunwürdigen Begleiter kennzeichnen:

   ▪ *Diane berichtete Don über die Probleme, die sie durch ihre Ungeduld gegenüber Freunden und Familie hatte. Don schien Mitgefühl zu haben, aber Wochen später, als es gerade Schwierigkeiten in der Beziehung gab, schrie Don sie an: „Du hast nie Geduld mit mir. Aber wie kannst du auch, das hast du ja mit niemandem."*

> *Sam und Tasha hatten eine enge, liebevolle Beziehung. Jedes Mal drohte Sam bei Meinungsverschiedenheiten jedoch damit, Tasha zu verlassen.*

3.   Sind Sie emotional zuverlässig? Blättern Sie auf Seite 153 zurück und vergleichen Sie die Voraussetzungen.

Meditation

Ich dulde nur Menschen in meinem Leben, die vertrauenswürdig sind, meine Gefühle respektieren und meine Individualität anerkennen. Auch ich arbeite kontinuierlich daran, anderen emotionale Stabilität zu bieten.

20. Selbstgespräche

Auf dem Weg zu einer seelischen Beziehung sind unsere Selbstgespräche einer der wichtigsten Schritte. Wir unterhalten uns ständig mit uns selbst und besprechen sowohl die guten als auch die negativen Geschehnisse. Das, was wir denken – und das können wir in unseren Selbstgesprächen erfahren –, beeinflusst unser Benehmen und unser Wohlergehen. Wir müssen zuhören, lernen und wachsen.

Viele Menschen quälen sich mit Selbstvorwürfen. Sie beschuldigen sich, nicht klug genug, nicht hübsch oder gewandt genug im Umgang mit anderen zu sein. Menschen, die bewusst sind, versuchen, durch ihre Selbstgespräche die Wahrheit herauszufinden; sie hören sich Gutes und Schlechtes an und wägen dann sorgfältig ab. Es geht hier nicht darum zu urteilen, sondern das Ziel ist, um Rat zu bitten und zu lernen.

Die erste Regel, die man bei Selbstgesprächen beachten muss: Unsere negativen Gedanken treffen im Allgemeinen nicht zu und können uns sabotieren. Wenn wir von einer Feier oder Party zurückkommen, argumentieren die meisten innerlich:

- „Warum traue ich mich nie?"
- „Ich bin nicht attraktiv genug."
- „Andere Leute langweilen sich mit mir."
- „Dauernd rede ich zu viel."
- „Alle anderen wissen viel mehr als ich."

Indem wir unsere Fehler übertreiben, verlieren wir den Blick dafür, wer wir in Wahrheit sind. Durch diese falsche Selbsteinschätzung, an die wir auch noch glauben, fällt es uns schwer, eine romantische Freundschaft zu beginnen und aufzubauen. Stattdessen verhalten wir uns so, dass es die anderen Menschen eher noch abstößt. Negative Selbstgespräche können einen schlimmen Einfluss auf den Menschen ausüben. Es gibt Leute, die überhaupt nicht mehr weggehen, weil sie Angst vor neuen Bekanntschaften haben.

Wir müssen die Informationen, die wir aus unseren Selbstgesprächen ziehen, erden, um die Wahrheit herauszufinden. Das
heißt, wir müssen uns überlegen, was wir sagen, und nach
Beweisen verlangen. Dadurch entwickeln wir uns zu objekti-
ven Beobachtern.

Wenn wir mit jemandem arbeiten, um die Wahrheit aus
seinen Selbstgesprächen zu filtern, bedienen wir uns ganz gerne der Frage-und-Antwort-Methode. Zum Beispiel setzt sich
eine Person herab, indem sie behauptet: „Ich bin unattraktiv."
Dann fragen wir: „Warum sagst du das?"

„Weil meine Nase zu groß ist."

„Und warum denkst du, dass dich das in den Augen anderer
Leute unattraktiv erscheinen lässt?"

„Weil mir das schon mal jemand gesagt hat."

„Also hast du beschlossen, auf das zu hören, was dir ein
Mann eingeredet hat?"

„Noch ein anderer hat das Gleiche behauptet."

„Damit hast du dann zwei Menschen erlaubt, dich hässlich
zu machen?"

Diese Fragerei bringt uns auf den Boden der Tatsachen zurück. Die Frau mit 20 Kilo Übergewicht redet sich ein, dass sie
so hässlich ist, dass sie niemals heiraten wird.

„Heißt das, dich hat noch nie jemand anziehend gefunden?"

„Nun ja – nein, aber die meisten finden mich nicht so
hübsch wie andere Frauen."

„Das ist möglich, aber manche Männer fanden dich hübsch
und begehrenswert. Also können auch Frauen, die 20 Kilo
Übergewicht haben (nämlich du), einen passenden Mann finden."

Wenn wir die Wahrheit suchen, erkennen wir, dass vieles
von der Sichtweise abhängt. Wir können dann mit unserer
großen Nase oder unserer Schüchternheit leben, die ja ein Teil
von uns sind. Manchmal entdecken wir auch durch diese Fragerei die wirkliche Wahrheit. Es kann ja sein, dass wir eine
große Nase haben, aber sie ist vielleicht gar nicht der Grund,
warum wir keinen Freund finden, sondern wir können keinen
Augenkontakt herstellen oder suchen zu sehr.

Um den Wahrheitsgehalt unserer Selbstgespräche herauszu-
filtern, haben wir verschiedene Möglichkeiten: Akzeptieren wir
unsere 20 Kilo Übergewicht, müssen wir damit leben, dass wir

in der Gesellschaft ein geringeres Ansehen haben. Konsequenterweise wird es weniger Männer geben, die sich um uns bemühen. Wir können uns aber auch den allgemeinen Ansichten beugen, abnehmen und dadurch Veränderungen schaffen. In jedem Fall vermindern wir Ärger und Wut in uns.

Es ist auch möglich, dass in unseren Selbstgesprächen ein Körnchen Wahrheit enthalten ist. Zum Beispiel sagen wir uns: „Vielleicht stelle ich mich zu sehr in den Vordergrund und komme deswegen bei Männern nicht so gut an." Wenn wir uns so etwas sagen, müssen wir unser Verhalten überprüfen und mit Freunden sprechen, um herauszufinden, ob das wirklich so ist. Indem wir uns den Tatsachen stellen, werden wir gezwungen unser Verhalten zu ändern, um die gewünschten Ziele zu erreichen.

Auf der anderen Seite müssen wir uns im Klaren sein, dass auch positive Selbstgespräche nicht immer der Realität entsprechen. Lydia zum Beispiel ist der Ansicht, dass sie sehr gut zuhören kann. Sie ist stolz darauf, dass sie still ist, wenn andere reden, und denkt, dass die Männer, mit denen sie ausgeht, das zu schätzen wissen. Tatsächlich ist das aber nicht so und Lydia sabotiert sich damit selbst. Es stimmt, dass sie schweigsam daneben sitzt, aber ihre Gedanken sind nicht bei der Sache und sie weiß hinterher oft nicht mehr, um was es eigentlich ging. Durch ihren steinernen, abwesenden Gesichtsausdruck hat sich mehr als eine Erfolg versprechende Beziehung vorzeitig aufgelöst. Durch Lydias Beispiel sehen wir, dass wir uns leicht selbst sabotieren können, wenn wir unsere Selbstgespräche nicht kritisch überprüfen und mit dem vergleichen, wie uns die meisten Menschen sehen.

Um auf seelischer Ebene Begleiter zu finden, müssen wir auf unsere inneren Dialoge achten, um die Wahrheit über uns und mögliche Ursachen, warum wir keinen Erfolg haben, herauszufinden.

Seelische Beziehungsarbeit

Hin und wieder führen wir Gespräche mit uns selbst, ohne auf deren Inhalt zu achten. Deshalb ist der erste Schritt, uns auf das, was wir mit uns besprechen, zu konzentrieren.

1. Geben Sie Ihren Selbstgesprächen Worte und schreiben Sie sie vor oder nach einem gesellschaftlichen Ereignis nieder. Hören Sie sich zu, wenn Sie von einer Feier nach Hause kommen oder gerade jemanden getroffen haben, den Sie anziehend finden. Welchen inneren Dialog führen Sie?

2. Suchen Sie in sich nach der Wahrheit. Mithilfe der folgenden Fragen fällt Ihnen das eventuell leichter. Denken Sie aber daran, auf Ihre Gespräche zu achten und nach Beweisen zu fragen.

   ▪ Woher wissen Sie, dass Ihre Überzeugungen auf der Wahrheit beruhen?
   ▪ In welchen gesellschaftlichen Situationen haben Sie sich kürzlich befunden, in denen diese Hypothesen bestätigt wurden?
   ▪ Stützen sich Ihre negativen Überzeugungen nur auf ein oder zwei Vorfälle?

3. Sobald Sie die Wahrheit über Ihre innerlichen Überzeugungen herausgefunden haben, sollten Sie sich fragen, ob Sie Ihr Verhalten ändern sollten, um das von Ihnen gewünschte Ziel zu erreichen. Wenn ja – was müssen Sie ändern?

Meditiation

Ich werde meinen Selbstgesprächen wertfrei zuhören. Ich werde die Wahrheit herausfinden und das, was ich erfahre, nutzen, um zu wachsen und bewusster Verabredungen zu treffen.

21. Gier und Ungeduld

Singles, die unter ihrem Alleinsein leiden, tun sich schwer, einen passenden Partner zu finden. Sie lassen sich sofort auf einen Flirt ein oder bleiben zu lange in einer unbefriedigenden Verbindung, da sie nie gelernt haben, sich auf sich selbst zu verlassen. Da sie sich innerlich leer fühlen, brauchen sie andere, die ihrem Leben Sinn geben. Sie leiden unter unstillbarem Hunger und bald fühlen sich die Menschen in ihrer Umgebung ausgenommen. Einem solchen Menschen ist es unmöglich, einen seelischen Begleiter mit reichen inneren und äußeren Werten zu finden, denn er hat nie gelernt, nach den Weisheiten zu leben.

Nehmen wir Leticia als Beispiel. Sie kam in unsere Gruppe und platzte fast in dem Bedürfnis, uns von ihrem letzten Treffen mit einem „toll aussehenden, lüsternen Typen" zu erzählen. Bei ihrem ersten Treffen brachte ihr Jerome Blumen mit und führte sie in ein teures Lokal aus. Im Laufe des Abends machte er ihr ununterbrochen Komplimente über ihr gutes Aussehen, ihren Humor, ihre Intelligenz und ließ vorsichtig durchblicken, dass sie die Frau seiner Träume sei. Leticia fühlte sich nicht ganz wohl, aber schimpfte auf sich, dass sie sich nicht über seine Komplimente freuen konnte. Als der Abend endete, bat Jerome sie um eine weitere Verabredung und sie stimmte zu, denn immerhin war er attraktiv, Geschäftsführer eines großen medizinischen Unternehmens und sie wollte ihn nicht vor den Kopf stoßen.

Am nächsten Tag bekam sie einen großen Strauß roter Rosen ins Büro geliefert und Jerome rief sie drei Mal an, um ihr zu sagen, was sie für eine tolle, liebenswerte Frau sei. Leticia versuchte im Laufe der folgenden Woche, Jerome vorsichtig zu einer etwas langsameren Gangart zu bewegen, aber er ignorierte das und bombardierte sie stattdessen mit noch mehr Blumen, Karten und teuren Geschenken.

Leticia sagte: „In der Vergangenheit hätte ich gedacht, wenn ich bei alledem ein so ungutes Gefühl hatte, etwas stimme mit mir nicht. Immerhin gab er mir all die Aufmerksamkeit, von der ich immer geträumt hatte. Aber ich fühlte mich jetzt nur von jemandem überfahren, der mich gar nicht kannte. Ich war richtig erleichtert, als ich ihm sagte, dass ich ihn nicht wieder sehen möchte, obwohl er noch tagelang danach versuchte, mich zu überzeugen, dass ich einen schrecklichen Fehler machen würde."

Gier bzw. Ungeduld kann viele Formen annehmen. Fangen wir mit den charakteristischen Merkmalen an:

- Übertreiben (nach der ersten Verabredung drei Mal täglich anrufen)
- Den anderen mit Blumen, Geschenken, Süßigkeiten oder Karten bombardieren
- Den anderen durch endlose Komplimente manipulieren
- Verrückt nach dem anderen sein, ohne ihn richtig zu kennen
- Sich auf der Stelle verlieben
- Sofort ins Bett gehen wollen
- Zu schnell zu viele Informationen von sich preisgeben, ohne überhaupt zu wissen, ob der andere vertrauenswürdig ist
- Das Leben so lange auf Eis legen, bis eine Beziehung entsteht (nicht zu reisen, keine Wohnung zu kaufen oder Geld anzulegen)

Gier, Ungeduld oder Abhängigkeit beeinflussen nicht nur Ihr Gefühl sondern auch Ihr Verhalten. Prüfen Sie, ob Sie sich mit den folgenden Punkten identifizieren können:

- Ihr Wohlbefinden hängt von dem Verhalten anderer Menschen ab.
- Sie können nicht alleine sein.
- Sie fühlen sich innerlich leer.
- Ihre Gaben sind immer an Bedingungen geknüpft.

- Sie haben Schwierigkeiten, nein zu sagen und ein Nein zu akzeptieren.
- Es geht Ihnen nur dann gut, wenn Sie in einer Beziehung leben.
- Sie überlegen sich schon die Hochzeit, wenn Sie gerade jemanden kennen gelernt haben.
- Sie brechen in Panik aus, wenn es keinen Partner in Ihrem Leben gibt.

Dazu kommen häufig bestimmte Äußerungen und negative Bemerkungen über sich selbst:

- Ich tue mir selbst leid.
- Ich habe eine innere Leere, die jemand ausfüllen muss.
- Ich kann nur durch einen anderen Menschen richtig glücklich sein.
- Meine Laune ist direkt abhängig davon, wie andere Menschen mit mir umgehen.
- Mich treibt es aus dem Haus, obwohl ich gerne daheim bleiben würde.
- Ich habe Angst (oder keine Lust), alleine zu sein.
- Vielleicht kann ich es nicht mehr erwarten.
- Ich habe nichts anderes verdient.

Solche Menschen zählen zu den „Machern" und leben nicht im „Sein". Wer hingegen zu einer seelischen Beziehung fähig ist, hat auch „Seins"-Bereiche in sein Leben integriert. Je mehr man das tut, desto weniger plagen eine Gier und Ungeduld.

> Sandy war erfolgreiche Assistentin einer großen Firma, hatte eine Eigentumswohnung am See und fuhr einen großen Wagen. Dennoch erzählte sie uns öfter, wie einsam, traurig und leer sie sich fühlte und wie sehr sie sich nach Liebe sehnte. Sie war noch nie alleine gewesen und fiel von einer unglücklichen Beziehung in die nächste. Wann immer sie alleine in ihrer exklusiven Wohnung war, hing sie entweder endlos am Telefon, schrieb lange Briefe an ihre weiter entfernt wohnende Verwandtschaft oder arbeitete am Computer.

Wir rieten ihr, dass sie versuchen sollte, ihre innere Leere nicht durch äußerliche Aktivitäten zu füllen, nicht mehr zu telefonieren und die Arbeit zu Hause einzuschränken, damit sie nicht ständig vor sich selbst davonlief. Auch sollte sie aufhören, sich dauernd mit Männern zu verabreden. Sie starrte uns ungläubig an, aber weil es ihr so schlecht ging, beschloss sie, uns zu vertrauen.

Monate später erzählte sie uns, dass sich ihr Leben drastisch geändert hatte. „Zuerst dachte ich, dass ich das nie durchstehen könnte, aber langsam begann ich dann, auf mich selbst und meine innere Verbindung zum Allmächtigen zu vertrauen. Wenn ich mir heute nicht mehr genügend Zeit für mich selbst nehme, fange ich an, unruhig zu werden. Ich habe auch kein Bedürfnis nach einer Beziehung. Verstehen Sie mich nicht falsch – ich wünsche mir nach wie vor einen Partner, aber er soll mein Leben ergänzen und nicht ein Ersatz für andere Dinge sein."

Diese Ganzheit kann wirklich jeder für sich erreichen, indem er sich innerlich nach den sieben geistigen Weisheiten richtet und seelische Arbeit leistet. Im Folgenden finden Sie eine Aufstellung der wichtigsten Überlegungen der geistigen Weisheiten:

- Akzeptieren Sie die Wahrheit ohne Kritik und Schuldzuweisungen.
- Setzen Sie Maßstäbe durch Ihr Herz, Ihre Intuition und Ihre Gefühle.
- Lernen Sie, in der Gegenwart zu leben und nicht auf morgen zu hoffen.
- Denken Sie an das, worauf es im Leben ankommt und was wichtig ist.
- Erkennen Sie Ihre spirituellen und emotionalen Bedürfnisse.
- Zeigen Sie Ihre Stärke, indem Sie sich selbst akzeptieren, mögen und lieben.
- Heilen Sie alte Wunden und stellen sich Ihren Ängsten.
- Führen Sie ein ausgeglichenes Leben.

Seelische Beziehungsarbeit

1. *Bestimmen Sie, wo Ihre Bedürfnisse liegen.* Schreiben Sie auf, in welchen Bereichen Sie ungeduldig oder abhängig sind, und beziehen Sie sich dabei auf die vorangegangen Listen und Ihre eigenen Erfahrungen.

2. *Stellen Sie sich vor, Sie sind Wasser in einem Glas.* Jeden Tag gießen Sie ein bisschen davon aus, um zu arbeiten, Sport zu treiben, Familie und Freunde zu treffen und andere Dinge zu erledigen. Fragen Sie sich: „Wie fülle ich das Glas wieder auf?"

3. *Schreiben Sie auf, wie viel Zeit Sie mit „Sein" verbringen können, damit Sie sich erholen und pflegen.* Erinnern Sie sich, „Seins"-Aktivitäten sind die Dinge, mit denen Sie Introspektion und Kontemplation fördern können und sich mit Ihrem höheren Selbst verbinden. Nutzen Sie dazu die folgenden Vorschläge oder Ihre eigenen und nehmen Sie sich täglich eine halbe Stunde Zeit für sich.

   ▨ In der Badewanne entspannen
   ▨ Lesen (nichts Berufsbezogenes)
   ▨ Spazieren gehen
   ▨ Den Tierpark besuchen
   ▨ Zeitschriften anschauen
   ▨ Reiten
   ▨ Auf der Terrasse Kaffee trinken
   ▨ Die Bücherei aufsuchen
   ▨ In ein Museum gehen
   ▨ Gedichte schreiben
   ▨ Musizieren
   ▨ Mit Ihrem Haustier spielen
   ▨ Einen Sonnenunter- oder -aufgang beobachten
   ▨ Yoga machen
   ▨ Meditieren

4. *Hören Sie auf, Verabredungen zu treffen.* Dadurch haben Sie mehr Zeit für sich selbst und weniger Zeit, um zu „machen". Egal wer Sie einlädt oder wie gerne Sie gehen

möchten – widerstehen Sie der Versuchung. Gönnen Sie sich eine unbegrenzte Zeit, aber nicht weniger als zwei Monate. Freiwillig zu Hause zu bleiben ist etwas ganz anderes, als gezwungenermaßen alleine zu sein, denn im letzteren Fall fühlen Sie sich einsam und frustriert. Aber wenn Sie sich freiwillig dafür entscheiden, ist das Ihr Wille. Am Anfang fällt es Ihnen sicher schwer, aber Sie werden erleben, wie befreiend es wirkt.

5. *Erinnern Sie sich, aus welchem Grund Sie ausgingen.* Um sich das Absagen zu erleichtern, sollten Sie immer daran denken, aus welchem Verlangen oder auf Grund welchen gesellschaftlichen Drucks Sie sich mit Männern getroffen haben:

- Einsamkeit
- Weil Sie keinen eigenbrötlerischen oder merkwürdigen Eindruck machen wollten
- Weil Sie gebeten wurden
- Weil Sie schon so lange nicht mehr ausgegangen sind
- Aus der Überlegung heraus, dass Sie ohne Bekanntschaften wohl nie heiraten würden
- Weil Ihnen Sex und körperliche Nähe fehlten
- Weil es gesellschaftlich leichter ist, als Paar aufzutreten
- Um Ihre Attraktivität zu beweisen
- Damit Sie nicht über andere Probleme nachdenken mussten (zum Beispiel eine gestörte Familienbeziehung, Angst vor dem Alleinsein ... usw.)

6. *Blättern Sie zurück zu Kapitel 16;* (Definition der „Seelenbekanntschaft") und wiederholen Sie, welche positiven Gründe es dafür gibt, sich mit einem Mann zu treffen.

7. *Reflektieren Sie.* In dieser Zeit können Sie die sieben geistigen Weisheiten und die Schritte der Seelenarbeit erneut durcharbeiten.

Meditation

Ich habe den Mut, meine Gier und Ungeduld einzugestehen. Ich bin bereit, eine Pause in meinen Beziehungen zu Männern einzulegen. Ich freue mich auf diese ruhige Phase und sehe sie als eine Zeit der Erneuerung und Selbstbestätigung. Ich weiß, dass ich genügend innere Kraft habe, um mich mit mir selbst zu beschäftigen.

22. Bekanntschaft oder Beziehung

Sind Sie beziehungsfähig oder kann man mit Ihnen gut ausgehen? Denken Sie nach, bevor Sie diese Frage beantworten, denn Sie können sich sehr leicht irren. Auch andere machen da leicht Fehler. Wir nehmen an, dass wir beziehungsfähig sind, weil wir heiraten möchten, oder unterstellen einem anderen auf Grund seiner Sorglosigkeit und Ungezwungenheit, dass er es nicht ist.

Das Ziel dieses Kapitels ist, Sie bei der Entscheidungsfindung zu unterstützen und denen von Ihnen Hilfestellung zu leisten, die ehefähig werden wollen. Von Anfang an möchten wir klarstellen, dass es für uns keinen Unterschied zwischen Beziehungsfähigkeit und der Gabe, ein guter Begleiter zu sein, gibt. Nicht jeder muss heiraten. Manche Menschen befinden sich in einem Lebensabschnitt, in dem sie lieber Beziehungen zu verschiedenen Menschen haben möchten.

Ausgehen und Spaß haben

Es gibt drei Grundtypen von Menschen, mit denen Sie gut ausgehen können. Ihnen wird es sehr viel helfen, wenn Sie in der Lage sind, bereits bei der ersten Verabredung zu erkennen, ob Ihr Begleiter zu ihnen passt und Ihre Erwartungen erfüllt.

Typ I: Aufregend und lustig

Dieser erste Typ legt viel Wert auf Äußerlichkeiten – Aussehen, Geld und andere Attribute. Die meisten Vertreter dieser Spezies fallen von einer Beziehung in die nächste und schwelgen in romantischen Illusionen, Lust und Anziehung. Fragen Sie nach, was sie sich von einem Partner wünschen, bekommen Sie nur äußerliche Eigenschaften genannt. Der Schein ist ihnen das Wichtigste und sie geben sich mit Oberflächlichkeiten ab. Sie empfinden kindliches Vergnügen dabei, sich immer wieder neu zu verabreden, binden sich nicht länger und übernehmen auf gewissen Gebieten keine Verantwortung (Beruf, Sex ... usw.).

Gleichzeitig jedoch sind diese Menschen großartige Begleiter. Sie wissen, wie man sich vergnügt, und bringen Spannung in die Sache; manche sind Don Juans (oder Dona Juanas) und lieben es, zu erobern. Diesen Menschen ist nichts so wichtig wie ihre Freiheit. Die Tatsache, dass der Umgang mit ihnen so viel Spaß macht, verleitet zu Fehlinterpretationen. Wenn wir uns dieser knisternden Atmosphäre, die sie verbreiten, hingeben, denken wir, dass sie bindungsfähig sind, wobei es aber leider so ist, dass die meisten von ihnen keinen guten Partner abgeben. Eher ist es so, dass wir Lust für Liebe und Spaß miteinander für Beziehungsfähigkeit halten.

> Brad ist ein gutes Beispiel für einen Mann, mit dem Ausgehen viel Spaß macht. Er war gerade in unsere Gruppe gekommen, als er erzählte, dass er eine großartige, bezaubernde Frau kennen gelernt hatte, die einen Porsche fuhr und in einer riesigen Wohnung lebte. „Wir sind schon drei Wochen zusammen und haben nur Spaß und großartigen Sex miteinander; ich finde sie klasse".

Brad und diese „bezaubernde" Frau gehören beide zum Typ I; sie geben sich ihren Illusionen hin und Spaß bzw. Lust sind für beide am wichtigsten.

Typ II: Zu gut, um wahr zu sein

Dieser zweite Typ gibt sich beziehungsfähig, aber versagt dann letztlich. Es ist sehr leicht, sich hier zu täuschen, denn diese Menschen geben ihre Verletzlichkeit zu, arbeiten an ihrer inneren Weiterentwicklung, schätzen Spiritualität, engagieren sich für die Allgemeinheit und sagen, sie werden sich binden, sobald sie den richtigen Partner gefunden haben. Sie sind großartige Freunde und zeigen Gefühl im Umgang mit ihren Eltern

und Kindern. Wenn Sie nach ihren Äußerungen gehen, sind sie
beziehungsfähig.

Bob gehörte auch zum Typ II, obwohl Joyce ihn für einen
der beziehungsfähigsten Männer hielt, den sie jemals kennen gelernt hatte. Sie begegneten sich auf einer spirituellen
Versammlung und gingen danach miteinander aus. Sie verbrachten in den folgenden Monaten viel Zeit miteinander
und hatten eine enge und intime Beziehung. Obwohl Bob
erst vor kurzem geschieden worden war und sich auch von
seinen drei Kindern getrennt hatte, behauptete er, eine neue
Beziehung eingehen zu können, wenn er den richtigen Partner finden würde.

So sehr die beiden miteinander emotional und spirituell
verbunden waren, schien es doch immer, als ob Bob weiterhin an seiner Ex-Frau und seinen Kindern hängen würde.
Joyce kam es außerdem vor, als ob sie Bob bitten musste,
mit ihr Zeit zu verbringen, und fühlte intuitiv, dass er unter
Bindungsangst litt. Er bestand darauf, dass er Joyce liebte
und mit ihr zusammen sein wollte, aber je näher sie ihm
kam, desto mehr zog er sich zurück.

Es besteht kein Zweifel, dass Bob bedingt bindungsfähig
war, aber er war auch zurückhaltend und hatte offensichtlich
Schwierigkeiten, sich zu binden. Bob und Joyce waren geistige Partner, aber solange Bob sich drückte, seine innerlichen Aufgaben zu erledigen, würde er keine andauernde
Partnerschaft eingehen können.

Typ III: Verzweifelt und ungeduldig

Um diesen Typ zu erkennen, reicht es, sein Verhalten, sein
Benehmen und seine Wertvorstellungen zu beobachten. Diese
Menschen sind verzweifelt auf der Suche nach einer Partnerschaft und ihre Bindungsunfähigkeit ist leicht an ihrem „un-
normalen" Verhalten erkennbar:

- Sie zeigen bereits zu Beginn der Bekanntschaft ihr Bedürfnis nach einer Partnerschaft.
- Sie verschweigen oder erzählen zu viel von sich.
- Sie können ein „Nein" nicht akzeptieren und Grenzen nicht anerkennen.
- Sie machen sich Illusionen über das Wesen des anderen und wollen die Realität nicht wahrhaben.
- Sie kontrollieren und überprüfen.
- Sie kritisieren übermäßig.
- Sie geben sich selbst zu Gunsten anderer auf.
- Sie glauben, dass eine Beziehung ihr Leben ändert oder verbessert.
- Sie arbeiten nicht an sich, an der Verbindung zwischen Persönlichkeit und Seele.
- Sie leben nicht nach seelischen Werten und befassen sich nicht mit ihren alten Verletzungen und Wunden.

Vom Ausgehen zur Beziehungsfähigkeit

Es gibt auch noch einige Menschen, mit denen man zwar gut ausgehen kann, die sich aber nicht in eine der drei genannten Kategorien einordnen lassen. Vielleicht haben sie gerade eine lang andauernde Beziehung hinter sich und brauchen Zeit, um ihre Wunden heilen zu lassen, oder sie wollen sich auf persönliches Wachstum konzentrieren und auch das lernen, was für eine Partnerschaft notwendig ist. Manche haben auch keine Erfahrungen in der Begegnung mit dem anderen Geschlecht oder sind bereits seit Jahren nicht mehr ausgegangen. Sie möchten sich vergnügen und austoben. Das Wichtigste ist, sich selbst und anderen nicht vorzumachen, dass sie bindungsfähig sind, weil sie in Wirklichkeit nur bereit sind, lockere Bekanntschaften einzugehen. Denken Sie daran: Auch wenn Sie nur in einigen Bereichen unter die Kategorie „ausgehfähig" fallen, müssen Sie sich ganz in diese Rubrik einordnen. Die meisten Menschen befinden sich in ihrer Entwicklung zwischen Ausgeh- und Beziehungsfähigkeit. Wo befinden Sie sich?

Der erste Schritt zur Beziehungsfähigkeit ist das Verstehen der Besonderheit der Ehefähigkeit. Des Weiteren können Sie Ihren Fortschritt durch folgende Punkte unterstützen:

- Bestimmen Sie, wo Sie sich auf der Skala befinden.
- Leben Sie nach den Regeln der geistigen Weisheiten.
- Überlegen Sie sich, was Sie in Ihrem Leben wirklich ändern oder verbessern möchten.
- Fragen Sie sich, was Sie aufgeben müssen, wenn Sie wirklich beziehungsfähig werden wollen.

Beziehungsfähigkeit

Beziehungsfähige Menschen sind im Besitz folgender Qualitäten:

- Für sie ist romantische Freundschaft die Grundlage einer Beziehung.
- Sie wünschen sich einen Partner, aber brauchen keinen Partner.
- Sie arbeiten angemessen.
- Sie leben ausgewogen.
- Sie haben gute Freunde.
- Sie betrachten Romanze und Sex als Teil einer Beziehung, aber machen nicht die gesamte Partnerschaft davon abhängig.
- Sie sind Freunde in guten und schlechten Zeiten.
- Sie gehen langsam, bewusst und überlegt vor, um eine dauerhafte Beziehung aufzubauen.
- Sie stellen realistische Erwartungen an eine Partnerschaft.
- Sie wünschen sich für ihren Partner das Gleiche wie für sich selbst.
- Sie geben der Beziehung Zeit zum Wachsen.
- Sie handeln sich und ihrem Partner gegenüber verantwortlich.
- Sie sind monogam.
- Sie räumen dem anderen einen wichtigen Platz in ihrem Leben ein.
- Sie nehmen das Leben ernst.
- Sie teilen das gleiche Wertesystem.

Denken Sie daran, während Sie zunehmend beziehungsfähiger werden, auch die Beziehungsfähigkeit Ihres Partners mit in Betracht zu ziehen. Ein Paar, in dem ein Partner beziehungsfähig, der andere aber nur ausgehfähig ist, kann keine dauerhafte Verbindung eingehen. Beide müssen sich in etwa auf gleicher Ebene befinden und bereit sein, sich bis zum Ende zu entwickeln. Sobald beide dort angekommen sind, gibt es wiederum drei Möglichkeiten, wie eine zukünftige dauerhafte Partnerschaft aussehen kann – Kamerad, geistiger Freund oder Seelenpartner (siehe auch Kapitel 15).

Seelische Beziehungsarbeit

Denken Sie daran, wenn Sie sich mit diesen Fragen befassen, dass Sie niemanden beziehungsfähig machen können. Ganz egal wie sehr Sie jemanden mögen oder auch lieben, können Sie niemanden dazu zwingen; die Änderung muss von selbst und aus dem Inneren heraus erfolgen und seine Wertvorstellungen widerspiegeln.

1. Sind Sie jetzt im Augenblick ausgeh- oder beziehungsfähig? Erstellen Sie eine Liste, auf Grund welcher Punkte Sie sich wo einordnen würden.
2. Möchten Sie beziehungsfähig werden? Was tun Sie dafür?
3. Überlegen Sie sich bei einem früheren oder jetzigen Partner, inwieweit dieser beziehungsfähig ist. Wo befindet er sich? Warum?
4. Kennen Sie ein Paar, das bereits seit vielen Jahren zusammen ist? Welche Fähigkeiten haben die beiden Partner, die sie beziehungsfähig machen?

Meditation

Ausgehfähig: *Ich weiß, dass ich gut mit anderen Menschen ausgehen und mich treffen kann. Wenn ich dazu bereit bin, will ich mich weiterentwickeln und beziehungsfähig werden.*

Beziehungsfähig: *Ich freue mich über meine Beziehungsfähigkeit und bereite mich weiterhin auf meinen Kameraden, geistigen Freund oder Seelenpartner vor, der ebenfalls darauf hinarbeitet, mich kennen zu lernen.*

23. Grundsätze

Grundsätze sind die Werte, die Ihre innere Überzeugung widerspiegeln und unverzichtbar sind, wenn Sie Ihren Kameraden, geistigen Freund oder Seelenpartner finden möchten. Sie repräsentieren sowohl seelische Qualitäten als auch Persönlichkeit. Sie können praktischen Sinn haben, wie zum Beispiel grundsätzlich keinen Raucher als Partner zu akzeptieren, und spirituellen, zum Beispiel sich einen Partner zu wünschen, der die eigene Verletzlichkeit deutlich macht.

Grundsätze bilden sich aus dem, was Sie schätzen, und dem, was Sie weiterbringt. Es sind Bedingungen, die tief in Ihrem Inneren verankert sind („Ich werde mich nie mit einem Menschen einlassen, der sich nicht gerne im Freien aufhält.") Es sind Bedingungen, die ihren Ursprung in Ihrem Herzen und Ihrer Seele haben. („Ich wünsche mir jemanden, mit dem ich vom ersten Moment an ein vertrautes Gefühl habe.")

In diesem Kapitel möchten wir Ihnen helfen, Ihre Grundsätze nicht nur zu definieren, sondern auch ganz klar darzustellen. Wenn Sie sich über Ihre Grundsätze nicht eindeutig im Klaren sind, werden Sie Ihr Ziel nicht erreichen. Auch nur einen Grundsatz zu verleugnen heißt, einen Großteil von sich selbst zu verleugnen. Auf eine Charaktereigenschaft zu verzichten bedeutet, sich mit jemandem zufrieden zu geben, der in der einen oder anderen Weise nicht den Vorstellungen entspricht. Ohne Klarheit fallen Sie leicht romantischen Illusionen anheim. Wenn Sie nicht ganz genau wissen, welche Eigenschaften ein zukünftiger Partner haben soll, sind Sie noch nicht bindungsfähig.

Seelische Bekanntschaften zu schließen ist ein Vorgang, der aus vielen einzelnen Schritten besteht. Das trifft ganz besonders auf Grundsätzliches zu. Die Schritte, die Sie auf den folgenden Seiten finden, sind so aufgebaut, dass Sie Ihnen ermöglichen, Ihre Grundsätze zu definieren und mit absoluter Sicherheit die Qualitäten zu verdeutlichen, die Sie bei einem Partner brauchen, um Ihre Partnerschaft erfolgreich zu führen – egal ob als Kameradschaft, geistige Freundschaft oder Seelenpartnerschaft. Arbeiten Sie diese Schritte langsam und bewusst durch.

Der elterliche Einfluss

Was erwarten und brauchen Sie von ihrem Partner?

Das Erste, was mir dazu einfällt, ist vielleicht nicht das, was Sie in Ihrem Innersten wünschen. Oberflächlich gesehen mag es einfach scheinen, eine Liste der Grundsätze zu erstellen. Aber alle, die sich nicht bewusst sind und die Schritte zu einer geistigen Partnerschaft nicht durchgearbeitet haben, laufen Gefahr, unvollständige oder sogar falsche Aussagen zu treffen.

Stellen Sie sich folgende Situation vor: Sie lernen jemanden kennen, der Sie umhaut. Die Anziehung ist immens, und das vom ersten Moment an. Früher oder später geht Ihnen jedoch auf, dass Sie einen gravierenden Fehler begangen haben. Es könnte sogar sein, dass aus den gleichen Gründen bereits frühere Partnerschaften zerbrochen sind.

Vielleicht haben Sie das Gefühl, sich über all die Ansprüche, die Sie an einen Partner stellen, die Haare raufen zu müssen. Lassen Sie's sein. Die meisten von uns machen dieselben Fehler, denn es ist nicht ungewöhnlich, sich seinen Traumpartner auszumalen. Grundsätze helfen uns, ein realistisches Bild zu zeichnen. Wenn wir die äußerlichen und inneren Werte, die uns anziehen, bestimmen, wird das Bild scharf.

Wir können unsere Grundsätze nicht festlegen, ohne den Einfluss zu bedenken, den unsere Eltern auf uns haben. Einigen von uns fällt es schwer, genau festzulegen, was wir uns von einem Partner wünschen, denn uns wurde in der Kindheit beigebracht, unsere Wünsche nicht ernst zu nehmen. Oder wir äußern auch Grundsätze, die das Wohlwollen unserer Eltern hervorrufen bzw. ihnen missfallen würden. Alle unsere Grundsätze wurden mehr oder weniger durch die Beziehungen in unserer Familie geformt.

Wir müssen uns bewusst werden, dass unsere Ansichten gegen die unserer Eltern stehen. Vielleicht stimmen sie überein; Ihre Eltern wünschen, dass Sie katholisch heiraten, und Sie möchten das auch. Es kann sein, dass Ihre äußerlichen Grundsätze sich decken, aber nicht Ihre seelischen.

Wir wissen nicht genau, was wir von einem Partner erwarten, wenn wir nicht zuerst herausfinden, welche Ansprüche unsere Eltern stellen würden. Um Ihnen das zu verdeutlichen, möchten wir hier Adriennes Erlebnisse vorstellen:

Adrienne, eine 39-jährige Rechtsanwältin und Sozia in einer bekannten Anwaltskanzlei, war vor einigen Jahren geschieden worden. Sie beschrieb ihre Erwartungen an einen Partner eher vage: „ ... gut aussehend, nett, gemeinsame Interessen." Sie konnte die Eigenschaften nicht genau definieren. Diese Unsicherheit hatte in einer fünfjährigen „Nichtehe" mit einem lieben, aber langweiligen Mann geendet, der leider zu viel trank. Seit der Scheidung hatte Adriennes Unfähigkeit, genau festzulegen, was sie sich wünschte, zu einer Serie charmanter, aber seelisch grausamer Männer geführt.

Als sich Adrienne in der elften Klasse des Gymnasiums befand, waren Schuhe mit Plateau-Sohlen der letzte Schrei. Als sie ihre Mutter um diese Schuhe bat, erwiderte diese: „Ach, die brauchst du nicht." Von Zeit zu Zeit, wiederholt und unterschwellig, weigerten sich Adriennes Mutter und Vater, ihre Bedürfnisse ernst zu nehmen. Als Erwachsene hatte Adrienne dann kein Vertrauen mehr in ihre Gefühle und entschuldigte sich sofort, wenn etwas sie emotional berührte.

Den Mann, den Adrienne heiratete, entsprach den Erwartungen ihrer Eltern und nicht ihren eigenen. Ihre Eltern hatten Angst vor starken, männlichen Individuen und zogen die vor, die sich unauffällig und passiv verhielten. Auch nach Adriennes Scheidung beeinflussten ihre Eltern noch ihre Partnerwahl. Sie wählte Männer, die das genaue Gegenteil von dem waren, was sich ihre Eltern für sie wünschten, und griff damit ebenfalls daneben.

Adrienne wird so die lange die verkehrten Männer wählen, bis sie an sich arbeitet und erkennt, was ihr an einem Partner wirklich wichtig ist.

Seelische Beziehungsarbeit

Stellen Sie sich vor, welchen Partner Ihre Eltern für Sie auswählen würden. Welche emotionalen, spirituellen, körperlichen und finanziellen Eigenschaften und anderen Attribute hätte er? Schreiben Sie es auf oder erstellen Sie eine Liste, auf der Sie zehn bis fünfzehn Punkte aufzählen. Ziehen Sie dabei sowohl die verbalen wie auch die nonverbalen Äußerungen in Betracht.

Meditation

Ich erkenne an, dass meine Eltern eine bestimmte Vorstellung von meinem Partner haben und dass sie das Beste für mich wollen und aus Liebe handeln. Trotzdem muss ich selbst herausfinden, was ich mir wünsche und wie ich mein Leben führen möchte.

Der gesellschaftliche Einfluss

Was wir von einem Partner erwarten und brauchen, hängt auch von gesellschaftlichen Vorgaben ab. Soziale Normen veranlassen uns, nach Männern Ausschau zu halten, die dem „starken schweigsamen Mann" oder der „zarten und anlehnungsbedürftigen Frau" entsprechen. Wir glauben, dass wir uns diese Idealmenschen wünschen, weil uns das durch die Gesellschaft suggeriert wird. Je nach Alter und Geschlecht sind wir unterschiedlichen Vorbildern ausgesetzt; dem femininen und sensiblen Mann oder der „Superfrau".

Erschwerend wirkt zudem auch der Geschlechterkampf. Viele von uns wurden noch in dem Glauben erzogen, dass die Unterschiede zwischen Männern und Frauen unüberwindbar sind. Wir wurden bombardiert damit, dass die Differenzen zwischen den Geschlechtern so groß sind, dass sie niemals überwunden werden können. Anstatt dass wir versuchen, die Andersartigkeit zu verstehen und zu schätzen, vernebeln wir unseren Blick. Diese falschen Vorgaben und Grundsätze behindern uns in der Erstellung unserer Prioritätenliste.

Seelische Beziehungsarbeit

*Wir können mithilfe der folgenden Übung lernen, gesell-
schaftliche Vorgaben von unseren eigenen Bedürfnissen und
Wünschen zu unterscheiden. Lesen Sie die unten aufgeführte Liste
mit den gebräuchlichsten gesellschaftlichen Meinungen über
geschlechtsspezifische Eigenschaften. Welche davon kommen
Ihnen bekannt vor? Welche weiteren Ansichten beeinflussen Ihre
Gedanken hinsichtlich sich selbst und dem anderen Geschlecht?*

- Männer sind klüger als Frauen.
- Frauen sind zu emotional.
- Männer weinen nicht.
- Frauen nerven.
- Männer können besser mit Geld umgehen.
- Frauen kümmern sich besser um die Familie.
- Männer sind ehrgeiziger und karriereorientierter.
- Frauen kümmern sich mehr um Beziehungen als Männer.
- Männer sollten die Brotverdiener sein.
- Frauen sollen nie einen Mann zuerst anrufen.
- Männer sollten immer zahlen.
- Frauen wollen alle heiraten.
- Männer legen sich nicht fest.
- Frauen brauchen weniger Sex als Männer.
- Männer wollen alle nur Sex.
- Männer und Frauen führen einen Machtkampf.

Meditation

*Ich erkenne die Unterschiede zwischen Männern und Frauen an
und werde größeren Respekt und Bewunderung für das andere
Geschlecht haben.*

Legen Sie Ihre Wertvorstellungen und Bedürfnisse fest

Sobald Sie den Druck, den Eltern und Gesellschaft auf Sie
ausüben, erkannt haben, sind Sie in der Lage, sich mit Ihren
eigenen Bedürfnissen und Wertvorstellungen auseinander zu

setzten. Überlegen Sie sich, wie Ihr Leben ohne einen Partner aussehen würde. Das mag Ihnen merkwürdig erscheinen – immerhin wurde die Mehrheit von uns in dem Glauben erzogen, dass nur eine Beziehung zu einem Mann oder einer Frau uns wirkliches Glück, erzogen. Aber wenn Sie sich selbst nur in einer Beziehung sehen, bedeutet das, dass Sie Ihr Wohlergehen in die Hände eines anderen Menschen legen.

Bevor Sie sich an einen Partner binden, sollten Sie wissen, wer Sie sind, und einen Lebensentwurf haben. Sie finden niemanden, der Sie unterstützt, wenn Sie nicht zuerst selbst Ihren Charakter und Ihre seelischen Bedürfnisse und Eigenschaften kennen. Manchen Menschen fällt es als Single schwer, sich selbst kennen zu lernen; sie legen ihr Leben auf Eis und warten, bis sie jemanden finden, den sie lieben. Sie verreisen nicht, kaufen keine neuen Möbel und engagieren sich nicht in der Gesellschaft. Oder schlimmer noch: Sie weigern sich, sich selbst kennen zu lernen, Wichtiges in ihrem Leben zu erkennen und herauszufinden, was sie weiterbringt. Das ist ein sehr unvernünftiges Verhalten.

Single zu sein ist keine Entschuldigung dafür, sein Leben – innerlich und äußerlich – nicht selbst in die Hand zu nehmen. Auf diese Weise wird man zum Beobachter und nimmt nicht mehr selbst am Leben teil. Indem man sich Ziele setzt sowie Interessen und Bedürfnisse festlegt, kann man durchaus ein reiches und zufriedenes Leben genießen. Dass sich oft durch diese Selbstfindung auch noch der richtige Partner einstellt, ist nur eine tolle Zugabe.

Kehren wir zu Adrienne zurück und schauen uns an, wie sie ihre Probleme in den Griff bekommen hat. Wir baten sie, uns das Leben, das sie sich wünschte, zu beschreiben; uns einen Eindruck ihrer Hoffnungen und Träume zu vermitteln, unabhängig von einem Partner. Sie sollte bei der Beschreibung alle Aspekte ihres Lebens bedenken, sowohl die „Sein"- wie auch die „Machen"-Aktivitäten mit einbeziehen und hier ist ihre Antwort:

Ich würde gerne in einem warmen und sonnigen Land leben. Der Winter deprimiert mich. Mein Haus müsste Ruhe ausstrahlen, von Bäumen umgeben sein und inmitten von Feldern liegen. Ich hätte gerne zwei Kinder und ein Kindermädchen, das sich um sie kümmert, denn ich glaube nicht, dass ich die Kinder alleine versorgen könnte. Ich habe Angst davor, so wie meine Mutter zu werden – extrem in Liebe und Wut. Deshalb habe ich auch keine Kinder ..., aber wenn mir jemand helfen würde .... Ich würde weiterhin als Anwältin arbeiten, aber ich würde mich mehr um die Belange und Interessen von Frauen kümmern. Finanziell würde es mir so gehen wie jetzt; drei Mal im Jahr verreisen können und immer noch genug zum Sparen haben. ... Ich würde mich gerne ehrenamtlich betätigen und vielleicht in einer Theatergruppe mitmachen – das habe ich seit meinem Abitur nicht mehr gemacht. Ich glaube, ich muss mich mehr um meine eigentlichen Bedürfnisse kümmern ...

Obwohl Adrienne gerne Anwältin war, blieben doch viele ihrer Wünsche unerfüllt. Sie lebte in einer großen Stadt (Chicago), in einer Gegend, wo das Wetter alles andere als sonnig und warm war, hatte keine Zeit, um ihren Interessen nachzugehen (Zeit für sich selbst eingeschlossen), und hatte weder ein Ehrenamt noch befasste sie sich mit Frauenfragen. Ihr Leben war unausgewogen und nicht so, wie sie es sich eigentlich wünschte.

Wir schlugen Adrienne deshalb vor, dass sie sich überlegen sollte, wie sie ihr Ziel erreichen könnte, und nannten ihr eine Reihe von Maßnahmen, die ihr dabei helfen würden:

- Sich in die Niederlassung der Kanzlei in Miami oder Los Angeles versetzen lassen
- Herauszufinden, auf welchem Gebiet sie sich am besten für die Rechte von Frauen einsetzen könnte
- Frauengruppen rechtlich beraten
- Zu lernen, mehr Arbeit an ihre Mitarbeiter zu delegieren, damit sie mehr Freizeit zur Verfügung hätte.

Seelische Beziehungsarbeit

1. Schreiben Sie wie Adrienne einen Bericht, in dem Sie Ihr Leben nach Ihren Wünschen beschreiben.
2. Erfüllen sich Ihre Träume und Wünsche? Wenn nicht, was könnten Sie dagegen tun?

Meditation

Ich werde alle Möglichkeiten, die sich mir bieten, in Erwägung ziehen, um mein Leben zu bereichern, meine Fähigkeiten zu erweitern und meine Chancen zu vergrößern. Ich werde die Träume und Wünsche, die realistisch sind, verwirklichen.

Der Richtige: Erste Eindrücke

Es kostet innere Arbeit, das, was Sie vom Leben erwarten, mit den Ansprüchen an einen Partner in Übereinstimmung zu bringen. Sie müssen eine Verbindung zwischen beidem herstellen, was anfangs vielleicht nur schlecht gelingt. Das macht nichts. Sich selbst kennen zu lernen braucht Zeit und Sie sollten dafür Geduld aufbringen. Sie haben später noch genügend Gelegenheiten, einen genaueren Steckbrief Ihres Wunschpartners zu entwerfen.

Adrienne hatte einige Schwierigkeiten, ihre Anforderungen an einen Mann aufzulisten. Wir rieten ihr, die emotionalen, praktischen und spirituellen Seiten, die ihr ein Leben nach ihren Vorstellungen ermöglichen würden, zu berücksichtigen. Sie erstellte folgende Liste:

- Bereitschaft, umzuziehen
- Gesunde Lebensart
- Gut gekleidet
- Guter Beruf
- Gute Ausbildung
- Kinderwunsch
- Humorvoll
- Emotionale Nähe

- Verantwortlichkeit für sich und sein Wohlergehen
- Kann über Gefühle sprechen
- Sozial engagiert
- Macht Sachen, die ihm Spaß machen
- Frauen gegenüber positiv eingestellt
- Unterstützt mich und meine Berufstätigkeit

Seelische Beziehungsarbeit

Gehen Sie zum letzten Absatz über seelische Beziehungsarbeit zurück und betrachten Sie nochmals die Dinge, die Sie als wichtig für Ihr Leben bezeichnet haben. Beantworten Sie sich die Frage: „Was für einen Partner brauche ich, damit meine Vorstellungen erfüllt werden?" Ziehen Sie dabei sowohl die Persönlichkeit als auch die Charaktereigenschaften Ihres Partners in Betracht und schreiben Sie alles auf.

Meditation

Ich stelle mir die Eigenschaften vor, die ich in einem Partner finden möchte.

Voraussetzung: ein prüfender Blick

Nun ist es soweit, dass Sie Ihren ersten Versuch wagen können, Ihre Grundsätze genau zu definieren. Grundsätze – das sind die Ansprüche, die Sie an die Seele und Persönlichkeit eines möglichen Partners stellen. Sie hängen von Ihren Wertvorstellungen ab.

Es wird nicht leicht. Oft wissen wir nicht genau, wie unser Partner sein soll. Erstellen wir eine allgemeine Liste unbedingt notwendiger Eigenschaften – „ein netter Mensch", „erfolgreich", „zuvorkommend" –, werden wir keinen Erfolg haben, den einen Menschen, den wir wollen, anzuziehen und zu finden.

Genaue Vorstellungen sind unabdingbar. Unsere Chancen, zu wissen, wer der richtige Partner ist, erhöhen sich umso mehr, je genauer wir wissen, was wir wollen. Ebenso verhindern unsere Voraussetzungen, dass wir uns mit jemandem abgeben, der nicht zu uns passt. Spirituell gesehen werden Grundsätze zu Energie und ziehen ihrerseits wieder Energie an. Sobald wir genau wissen, was wir wollen, tauchen die dazu passenden Menschen in unserem Leben auf.

Vage Vorstellungen verführen zu romantischen Illusionen. Weil wir nicht genau wissen, was wir brauchen und wollen, sind wir für Tagträume anfällig und geben uns Liebesgeschichten à la Hollywood hin. Wir wünschen uns jemanden, der „gut aussehend und dunkelhaarig" ist, oder glauben an Liebe auf den ersten Blick.

Grundsätze sind eine ernste Angelegenheit. Es geht hierbei nicht um eine Wunschliste oberflächlicher Eigenschaften und Erwartungen, sondern Sie sollen die Seele und Persönlichkeit, ohne die Sie keine Partnerschaft führen können, verdeutlichen. Es gibt auch keine richtigen oder falschen Eigenschaften, sondern das, was Sie in einem Menschen suchen, hängt ausschließlich von Ihnen selbst ab. Vielleicht stellen Sie auch Ansprüche, die andere Menschen als lächerlich oder dumm bezeichnen würden. „Er muss meine zwei Katzen und den Hund lieben", klingt vielleicht für denjenigen merkwürdig, der keine Tiere mag. Für einen anderen Menschen ist es möglicherweise eine Grundvoraussetzung. Lassen Sie sich nicht davon beeindrucken, was anderen wichtig erscheint, sondern finden Sie heraus, was für Sie wichtig ist, und geben Sie sich auch nicht mit weniger zufrieden. Wenn Sie Ihre Grundsätze aufgeben, verlieren Sie damit einen Teil Ihres Selbst.

Ebenso wichtig ist es, seelische Eigenschaften und Persönlichkeit zu berücksichtigen. Die meisten Menschen konzentrieren sich in ihren Ansprüchen an einen Partner zu sehr auf äußerliche Qualitäten wie Aussehen, Beruf und Hobbys. Die Gesellschaft gibt uns das so vor und es ist auch einfacher, mehr nach äußerlichen als nach innerlichen Anforderungen zu gehen. Aber vernachlässigen Sie Ihre emotionale und seelische Seite nicht! Diese führt Sie eher zu Ihrem Seelenpartner, als es die Äußerlichkeiten tun, und verhelfen manchmal sogar zu einer ganz anderen Sichtweise. Zum Beispiel wollte Jeff damals, als er Basha kennen lernte, eine Freundin haben, die jünger ist als er. Als er dann auf seine innere Stimme hörte, fand er heraus, dass er sich eigentlich eine Partnerin wünschte, die von ihrer Einstellung her jung war. Da Jeff eher auf sein Gefühl hörte, ließ er sich auf Basha ein, die fast so alt ist wie er.

Wenn Sie sich unsicher sind, in welche Kategorie eine Voraussetzung einzuordnen ist – äußerlich oder innerlich –, machen Sie den „Warum"-Test. Fragen Sie sich, warum Ihnen etwas wichtig erscheint. Wenn die Antwort sich auf äußerliche Eigenschaften bezieht („Ich wünsche mir jemanden, der ins Theater, auf Vernissagen und in die Oper geht, weil ich gerne unter Menschen bin"), ist die Persönlichkeit angesprochen; bezieht sich die Antwort mehr auf innere Werte („Ich wünsche mir jemanden, der ins Theater, auf Vernissagen und in die Oper geht, weil Kunst ein Teil von mir ist"), ist es ein Seelenbedürfnis.

Wir haben herausgefunden, dass sich die Ansprüche der meisten Menschen in bestimmte Kategorien einteilen lassen. Es ist nicht die einzige Möglichkeit, die Ansprüche, die Sie stellen, zu ordnen, und auch kein vollständiges System, aber es unterstützt beim Beginn. Stellen Sie weitere Kategorien auf, wenn Sie Bedarf haben, oder streichen Sie die weg, die Sie nicht brauchen. Die meisten Menschen haben auf jedem Gebiet mindestens einen Anspruch. Bedenken Sie sorgfältig, welche Ansprüche Sie an einen Partner stellen, der Sie unterstützt, und auf was Sie lieber verzichten möchten. Im Folgenden finden Sie einige Vorschläge:

Kategorien grundsätzlicher Ansprüche

▪ *Beruf:*
Ausbildung
Einkommen
Einsatz – Zeit, Ziele, Mitwirkung, Zufriedenheit
Arbeitsgebiet – Arbeiter, Angestellter
Reisen – wie oft

▪ *Kommunikationsstil:*
Offen/kritisch
Direkt/indirekt
Intellektuell/emotional
Verbal/nonverbal

▨ *Emotionalität:*
Bewusst/unbewusst
Konfliktfähig
Emotionale und psychische Arbeit gemacht – Heilung
Mitreißend/zurückhaltend
Selbstständig/abhängig
Vertrauend
Kompetent/inkompetent
Laut/ruhig
Launisch
Unabhängig
Optimistisch/pessimistisch
Planend/spontan
Selbstvertrauen
Humorvoll

▨ *Familie, Freunde, Haustiere:*
Kinder (wie viele, eigene oder adoptierte, Sorgerechtsfragen ... usw.)
Weitere Familienangehörige
Freunde/soziales Umfeld
Haustiere (Art, Haltung, Unterbringung, Reisen)

▨ *Finanzielles:*
Konten, Anlagen
Bezahlung
Schulden (Kreditkarten, Kredite, Hypotheken)
Ausgaben (sparsam/großzügig)

▨ *Gesundheit:*
Süchte (Alkohol, Drogen, Essen, Spielen, Arbeiten)
Essen
Alkohol
Medikamente (Missbrauch/Verschreibung)
Energie
Sport (Art, Zeitaufwand)
Aids (positiv/negativ)
Arztbesuche (Häufigkeit, Gesundheitsvorsorge)
Krankheiten (Krebserkrankung, Bluthochdruck ... usw.)
Psychisches Wohlbefinden

Schlafgewohnheiten (Stunden, Frühaufsteher, Nachteule)
Rauchen

Interessen, Hobbys:
Kunst – Kunstobjekte, Musik, Theater, Filme, Fernsehen
Ehrenamt
Tanzen
Ausgehen/kochen
Umwelt/Natur
Hobbys – Fotografie, Spiele, Sammeln ... usw.
Lesen
Sport – aktiv oder passiv
Reisen – Urlaub (Häufigkeit, Art)
Workshops und Seminare

Äußerliches:
Alter
Aussehen
Größe/Gewicht
Persönliche Schönheitsvorstellungen
Hygiene

Beziehungsart:
Geschlechterrollen
Persönliches/spirituelles Wachstum – seines/ihres
Erfüllung der Bedürfnisse – emotional, körperlich, geistig,
seelisch
Zeit zusammen/Zeit alleine

Sexuelle Ansprüche:
Empfängnisverhütung (Einstellung, bevorzugte Methoden,
sicherer Sex)
Hetero, Bi, Homo
Monogam/offene Partnerschaft
Körperliche Zärtlichkeit
Verspielt
Romantisch
Sinnlich
Beischlaf (Häufigkeit)
Konservativ/experimentierfreudig

▨ *Soziales und Kulturelles:*
Öffentliches Engagement
Politische Einstellung
Rasse/ethnische Zugehörigkeit

▨ *Spirituelles:*
Verbindung zum Universum und einem höheren Bewusstsein
Fünf Sinne/Mehrsinnlichkeit
Geistiger Lebensstil
Verständnis für Sinn und Daseinszweck – hier, um zu lernen
Hört mehr auf Herz und Intuition als auf Verstand und Intellekt
Wertvorstellungen

Adrienne bemühte sich sehr, ihre Anforderungen zu definieren. Mit den Kategorien, die wir ihr vorschlugen, erstellte sie die folgende Liste:

Adriennes erste Liste der Bedingungen

▨ *Beruf:*
Studium
Längere Zeit beim gleichen Arbeitgeber
Zielstrebig

▨ *Kommunikationsstil:*
In der Lage, schwierige Themen ruhig zu besprechen

▨ *Emotionales:*
Nicht gierig und ungeduldig
In der Lage, seine Gefühle zu erkennen und auszudrücken
Ruhig
Introspektiv
Unterstützt mich in meinem Beruf
Humorvoll
Offen und vorurteilsfrei bezüglich ethnischer Zugehörig-

keit, Geschlecht, sexuellen Vorlieben
Planer, gut organisiert

▪ *Familie, Freunde, Haustiere:*
Guter Kontakt zu seiner Familie
Kinderwunsch (ein bis zwei Kinder)
Bereit, ein Kindermädchen einzustellen
keine eigenen kleinen Kinder oder Sorgerecht für ältere
Kinder
Katzenliebhaber

▪ *Finanzielles:*
Angemessener Lebensstil
Ausgaben ist gleich Einnahmen

▪ *Gesundheit:*
Nichtraucher
Nichttrinker
regelmäßiger Sport
mittleres bis höheres Energieniveau
bereit umzuziehen, in einem Vorort zu leben

▪ *Interessen und Hobbys:*
Mag Sport und ist aktiv
Geht gerne in Theater/Kino
Genießt Reisen

▪ *Äußerliches:*
Legt Wert auf sein Äußeres
Saubere, ordentliche Kleidung
Jugendliches Aussehen

▪ *Beziehungstyp:*
Will an einer Beziehung arbeiten
Sieht Frauen positiv
Denkt nach
Will sowohl mein Freund als auch Liebhaber sein

▪ *Sexuelle Ansprüche:*
Sensibel und liebevoll

Romantisch; macht Geschenke
Monogam
Durchschnittliches sexuelles Bedürfnis

▨ *Soziales und Kulturelles:*
Informiert sich über Politik und Aktuelles
Liberal, offen für soziales Engagement

▨ *Spirituelles:*
Arbeitet ehrenamtlich

Seelische Beziehungsarbeit

In dem Maß, wie Sie neue Menschen kennen lernen und geistig wachsen, müssen Ihre Ansprüche überdacht und aktualisiert werden.

1. Denken Sie über die verschiedenen Kategorien sowie über Adriennes Liste nach. Welche Bedürfnisse müsste Ihr Lebenspartner erfüllen? Erstellen Sie Ihre erste Liste. Sind wirklich alle Punkte Grundsätzliches? Haben Sie ein Gleichgewicht zwischen inneren und äußeren Werten? Spiegeln sie Ihre Partnerwahl wider – Kamerad, geistiger Freund oder Seelenpartner?
2. Nutzen Sie die Unterpunkte der verschiedenen Kategorien als Leitfaden und verzichten Sie auf Eigenschaften, die nicht wirklich wichtig sind. Nehmen Sie dafür Dinge auf, die Sie vorher nicht in Betracht gezogen haben.
3. Die meisten Menschen haben mindestens einen Grundsatz in jeder Kategorie. Haben Sie insgesamt weniger als 20 bis 25 heißt das, dass Sie sich über sich selbst und das, was Ihnen wichtig ist, nicht im Klaren sind. Übersteigen Ihre Bedingungen 75, sind Sie nicht realistisch und haben wahrscheinlich schon aufgegeben, den für Sie passenden Partner zu finden. Hängen Sie sich nicht daran auf, welcher Kategorie Sie einen bestimmten Punkt zuordnen. Hauptsache, die Bedingung steht da.

4. Eine andere Art, Ihre Ansprüche festzulegen, ist, eine
    doppelte Liste zu erstellen. Schreiben Sie in eine Spalte:
    „Bedingungen" und in eine zweite Spalte „Wünsche". Fra-
    gen Sie sich bei jedem Punkt, ob es sich um ein Muss han-
    delt oder um eine nette Zugabe. Alles, was nicht lebens-
    wichtig ist, gehört in die zweite Spalte.

Meditation

*Ich trage die Verantwortung für meine Ansprüche. Ich verdiene
das, was ich haben möchte.*

Grundsätze: Erweitern Sie Ihre Liste

Seien Sie beim Erstellen Ihrer Liste genau und beschreiben Sie
gut. Viele unserer Klienten sagen, Sie möchten jemanden
„Erfolgreiches". Wir fragen dann: „Was verstehen Sie darunter?"
Mit anderen Worten: Was muss jemand erreicht haben, um in
Ihren Augen erfolgreich zu sein? Welchen Lebensstil hätte er?
Wie viel Geld? Welches Benehmen?

Wir müssen unsere Ansichten überprüfen und uns selbst bei
Ausdrücken wie „attraktiv" und „aufmerksam" festnageln. Nur
wenn wir die Allgemeinplätze verlassen und uns kritisch fragen, können wir erkennen, was wirklich wichtig ist und auf
was wir bei einem anderen Menschen achten müssen.

Adrienne musste noch eine Reihe ihrer Bedingungen abän-
dern. Eine der Eigenschaften in der Kategorie „Emotionales"
war „introspektiv". Das folgende Gespräch ist eine kurz ge-
fasste Version der Befragung, die Adrienne half, den Ausdruck
„Introspektion" sowie ihre Bedürfnisse besser zu definieren.

Wir: Bedeutet „introspektiv" für dich, dass jemand viel
über sich selbst nachdenkt?

Adrienne: Nein, eigentlich nicht. Damit meine ich eher,
dass jemand viel über die wichtigen Dinge seines Lebens
nachdenkt.

Wir: Willst du damit sagen, dass du niemanden möchtest, der
oberflächlich ist?

Adrienne: Ja schon, aber das trifft auch nicht genau zu. Ich bin schon mit einigen Männern ausgegangen, die sich sorglos durchs Leben schlugen und keine Ahnung davon hatten, wer sie waren oder welchen Eindruck sie auf andere machten. Aber ich möchte auch keinen grüblerischen, selbstbezogenen Mann.

Wir: Versuche zu beschreiben, wie sich dein Wunschpartner verhalten würde. Mag er Yoga und Meditation? Oder möchtest du jemanden, der bereits eine Therapie gemacht hat?

Adrienne: Ich glaube, ich wünsche mir jemanden, der seine Gefühle ausdrücken kann, und es ist mir eigentlich egal, ob er eine Therapie gemacht hat, meditiert oder ...

Adrienne strich „introspektiv" von ihrer Liste und ersetzte es durch: „seinen Gefühlen verbunden".

Seelische Beziehungsarbeit

Überarbeiten Sie Ihre Liste. Wahrscheinlich möchten Sie weitere Eigenschaften hinzufügen. Denken Sie sorgfältig nach, welche seelischen und persönlichen Qualifikationen für Sie wichtig sind. Wie wirken sich Ihre Bedingungen im Leben aus? Beschreiben Sie genau. Wie würden Sie Ihre Grundsätze anderen Menschen beschreiben? Die folgenden Übungen können Ihnen helfen:

1. Schreiben Sie alle Ihre vergangenen Beziehungen auf. Was funktionierte daran? Was nicht?
2. Fragen Sie ein oder zwei Paare, deren Beziehung (Kameradschaft, geistige Freundschaft oder Seelenpartnerschaft) Sie bewundern, auf welche Eigenschaften sie bei ihren Partnern Wert gelegt haben und warum ihre Partnerschaft so ist wie jetzt.
3. Überdenken Sie Ihre Freundschaften mit Angehörigen des gleichen oder anderen Geschlechts. Gibt es ähnliche Eigenschaften bei Menschen, die Sie bewundern, und denen, mit denen Sie Umgang haben? Was mögen Sie an den Leuten? Was nicht?
4. Achten Sie auf Ihre Lebensweise. Wann essen Sie? Wann gehen Sie zu Bett? Wann arbeiten Sie? Sind Sie eine Nachteule oder ein Frühaufsteher? Ordentlich oder ein

Chaot? In welchen Bereichen Ihres Lebens sind Sie flexibel und wo beharren Sie auf Ihren Vorstellungen? Ist Ihr Leben in den „Seins"- und „Machen"-Bereichen ausgeglichen?

Meditation

Je besser ich meine Ansprüche kenne, desto eher werde ich meinen Kameraden, geistigen Freund oder Seelenpartner finden.

Ansprüche: Feinabstimmung

Sie haben es verdient, einen Partner zu finden, der Ihren Ansprüche entspricht. Es steht Ihnen frei, so lange keine Beziehung einzugehen, bis Sie jemanden gefunden haben, der Ihrem Wertesystem entspricht. Früher oder später haben Sie Erfolg, wenn Ihre Ansprüche genau, deutlich und vollständig formuliert sind.

Der letzte Schritt dieses Abschnitts soll Ihnen helfen, die Eigenschaften auf Ihrer Liste zu erweitern und zu klären. Nutzen Sie Ihre Beschreibungen vergangener Beziehungen aus der vorigen Übung zur seelischen Beziehungsarbeit, um Ihre Liste zu überarbeiten. Die Schwierigkeiten und Chancen, die sich in vergangenen Partnerschaften ergaben, sind eine gute Grundlage, um Ihre Bedingungen genau unter die Lupe zu nehmen. Sie können aus der Vergangenheit wertvolle Hinweise erhalten und daraus für die Zukunft lernen.

Denken Sie daran, dass Ihre Aufstellung nicht endgültig ist. Beim Ausgehen können Sie die Realitätsbezogenheit Ihrer Anforderungen überprüfen. In der Praxis (Ausgehen) haben Sie die optimale Chance dazu.

Adrienne unterzog ihre Liste einer sorgfältigen Überprüfung und fügte weitere Details sowie weitere Ansprüche hinzu. Dabei waren ihre Erfahrungen aus der Vergangenheit eine große Hilfe. Da Frauenthemen ein wirkliches Anliegen von Adrienne waren und sie sich mit Männern eingelassen hatte, die ihr Selbstwertgefühl zerstörten, war ihr klar, dass sie einen Partner wollte, der Frauen respektierte. Als wir von ihr wissen wollten, wie sie so jemanden erkennen könne, sagte sie, dass der Umgang eines Mannes mit seiner Mutter ein guter Hinweis wäre. „Ich habe den Eindruck, dass viele der Männer, mit denen ich ausging, ihre Mutter hassten. Ich glaube, es ist vorteilhaft, auf jemandem zu bestehen, der ein gutes Verhältnis zu seiner Mutter hat."

Nach reichlicher Selbstüberprüfung und vielen Treffen erkannte Adrienne, dass sie nach einem Kameraden auf dem Weg zu einem Seelenpartner suchte, und erstellte folgende überarbeitete Liste:

Adriennes überarbeitete Liste ihrer Ansprüche an einen Mann

▪ *Beruf:*
Mindestens ein Diplom
Geregelte Arbeits- und Einkommensverhältnisse
Versteht, dass Erfolg wichtiger ist als Verdienst
Kann weniger als ich verdienen, aber ist finanziell unabhängig und lässt sich nicht von meinem Gehalt beeindrucken
Seine Arbeit bedeutet ihm etwas und er liebt sie

▪ *Kommunikation:*
Kann emotionale Themen ruhig diskutieren
Meine Verletzlichkeit in einigen Bereichen fällt nicht negativ auf mich zurück
Ist offen für alle Themen

▪ *Emotionales:*
Unterstützt mich in meinem Beruf
Erkennt an, dass mein Beruf zeitintensiv und für mich wichtig ist
Erwartet nicht, dass ich jeden Abend rechtzeitig nach Hause komme oder öfter als zwei Mal pro Woche koche
Ist bereit, an gesellschaftlichen Veranstaltungen meiner Kanzlei teilzunehmen
Macht keine bissigen, herabsetzenden oder unterschwelligen Bemerkungen über meine Arbeit

Zeigt nicht bereits zu Beginn unserer Bekanntschaft Unsicherheit

Beschuldigt niemand anders für seine Probleme

Geht nicht sofort davon aus, dass wir eine Beziehung haben, nur weil wir uns ein paar Mal zum Essen getroffen haben

Erkennt und drückt seine Gefühle aus

Verbalisiert sein Glück, seine Trauer ... usw.

Ist bereit, über das, was ihn stört, zu sprechen

Spricht über seine Gefühle und Emotionen

Bleibt körperlich auch bei komplexen Themen ruhig (geht nicht auf und ab, knetet nicht seine Hände ... usw.)

Bleibt ruhig

Ist nicht passiv-aggressiv, um eine Situation oder unsere Beziehung zu beherrschen

Macht keinen Aufstand

Übernimmt Verantwortung und gibt nicht mir die Schuld

Ist introspektiv

Denkt über die Ursachen seiner seelischen Verfassung nach

Weiß, inwieweit seine Familie sein Leben positiv und negativ beeinflusst hat

Kann seine Gefühle so ausdrücken, dass auch ich sie verstehen kann – nicht nur durch Schlagworte

Ist offen

Macht keine abwertenden Bemerkungen über Herkunft, Geschlecht oder sexuelle Präferenzen anderer Menschen, macht keine rassistischen Witze

Plant und organisiert gut

Familie, Freunde, Haustiere:

Mutter (hat ein gutes Verhältnis zu ihr)

Trifft sich gerne mit ihr

Hängt sehr an ihr, ohne von ihr unterdrückt zu werden (unabhängig davon, ob sie lebt oder bereits verstorben ist)

Spricht gut über sie

Denkt an ihren Geburtstag und schenkt ihr etwas

Weitere Familienmitglieder siehe oben

Ist mit einem Kindermädchen einverstanden

Mag Katzen

Kinder
Hat kein alleiniges Sorgerecht für Kinder, hat keine Kinder
unter zwölf Jahren
Hat zu seinen Kindern guten Kontakt (uneigennützig)
Hat keine außergewöhnlichen emotionalen oder finanziellen Belastungen durch seine Kinder (Drogenabhängigkeit,
gravierende körperliche oder geistige Gebrechen)
Ist bereit, mindestens ein Kind mit mir zusammen zu haben

Finanzielles:
Lebt seinen Verhältissen angemessen
Spart jeden Monat einen Teil seines Gehalts, ist aber bereit, für sich und mich zu investieren
Zahlt seine Kreditkartenabrechnung monatlich und hat
keine Schulden, die nicht vernünftig und stressfrei ohne
Einbußen an unserer Lebensqualität abgezahlt werden
können (Auto, Hypothek ... usw.)

Gesundheit:
Nichtraucher
Trinkt in angemessenem Umfang (0-2 Getränke bei gesellschaftlichen Anlässen, hin und wieder ein Glas zum
Abendessen)
Geht regelmäßig einem Sport nach (Joggen, Radfahren,
Fitness-Center zwei bis drei Mal die Woche in angemessenem Umfang)
Hält Diät (wenig Fleisch, Frittiertes, Fett, Salz und Zucker), ist kein zwanghafter Esser
Achtet auf geistige Gesundheit, indem er sich ausreichend
Freizeit gönnt
Macht regelmäßig Gesundheitscheckups
Mittleres bis höheres Energieniveau
Bereitschaft, umzuziehen und in einem Vorort einer Großstadt zu leben

Interessen und Hobbys:
Mag Sport und ist aktiv
Geht gerne ins Theater und ins Kino

Schätzt „Seins"- Aktivitäten, wie zum Beispiel Meditation und Yoga
Liest gerne und besucht Seminare zur persönlichen Weiterentwicklung
Reist regelmäßig

Äußerliches:
Saubere, ordentliche und modische Kleidung
Keine veralteten oder merkwürdigen Vorlieben
Zieht sich passend an, wenn er mich auf gesellschaftliche Veranstaltungen meiner Kanzlei begleitet (zum Beispiel einen Anzug)
Ist maximal fünf Jahre jünger bis zehn Jahre älter als ich (abhängig von Gesundheit, Reife)
Nicht mehr als 10 bis 15 kg Übergewicht

Einstellung zu Partnerschaft:
Respektiert Frauen
Hält Frauen für fähige Wesen
Verweist eine Frau nicht „auf ihren Platz"
Kann die Persönlichkeit einer Frau beschreiben und nicht nur ihr Äußeres
Ist bereits für zuvorkommendes Verhalten gegenüber Frauen bekannt
Spricht von früheren Freundinnen oder Frauen nicht schlecht
Geht nicht fremd, ist monogam
Braucht Frauen nicht zu seiner Selbstbestätigung (prahlt nicht mit seinen Leistungen im Bett)
Bekennt sich zu unserer Beziehung
Redet über positive und negative Aspekte
Zieht sich nicht regelmäßig aus der Beziehung zurück
Trägt zur Problemlösung bei
Ist bereit, für das Funktionieren der Partnerschaft Zeit zu investieren, und überlässt sie nicht dem Zufall
Ist mir sowohl ein romantischer Freund als auch ein Liebhaber
Weiß, worauf es in einer Freundschaft ankommt (Zeit, Verständnis, Unterstützung, Fähigkeit zum Zuhören)

Hat zwei oder mehr alte Freunde
Weiß, dass Partnerschaft mehr als nur Sexualität ist

▓ *Sexualität:*
Hat ein normales Verlangen nach mir
Ist zärtlich und liebevoll, aber trotzdem erotisch
Zeigt mir mit Worten und Taten, dass ich ihm am Herzen
liege (erfüllt mir kleine Gefallen, lädt mich manchmal ein-
fach so ein ... usw.)
Denkt an meinen Geburtstag und beschenkt mich überlegt
Kann umarmen und küssen und macht es auch
Mag Vorspiel und stört sich nicht an Oralsex
Befriedigt meine sexuellen Bedürfnisse und verbalisiert
seine
Ist bereit, Neues zu versuchen
Zieht sich nicht zurück, wenn er sich ärgert
Nimmt meinen Körper ohne Vorbehalte an

▓ *Soziales und Kulturelles:*
Politisch moderat und liberal, offen für soziale Aktivitäten
Kann sich über bekannte Literatur, Theateraufführungen,
und berühmte Schriftsteller, Geschichte und Politiker un-
terhalten
Hält sich politisch und kulturell auf dem Laufenden

▓ *Spirituelles:*
Arbeitet aktiv in einem Ehrenamt
Seele und Persönlichkeit sind miteinander verbunden
Schätzt immaterielle Werte

Marvs Liste ist ein weiteres Beispiel gut durchdachter Bedingungen. Sie unterscheidet sich von Adriennes, denn
Marv hat viel Zeit verbracht, um an sich zu arbeiten und
nach den sieben geistigen Weisheiten zu leben, er bemüht
sich um eine Seelenpartnerschaft.

Marvs Bedingungen und Vorlieben

▦ *Persönlichkeit und geistige Orientierung:*
Diese Frau liebt das Leben und das sieht man! Sie strahlt
eine Lebensfreude aus, die sich in vielen Dingen wider-
spiegelt – ihr optimistischer und zuversichtlicher Blick. Sie
nimmt ihr Schicksal selbst in die Hand und übernimmt
Verantwortung für sich. Sie liebt das Abenteuer und probiert gerne Neues aus. Sie lacht gerne, mag Spaß und ist
vergnügt. Auch kann sie ihre Gefühle zeigen; umarmt, berührt und küsst ungezwungen – für sie sind das normale
Ausdrucksweisen der Zuneigung in einer Beziehung.

▦ *Äußerliches:*
Voraussetzungen:
In meinen Augen attraktiv
Warmes Lächeln und fröhliches Lachen
Gewicht steht in vernünftigem Verhältnis zur Größe (we-
der Über- noch Untergewicht)
Zusätzliche Pluspunkte:
Klein (unter 1,70 m)
Langes, glattes, schwarzes Haar
Ovales Gesicht mit hohen Wangenknochen
Oliver bis dunkler Teint
Ca. 32–40 Jahre alt
Braucht pro Nacht ungefähr 6 Stunden Schlaf
Nicht zu viel Make-up

▦ *Gesundheit und Fitness:*
Voraussetzungen:
Körperlich fit
Nichtraucher
Angemessenes Trinkverhalten (Wein bei Abendessen im
Lokal; 2-3 Drinks auf Partys)
Normales Essverhalten (keine ständigen Diäten)
Kein Junk-Food-Anhänger (selten bei McDonald's, Burger
King)
Zusätzliche Pluspunkte:
Turnt regelmäßig (drei bis sechs Mal pro Woche)
Läuferin

Stepp Aerobics
Bergsteigen
Gewichtheben
Morgensport

Emotionales:
Voraussetzungen:
Positive und optimistische Lebenseinstellung
Übernimmt Eigenverantwortung
Identifiziert sich mit sich selbst
Mag sich (Selbstwertgefühl)
Warmherzig (nicht abweisend bei Zuneigungsbeweisen in der Öffentlichkeit)
Offen und fähig, Gefühle, Emotionen und Verletzbarkeit zu zeigen
Flexibel und spontan (kann sich auf unerwartete Änderungen einstellen)
Nicht übermäßig launisch, sondern eher ausgeglichen
Nicht oft wütend, frustriert, deprimiert (schlechte Laune hält nicht lange an)
Weder egoistisch noch selbstlos
Ausgeglichen, ruhig, meist zufrieden
Fähig, Liebe zu geben und zu empfangen
Aufmerksam und sensibel den Gefühlen anderer gegenüber
Hingebungsvoll und freundlich
Manipuliert und kontrolliert nicht
Kein Opfer
Kann alleine sein, ohne sich einsam zu fühlen
Zusätzliche Pluspunkte:
Sentimental (hat am Ende eines Films Tränen in den Augen)

Beziehung:
Voraussetzungen:
Bereit für eine gesunde, verlässliche Partnerschaft
Beste Freundin
Gleichberechtigte Partnerin (weder unterwürfig noch bestimmend)
Arbeitet an der Beziehung

Unterstützend, ist verletzbar und wahrt Geheimnisse
Man kann mit ihr über alles reden
Wichtige Entscheidungen werden zusammen getroffen
(Finanzen, Urlaub ...)
Hausarbeit wird geteilt
Gleichgewicht zwischen zusammen und alleine sein
Zusätzliche Pluspunkte:
Möchte heiraten (nicht nur zusammenleben)
Sie kocht (ich wasche dafür ab und putze)

Familie, Freunde, Kinder, Haustiere
Voraussetzungen:
Liebt Kinder
Schätzt Heim und Familie
Verbrachte eine relativ schöne Kindheit
Hat zu ihrer Familie ein gutes Verhältnis
Möchte zu meinen Freunden und meiner Familie guten
Kontakt
Hat zumindest eine gute Freundin und ein soziales Netz
Mag Tiere und muss bereit sein, mit meiner Katze zu leben
Alle eventuellen Kinder sind keine Teenager
Zusätzliche Pluspunkte:
Möchte noch 1 bis 2 Kinder haben, wenn sie schon welche
hat

Soziales und Kulturelles:
Voraussetzungen:
Liebt das Leben und genießt es
Ehrlich, aufrecht, vertrauenswürdig und zuverlässig
Mag Spaß und Spiel
Ist nicht hochnäsig oder eingebildet
Ist unternehmungslustig
Ist meist zuversichtlich und gut gelaunt
Nicht bigott oder rassistisch, akzeptiert fremde Kulturen
Hat ein gutes Benehmen
Schätzt ihre eigene Herkunft und ihr kulturelles Erbe
Setzt sich für andere ein
Zusätzliche Pluspunkte:
Ist ungezwungen (trägt lieber Jeans als Kleider)

▨ *Kommunikation:*
Voraussetzungen:
Offen, ehrlich und direkt
Drückt sich gut aus
Hört gut zu
Kann eigene Meinung sagen und die anderer akzeptieren
Achtet bei Diskussionen auf Ausgeglichenheit
Kann gut streiten (wird schnell ärgerlich, aber beruhigt sich auch wieder schnell)
Sagt ihre Meinung, wenn nötig (nicht ängstlich)
Kann ihre Gefühle, Bedürfnisse und Wünsche mitteilen
Zusätzliche Punkte:
Hat Kommunikationstechniken erlernt (Reflexion und Wiederholung)
Klare Aussprache
Schreibt gut
Flucht nicht und unterstützt mich darin, es auch nicht zu tun

▨ *Intellektuelles:*
Voraussetzungen:
Intelligent und hat gesunden Menschenverstand
Ist vom Leben fasziniert und lernt gerne dazu
Fühlt sich eins mit dem Universum
Lernt gerne dazu und entwickelt ihre Persönlichkeit, ist aber nicht fanatisch dabei
Gesunder Ausgleich zwischen Wunsch und Wirklichkeit
Realistische Selbsteinschätzung, sowohl im Positiven wie auch Negativen
Offen und akzeptiert die Ansichten anderer
Unterhaltsam
Politisch nicht fanatisch
Zusätzliche Pluspunkte:
Schlagfertig
Intuitiv und hört auf Gefühle
Hat gutes Gedächtnis

■   *Sexuelles:*
Voraussetzungen:
Mag körperlichen Kontakt (auch außerhalb des Schlafzimmers)
Gefühlvoll; berührt gerne und wird gerne angefasst
Romantisch (verbale Zuneigung und unerwartete Liebesbeweise)
Genießt Sex und ist nicht verklemmt
Offen für Experimente
Verspielt, auch im Schlafzimmer
Rücksichtsvolle Liebhaberin, achtet auf beidseitige Erfüllung und Zufriedenheit
Heterosexuell
Monogam und geht nicht fremd
Zusätzliche Pluspunkte:
Massiert gerne
Ist gelegentlich zuerst aktiv

■   *Berufliches und Finanzen:*
Voraussetzungen:
Hält Gleichgewicht zwischen Arbeit, Partnerschaft und Vergnügen
Ist auf geschäftlicher Ebene ehrlich und aufrecht
Geld ist nicht das Ziel, sondern das Mittel
Ausgeglichenheit zwischen Einnahmen und Ausgaben, Sparen und Investieren; gemeinsame Kasse
Ökonomisch (achtet bei teureren Anschaffungen auf Sonderangebote)
Kein Geizhals
Kein Geheimniskrämer in Geldangelegenheiten
Haushalt, Leben und Geschäftliches organisiert und nicht chaotisch
Zusätzliche Pluspunkte:
Mit ihrer Arbeit glücklich und zufrieden
Finanziell abgesichert
Übernimmt die Planung der Alterssicherung
Unternehmerisch denkend
Ausbildungsberuf

▨ *Spirituelles und Religion:*
Voraussetzungen:
Gläubig; glaubt an ein höheres Wesen
Lässt sich nicht von ihrer Persönlichkeit, sondern von ihrer Seele leiten
Respektiert das Leben, die Erde und die Umwelt
Unterscheidet zwischen Gut und Böse und hat Grundsätze und Prinzipien
Setzt sich für weniger Privilegierte ein
Nicht übermäßig religiös (geht nicht regelmäßig in die Kirche/Synagoge)
Keine Anhängerin eines Kults oder einer Sekte
Ist bereit, unsere Kinder im jüdischen Glauben zu erziehen
Zusätzliche Punkte:
Jüdin

▨ *Interessen und Hobbys:*
Voraussetzungen:
Hat viele Interessen mit mir gemeinsam (mehr als 10 der unten genannten)
Verschiedene Bereiche; Sport, Ruhe, Soziales und gesellschaftliches Engagement, sich selbst beschäftigen
Unternehmungslustig und bereit, Neues auszuprobieren
Geht ein bis zwei Mal pro Woche zum Essen aus
Nicht fernsehsüchtig
Zusätzliche Pluspunkte:
Laufen
Stepp Aerobics
Bergsteigen
Gewichtheben
Science Fiction
Ausländisches Essen (doppelte Punktzahl für scharfes Essen)
Trinkt gerne einen guten Wein zum Essen
Indianische Kunst
Reisen (doppelte Punktzahl für Wochenendtrips)
Wandern und Zelten
Filme
Theater
Flohmärkte

Haushaltsauflösungen
Spazieren gehen
Stille
Meditation
Yoga (aktiv oder ist bereit zu lernen)
Alte Bücher und Möbel
Rad fahren
Tauchen (aktiv oder ist bereit zu lernen)
Kanu fahren, Wildwasserfahrten
Lesen
Museen
Tiergarten
Computer
Kegeln
Mag Urlaub in warmen Gefilden

Seelische Beziehungsarbeit

Je genauer Sie Ihre Voraussetzungen definieren, desto leichter werden Sie den passenden Partner finden. Denken Sie daran – wenn Sie einen Anspruch fallen lassen, können Sie Ihren Partner später nicht dafür verantwortlich machen, dass er diese Eigenschaft besitzt.

1. Überarbeiten Sie anhand von Adriennes und Marvs Listen Ihre eigenen Anforderungen. Achten Sie darauf, ob Sie etwas vergessen haben oder noch genauer formulieren können.
2. Wenden Sie das Gelernte (Voraussetzungen, miteinander ausgehen vs. Bindung, Art der Beziehung, die Sie führen möchten – Kameradschaft, geistiger Freund, Seelenpartner) als Anhaltspunkte an.
3. Sie werden Ihre Liste im Laufe der Zeit und mit zunehmenden Bekanntschaften ergänzen und ausarbeiten. Das werden Sie oft wiederholen müssen, bevor Ihre Liste endgültig fertig ist.

Meditation

Ich habe den Mut, mich mit meiner Liste als Führer zu verabreden, und weiß, dass mich Bewusstsein und Klarheit zu meinem Kameraden, geistigen Freund oder Seelenpartner führen werden.

24. Abweisung

Für die meisten Menschen ist schon die Angst, zurückgewiesen zu werden oder selbst jemanden abzuweisen, Grund genug, sich nur sehr zögerlich zu verabreden. Uns wurde beigebracht, dass Zurückweisung etwas Negatives ist und dass etwas mit uns nicht stimmt, wenn wir abgelehnt werden.

Die Angst lähmt. Sie hält uns davon ab, ungezwungen auf andere Menschen zuzugehen, unsere Meinung zu äußern und davon, vorwärts zu kommen. Wir hatten auch viele Klienten, die solche Angst vor Zurückweisung hatten, dass sie sich gar nicht erst in die Situation begaben und sich schon zurückzogen, bevor andere Menschen sie überhaupt kennen lernen konnten. Selbstablehnung zeigt sich an negativen Äußerungen über sich selbst, so z.B. „Ich bin nicht attraktiv genug", „Der würde sich doch nie mit mir unterhalten."

Der falsche Glaube hält sich, dass niemand abgelehnt werden sollte. Aus diesem Grund unternehmen die meisten Menschen alles, was in ihrer Macht steht, um diese Situation zu vermeiden. Traditionell definiert, tut Zurückweisung weh. Es schmerzt, wenn jemand unsere Einladung ablehnt, uns nicht einlädt oder eine Beziehung beendet. Es ist auch unangenehm, einen anderen Menschen abzulehnen; es fällt nicht leicht, die Enttäuschung des anderen angesichts unseres Nein zu ertragen.

Wir können Zurückweisungen nicht entgehen – sie sind Teil unseres sozialen Umgangs miteinander. Wenn wir uns in unserer Angst, verletzt zu werden oder jemandem anders Schmerz zuzufügen, verkriechen, werden wir die Möglichkeiten, die zu einer hingebungsvollen und bedeutsamen Beziehung führen, nicht wahrnehmen.

Um nicht verletzt zu werden, wollen wir hier das Wort Ablehnung neu definieren und das Wertesystem desjenigen, der zurückweist, untersuchen, bevor wir davon ausgehen, dass die Ursache bei dem Zurückgewiesenen liegt. Es ist eine Tatsache, dass Zurückweisungen weniger mit unseren Fehlern als mit den Voraussetzungen des anderen zusammenhängen. Mit anderen Worten weisen wir alle, je nach unseren Ansprüchen, unserem

Ausgehverhalten und der Art der Beziehung, die wir führen möchten (Kamerad, geistiger Freund, Seelenpartner), zurück.

Es ist wichtig, im Augenblick des Geschehens daran zu denken, dass die Zurückweisung nicht persönlich gemeint ist. Dazu müssen Sie sich sagen:

Er lehnt mich nicht ab, sondern hält sich an seine Ansprüche. Ich bin ein wertvoller Mensch und möchte nicht mit jemandem zusammen sein, der mich nicht anerkennen kann.

Denken Sie in diesen schwierigen Momenten an Folgendes:

- Geben Sie nicht sich die Schuld und nehmen Sie die Zurückweisung nicht persönlich.
- Erkennen Sie an, dass Sie nicht allen alles sein können.
- Geben Sie zu, dass es Ihnen Leid tut und Sie traurig sind.
- Seien Sie sich bewusst, dass Sie andere Menschen kennen lernen werden, die besser zu Ihnen passen.

Nehmen Sie Zurückweisung als ein Geschenk an, das Sie befreit, um einen für Sie geeigneteren Menschen kennen lernen zu können. Leider fürchten wir uns genauso häufig davor, einem anderen Menschen dieses Geschenk zu machen, wie davor, es zu bekommen. Wenn wir verinnerlichen, dass Ablehnung auf Ansprüchen beruht, haben wir weniger Hemmungen, jemanden zurückzuweisen, und fürchten uns weniger davor, eine Beziehung zu beenden. Wenn wir uns weiterhin mit einem Menschen treffen, von dem wir uns eigentlich trennen sollten, tun wir weder uns noch ihm einen Gefallen damit. Wir binden uns unnütz und nehmen uns damit die Möglichkeit, einen adäquaten Partner kennen zu lernen.

Um Zurückweisung zu lernen – einem anderen Menschen auf liebevolle Art nein zu sagen (auf seelischer Ebene) –, müssen Sie wissen, dass die meisten Leute eine ehrliche Antwort dem unklaren Herumgerede, das ihnen falsche Hoffnungen macht, vorziehen. Sie mögen enttäuscht sein, wenn Sie sie zurückweisen, aber sie hören wahrscheinlich lieber die Wahrheit als die „Ich melde mich"-Lüge. Andere zurückzuweisen zeigt auch Ihnen Grenzen. Es ist die Erkenntnis, dass manche Menschen besser zu Ihnen passen als andere.

Einer der Gründe, warum wir andere nicht zurückweisen, ist, dass wir nicht wissen, wie. Wie sagen Sie jemandem, dass Sie nicht mit ihm ausgehen möchten? Es gibt menschliche Wege dazu:

- Stellen Sie klar, dass Sie nach Ihrem Wertesystem handeln. Es liegt nicht an dem anderen.
- Versuchen Sie nicht, beim anderen Verständnis zu wecken. Lassen Sie sich nicht darauf ein, jemandem, den Sie zurückgewiesen haben, zu helfen, die Gründe für Ihre Zurückweisung zu verstehen. Versuchen Sie nicht, ihn zu überzeugen, dass es für ihn das Beste ist. Je mehr Sie sich in Erklärungen verstricken, desto schwieriger wird es, sich zurückzuziehen (und desto leichter können Sie überredet werden, nicht zu gehen).
- Sagen Sie klar und deutlich nein. Vermeiden Sie Rechtfertigungen und andere undurchsichtige Manöver. Wenn es keinen Zweifel über Ihre Ablehnung gibt, machen Sie dem anderen keine falschen Hoffnungen. Mildern Sie den Schlag nicht durch die Worte: „Wir bleiben Freunde" ab; es erweckt einen falschen Eindruck.
- Geben Sie weder dem anderen noch sich selbst die Schuld. Verhalten Sie sich so warmherzig und mitfühlend wie möglich.

Menschen tun sich manchmal schwer, die richtigen Worte für ein Nein zu finden. Denken Sie daran, dass es wichtig ist, demjenigen, den Sie zurückweisen, einen Grund für Ihre Handlung zu geben, damit klar ist, dass es sich um Ihr Wertesystem handelt und nichts mit ihm zu tun hat. Im Folgenden finden Sie einige Beispiele für freundliche, seelenvolle, ehrliche und mitfühlende Ablehnungen:

- „Danke für das Interesse, aber wir haben nicht genügend Gemeinsamkeiten."
- „Wir passen nicht so gut zusammen, denn ich bin sehr sportlich und liebe die Natur."
- „Nein danke, ich kann nicht so gut mit Rauchern umgehen, bin katholisch, wünsche mir Kinder ..."

▓ „Es ist lieb, dass Sie gefragt haben, und ich hoffe, Sie lernen jemanden kennen, der zu Ihnen passt."

Wenn Sie sich bereits mehrere Male getroffen haben:

▓ „Ich habe mich wirklich gerne mit dir getroffen, aber ich sehe, dass unsere Beziehung nicht mehr werden kann als eine platonische Freundschaft, auch wenn wir uns gut miteinander unterhalten können. Ich erkenne, dass unsere Wertsysteme in vielen Bereichen völlig unterschiedlich sind."

Folgendes Beispiel einer gelungenen Ablehnung erlebte Gail vor vielen Jahren:

Michael und Gail lernten sich auf einer Party kennen und fühlten sich sofort voneinander angezogen. Sie verabredeten sich zum Kaffee in der Woche darauf. Michael, ein 52-jähriger geschiedener Arzt, erzählte, dass er regelmäßig bei der Lebenshilfe arbeitete, soeben vom Skiurlaub zurückgekommen sei und täglich meditierte. Gail erwähnte, dass sie gerne las, das Reisen liebte, in der vierten Klasse einer Vorortschule unterrichtete und sich hin und wieder für eine Woche lang zurückzog. Je mehr sie sich unterhielten, desto mehr merkten sie, wie viele Gemeinsamkeiten sie teilten.

Michael fuhr fort zu erzählen, dass er sehr spät geheiratet hatte. Nach seiner Scheidung übernahm er das Sorgerecht für seine vier- und sechsjährigen Söhne. Gails Herz sank. Sie war an einem Punkt in ihrem Leben angekommen, an dem sie keine engen Bindungen an kleine Kinder wollte. Sie liebte ihr sorgloses, ungebundenes Leben. Als Michael sie um ein erneutes Treffen bat, lehnte sie betrübt ab. Sie erklärte ihm, dass sie ihn zwar sehr attraktiv und interessant fand, sich aber an niemanden binden wollte, der kleine Kinder hatte. Sich auf ihn einzulassen, würde für sie bedeuten, einen wichtigen Grundsatz zu ignorieren. Michael fühlte sich zwar zurückgewiesen, dankte Gail aber für ihre Aufrichtigkeit. Es tat ihm zwar Leid, dass er nie die Gelegenheit haben würde, Gail richtig kennen zu lernen, aber er respektierte ihre

Ansichten und ihre Ehrlichkeit. Das war die schönste Zurückweisung, die er jemals bekommen hatte.

Egal ob Sie zurückweisen oder abgelehnt werden; es kann in jedem Stadium der Beziehung passieren. Denken Sie daran, dass manche Voraussetzungen erst nach Monaten deutlich werden. Sicher ist: Je später in einer Beziehung die Trennung stattfindet, desto wichtiger sind Gespräche, um ein Ende zu finden. Aber wann auch immer es passiert, die Gründe für die Ablehnung sind entweder in seinen oder Ihren Voraussetzungen zu suchen, beruhen auf dem Kennenlernverhalten (Beziehung/feste Bindung) oder in der Art der Beziehung, die einer von beiden sich wünscht. Ablehnung kann auch lehrreich sein. Wenn Sie zum Beispiel immer wieder zurückgewiesen werden, sollte Ihnen das zu denken geben. Urteilen Sie nicht, sondern überlegen Sie, ob Ihr Verhalten der Auslöser ist. Vielleicht verhalten Sie sich ungeduldig, suchen sich unpassende Partner aus oder geben sich romantischen Illusionen hin. Suchen Sie nach den Ursachen, die zur Ablehnung führen, und achten Sie auf Gemeinsamkeiten zwischen den einzelnen Zurückweisungen. Wenn Sie dann immer noch nicht wissen, warum Ihnen das so oft passiert, fragen Sie nach. Nutzen Sie das, was Sie erfahren, um in sich zu gehen, zu reflektieren, Hilfe zu suchen und neue Wege zu erlernen, um Ihren Zielen näher zu kommen.

Seelische Beziehungsarbeit

Zurückweisung kann ein vorteilhafter und lehrreicher Teil des geistigen Kennenlernens sein.

1. Versuchen Sie, sich zurückweisen zu lassen. Versuchen Sie, sich mit verschiedenen Menschen zu verabreden oder bringen Sie andere dazu, Sie einzuladen. Die einzige Möglichkeit, die Angst vor Zurückweisung (und die damit verbundene Trägheit) zu überwinden, besteht darin, sich ihr zu stellen. Obwohl Sie vielleicht schon zuvor abgelehnt

wurden, sollen Sie diese Erfahrung nun mit einem neuen Bewusstsein entsprechend unserer Definition machen.

2. Sagen Sie sich, wenn Sie zurückgewiesen werden: „Sie richten sich nach ihrem Wertesystem und ihren Ansichten." Erkennen Sie, dass die Zurückweisung Sie näher an die Menschen führt, die Sie letztlich als potenzielle Partner haben möchten.

3. Erinnern Sie sich an die Methoden zur Zurückweisung, die auf den Seiten 210f. zu finden sind. Wenn sich eine Gelegenheit bietet, in der eine bestimmte Ablehnungsmethode vorteilhaft wäre, versuchen Sie sie. Seien Sie mitfühlend. Denken Sie daran, dass Sie dem anderen (und sich selbst auch) die Möglichkeit geben, den richtigen Partner kennen zu lernen.

Meditation

Ich liebe und respektiere mich, und wenn ich zurückgewiesen werde, bewundere ich den Menschen dafür, dass er mir und sich gegenüber aufrichtig und ehrlich ist und sich an seine Grundsätze und Werte hält. Das bedeutet für mich nur, dass ich nun jemanden finden muss, der meine innere und äußere Schönheit anerkennt.

Ich achte die Würde und das Selbstwertgefühl eines jeden Menschen, und sollte ich andere zurückweisen, werde ich es freundlich und höflich tun.

25. Kennen lernen

Bedenkt man die vielen Fragen, die Menschen auf der Suche nach einem passenden Partner haben, gibt es einige grundsätzliche Überlegungen:

- Wie weiß ich, dass dieser Mensch zu mir passt? Ich muss ihn auch mögen und nicht nur lieben.
- Ist jeder meiner Ansprüche wirklich unverzichtbar für mich, um eine gute Beziehung zu führen?
- Stimmen wir in unseren Ansprüchen überein? Helfen sie uns seelisch und in unserer persönlichen Entwicklung weiter?

Bei manchen Menschen kann es schwer sein, sie zu durchschauen. Einige versuchen vielleicht, uns zu täuschen, während andere sich selbst nicht kennen. Es kann passieren, dass wir so sehr nach demjenigen suchen, der allen unseren Ansprüchen gerecht wird, dass wir uns romantischen Illusionen hingeben und uns selbst etwas vormachen. Manche Bedingungen lassen sich ohne Fragen in Erfahrung bringen; die meisten jedoch sind nur durch ein Gespräch und Wochen oder Monate der Beobachtung abzuklären.

Wir haben zu diesem Themenkomplex einen Fragenkatalog entworfen. Es handelt sich hierbei nicht um ein Frage- und Antwortspiel wie bei einem Einstellungsgespräch, sondern ist ein kontinuierlicher Vorgang, der eine Einschätzung ermöglicht, ob

- Sie sich überhaupt verabreden wollen;
- Sie den Menschen weiterhin treffen möchten;
- Sie eine Beziehung beginnen möchten;
- der-/diejenige geeignet ist, ihr Kamerad, geistiger Freund oder Seelenpartner zu werden.

Dieser Vorgang beginnt mit der ersten Verabredung und geht so lange weiter, bis Sie entweder die Beziehung beenden oder sich sicher sind, dass es sich hierbei um den Menschen handelt, den Sie sich wünschen. Wenn Sie sich noch nicht so gut kennen, sollten Sie sich vom einen auf das andere Mal verabreden. Dann können Sie jedes Mal entscheiden, ob Sie sich wieder treffen möchten oder nicht. Sie müssen in der Gegenwart bleiben und nicht von der Zukunft träumen. Denken Sie daran, dass es zu diesem Zeitpunkt leichter ist, eine Beziehung abzubrechen, als später; eine Trennung schmerzt umso mehr, je besser man sich kennt.

Die Art Fragen zu stellen hängt von Ihrer Persönlichkeit ab. Wir haben Menschen kennen gelernt, die sehr verspielt und kreativ waren, und andere, die eine ernste und direkte Weise hatten, um an Informationen zu gelangen. Die Punkte, auf die es ankommt, sind jedoch immer die gleichen:

- Herausfinden, ob der andere Ihren Bedingungen entspricht
- Herausfinden, ob derjenige nach den sieben geistigen Weisheiten lebt und an sich selbst gearbeitet hat
- Erkunden, ob Sie beide die gleiche Art von Beziehung wünschen
- Die Körpersprache beobachten und auf Offenheit, Aufmerksamkeit usw. achten
- Wahrnehmen, was der andere preisgibt und was er verschweigt
- Durch die Wohnsituation Eindrücke sammeln
- Durch Diskussionen und Beobachtung des Verhaltens feststellen, ob der andere als emotional zuverlässig einzustufen ist
- Persönliches im Gespräch erfahren und Verletzlichkeit feststellen
- Von sich selbst intime Informationen preisgeben und die Reaktion des anderen beobachten

Können Sie all dies bewerkstelligen, ohne nachzufragen? Sicher nicht! Die meisten Menschen geben sich leicht romantischen Illusionen hin, ziehen voreilige Schlüsse über den Menschen, mit dem sie sich einlassen, und begehen Fehler, weil sie sich nicht die Zeit nehmen, ihren potenziellen Partner richtig kennen zu lernen. Gespräche machen uns auf ungeduldiges Verhalten aufmerksam, geben uns Hinweise darauf, wie viel innere Arbeit der Betreffende bereits geleistet hat und ob er die geistigen Weisheiten schätzt und nach ihnen lebt. Wir bekommen einen Eindruck davon, wie die andere Person ist, auch wenn sie selbst sich nicht bewusst wahrnimmt. Auch nehmen wir uns besser wahr.

Wir haben festgestellt, dass manche Menschen gar keine genauen Antworten auf ihre Fragen haben wollen und „unterbewusst" auf Verabredungen reagieren. Einesteils ist ihre Abneigung durchaus verständlich. Fragen zu stellen ist nicht romantisch. Sich hingegen romantischen Illusionen hinzugeben sorgt für Nervenkitzel (wenn auch nur kurzzeitig), was natürlich andernfalls nicht gegeben ist. Da eine geschlechtliche Beziehung eine objektive Beurteilung der Persönlichkeit und Seele des prospektiven Partners erschwert, raten wir auch zumindest für die ersten drei Monate einer Kennenlernphase davon ab.

Gerade das verursacht viel Widerstand. Aber fällt es nicht schwer, auf Sex zu verzichten, wenn Sie an die lang andauernde Beziehung denken, die Sie eingehen möchten, und nicht an ein kurzes Abenteuer. Fragen zu stellen ist ein notwendiger Teil der Suche nach einem passenden Partner und es führt kein Weg darum herum. Das und auch einen Teil von sich selbst preiszugeben ermöglichen Ihnen, wichtige Charakterzüge des anderen und von sich selbst zu erkennen, die Ihnen vielleicht sonst nicht aufgefallen wären.

Obwohl die richtigen Fragen zu stellen sicherlich wichtig ist, ist es ebenso von Bedeutung, dass Sie Ihre Gefühle ausdrücken und ihre Verletzbarkeit zugeben können. Verletzbar zu sein ist eine Eigenschaft oder ein Gefühl, das emotional beladen ist – es kann von niederrangig bis wichtig sein. Indem Sie Ihre Verletzbarkeit zugeben, können Sie viel über andere Menschen lernen und ihnen auch Gelegenheit geben, etwas über Sie zu erfahren. Wir haben die Möglichkeit zu erkennen, ob andere unsere emotionale Offenheit zu schätzen wissen oder sich von ihr bedroht fühlen. Es zeigt sich, ob wir ihnen vertrauen können. Auch können wir sehen, ob sie sich nur für oberflächliche Dinge interessieren oder auch unsere emotionale und seelische Verfassung berücksichtigen. Indem wir durch das Eingestehen unserer Verletzbarkeit unser Innerstes bloßlegen, ermöglichen wir den Menschen, mit denen wir eine Beziehung eingehen möchten, sich auch uns gegenüber zu öffnen.

Es gibt alle möglichen Reaktionen auf das Eingeständnis eigener Verletzbarkeit; aus diesem Grund ist es wichtig, auf das Verhalten zu achten. Möglicherweise versucht man, Sie zu überzeugen, dass Ihre Verletzbarkeit keine ist, oder sie sogar gegen Sie zu verwenden. Oder Sie werden ermutigt, noch mehr von sich preiszugeben – hierdurch zeigt sich die emotionale Stabilität des potenziellen Partners.

Nehmen wir an, Sie geben zu: „Ich hatte heute einen schlechten Tag." Eine Vertrauen erweckende Antwort Ihrer Begleitung wäre: „Das tut mir wirklich Leid. Willst du mir darüber erzählen? Glaub mir, ich kann das verstehen, denn ich hatte auch schon Tage, nach denen ich ganz schön geschafft war."

Antworten, bei denen Sie vorsichtig sein sollten sind: „Lach mal, morgen wird's schon besser werden" oder „Du denkst, dein Tag war schrecklich? Na, meiner erst ..." und auch: „Und was gibt es sonst noch Neues?"

Sie sollten auf jeden Fall erst Verletzbarkeiten niederer Priorität von sich preisgeben, denn ein Mensch, der noch akzeptieren kann, dass Sie einen weniger wichtigen Aspekt preisgeben, fühlt sich vielleicht vor den Kopf gestoßen, wenn er von Ihnen die mittelmäßig vertrauliche Auskunft bekommt: „Viele Menschen lehnen mich anscheinend ab" oder „Ich war bereits zweimal verheiratet." Möglicherweise kommt jemand, mit dem Sie sich treffen, auch noch mit diesen Vertrauensbeweisen zurecht, zieht sich dann aber zurück, wenn es noch persönlicher wird: „Ich war schon öfter wegen Depressionen in Behandlung" oder „Ich nehme Auren wahr" oder „Ich versuche gerade, mich von meiner Drogenabhängigkeit zu befreien." Indem Sie den Vertraulichkeitsgrad Ihrer Mitteilungen abstufen, können Sie erkennen, inwieweit ein anderer Mensch Ihnen emotionale Sicherheit bietet und ob Sie damit zufrieden sind.

Denken Sie bei Ihren Erkundigungen auch an die Ansprüche, die Sie stellen. Schauen wir anhand eines einfachen Beispiels, wie diese Einschätzung erfolgen kann.

Eine Ihrer Voraussetzungen an einen Partner ist, dass er Nichtraucher ist, Ihren Wunsch nach rauchfreier Gesellschaft respektiert und Ihre Abneigung gegen verrauchte Räumlichkeiten versteht. Nun wollen Sie herausfinden, ob Ihr Begleiter dies würdigt. Lautet die Antwort: „Das ist doch nicht so schlimm; du übertreibst" oder er bleibt auch auf einer verrauchten Party und ignoriert Ihren Wunsch zu gehen, dann wissen Sie, dass er nicht Ihren Vorstellungen entspricht.

Nehmen wir an, Sie möchten wissen, ob der andere Ihren Wunsch: „Ich möchte einen Partner, der mich darin unterstützt, ein besserer und nachdenklicherer Mensch zu werden" akzeptiert. Um etwas über diese Voraussetzung zu erfahren, könnten Sie ein Thema, das Sie momentan sehr berührt, in die Diskussion einbringen und dann beobachten, wie er sich verhält und ob er Sie unterstützt und versteht oder Ihnen gar helfen kann, dieses Problem zu meistern. Auch sollten Sie darauf achten, ob er urteilt, kritisiert oder so tut, als sei seine Lösung die einzige. Sie würden ebenso bemerken, ob seine Antworten und Kommentare beide Seiten einer Angelegenheit in Betracht ziehen, ob er Interesse hat, Sie beim Lernen und Wachsen zu unterstützen. Kritisiert er Sie, damit Sie sich ändern, oder akzeptiert er Sie so, wie Sie sind, und bringt Ihnen Ideen und Gefühle nahe, die Ihnen eine Änderung ermöglichen?

Alle Fragen zu beantworten kann sechs Monate bis ein Jahr dauern und erst danach wissen Sie, ob Sie Ihren Partner fürs Leben gefunden haben. Der Zeitaufwand hängt davon ab, wie gut sich jeder selbst kennt und wie gut beide vorankommen.

Fragen an einen Kameraden

Wenn Sie einen Kameraden suchen, sollten Sie mehr auf die Persönlichkeit – Äußerlichkeiten wie Attraktivität, Geld, Beruf, Familie, Kinder, ähnliche Lebensziele, Freundschaft, Kompatibilität und Konversation – und weniger auf seelische Ansprüche achten. Bei Ihren Fragen müssen Sie sichergehen, dass Ihr Partner ein gut entwickeltes Ego hat.

Bei der Befragung sollten Sie die potenziellen Grenzen Ihres Begleiters erkennen. Denken Sie auch daran, dass ein Kamerad weder nach den geistigen Weisheiten leben wird noch persönliches Wachstum wünscht. Es gab in der Vergangenheit keine seelischen Verletzungen und keine Gespräche über geistige Themen. Das ist in Ordnung so, aber Sie müssen Kameradschaft richtig einschätzen, damit Sie sich nicht romantischen Illusionen hingeben.

Fragen zur Persönlichkeit

- Wie verbringst du am liebsten deinen Urlaub?
- Was machst du in deiner Freizeit?
- Suchst du eine feste Partnerschaft? Oder willst du heiraten?
- Möchtest du Kinder? Wie wichtig sind sie für dich?
- Hast du zu deinen Eltern ein gutes Verhältnis? Und zu deinen Geschwistern?
- Welchen Hobbys gehst du nach?
- Aus welchem Grund hast du dich aus deiner wichtigsten Beziehung gelöst?
- Wie würde dein perfektes Leben aussehen?
- Was würdest du mit einem Millionen-Lottogewinn machen?

Fragen an einen geistigen Freund

Auf der Suche nach einer geistigen Freundschaft würden Sie auf jeden Fall auch die gleichen Fragen stellen wie auf der Suche nach einem Kameraden. Aber bereits zu Beginn würden Sie mehr Wert auf seelische Qualitäten, wie die Fähigkeit, persönliche Besorgnis und Verletzlichkeiten zu teilen, legen. Auf der Suche nach geistiger Freundschaft wollen Sie wissen, ob Ihr Begleiter

- seine seelischen und spirituellen Aufgaben gemacht hat und auch als Partner mit Ihnen weiterlernen wird;
- an seinem und Ihrem seelischen und geistigen Wachstum interessiert ist;
- die Gemeinsamkeit schätzt und die Beziehung verbessern möchte;
- Sie in sein Leben einbeziehen möchte;
- geistige Intimität schätzt;
- Schwächen und Stärken hat und Sie nicht für Ihre Schwächen verurteilt;

▨ die geistigen Weisheiten alleine und in der Partnerschaft
lebt;

▨ sich unmittelbar und ernsthaft mit verschiedenen Dingen
(z. B. Problemen) beschäftigt;

▨ sich seiner Verbindung zum höheren Selbst und dem Universum bewusst ist.

Denken Sie daran, dass geistige Partner vom ersten Moment an
ein starkes Gefühl der inneren Verbundenheit miteinander
teilen und sich außergewöhnlich wohl in der Gesellschaft des
jeweils anderen fühlen. Das heißt aber nicht, dass Ihr geistiger
Freund eine feste Beziehung will oder dafür bereit ist. Fragen
helfen Ihnen herauszufinden, ob Sie

▨ seinen Erwartungen entsprechen;

▨ bereits an Ihrem Ich gearbeitet haben und das auch weiterhin, zusätzlich dann noch am Wir, tun wollen;

▨ eine Partnerschaft wollen.

Fragen zur geistigen Entwicklung

▨ Schätzt du Weiterentwicklung und persönliches Wachstum?

▨ Welchen Sinn gibt es in deinem Leben?

▨ Mit welchen persönlichen Problemen hast du zu kämpfen?

▨ Wie verbringst du Zeit, in der du nichts machst?

▨ Welche sozialen Aufgaben nimmst du wahr?

▨ Welche Erfahrungen hast du in deinem Leben gemacht?

▨ Warum bist du vertrauenswürdig?

▨ Welche fünf Dinge magst bzw. magst du nicht an dir?

▨ Welches sind deine bedeutendsten Erfahrungen?

▨ Was hast du aus deinen vergangenen Beziehungen über
dich gelernt?

Fragen an einen Seelenpartner

Die Unterhaltung zwischen zwei Seelenpartnern findet auf
einer anderen Ebene statt. Es handelt sich um eine intuitive
Verbindung, in der sich beide kennen. So einfach ist das. Über-

flüssig zu sagen, dass Seelenpartner einen besonderen Draht zueinander haben. Sie müssen sich nicht für den anderen herausputzen. Ihre seelische Verbindung ist so stark, ihre Beziehung so intensiv, ihr sexuelles Leben so überirdisch, dass die Fragen fast automatisch und in minimaler Zeit beantwortet werden. Sie haben sofort eine Beziehung zueinander und bleiben für immer zusammen.

Seelische Beziehungsarbeit

Mit Fragen können Sie herausfinden, ob Ihr Begleiter Ihre Erwartungen erfüllt.

1. Was hat Sie in der Vergangenheit davon abgehalten, bewusst und überlegt nachzufragen?
2. Fragen Sie, wenn Sie jemanden zum ersten Mal treffen (oder sich mit ihm am Telefon unterhalten): „Was meinst du, dass ich über dich wissen sollte?" Beantworten Sie auch Ihrem Gesprächspartner diese Frage, selbst dann, wenn er sie nicht gestellt hat.
3. Betrachten Sie nochmals Ihre Anforderungen an Persönlichkeit und Seele und gehen Sie sicher, dass Sie genau wissen, was Sie wollen. Fragen Sie sich: „Warum ist mir das wichtig und wie werde ich es herausfinden?"
4. Schreiben Sie einige unwichtigere Vertraulichkeiten auf, die Sie jemandem, den Sie kennen lernen, mitteilen würden. Was würden Sie von sich preisgeben, wenn Sie einander besser kennen?
5. Was wurde Ihnen anvertraut?
6. Hören oder sehen Sie Dinge, die sich nicht mit Ihren Anforderungen vereinbaren lassen? Empfangen Sie Warnsignale? Nehmen Sie sie ernst?
7. Erstellen Sie eine Liste der Einstellung und des Verhaltens, auf Grund derer Sie sehen können, ob Ihren Voraussetzungen entsprochen wird. Bestimmen Sie anhand Ihrer Beobachtungen auch, ob Sie die Art von Beziehung aufbauen können, die Sie sich wünschen. Nutzen Sie die Fragen auf S. 219ff. Vergessen Sie nicht, dass es nicht aus-

reicht, nur zu fragen. Es ist wichtig, dass Sie über einen längeren Zeitraum hinweg das Verhalten, Benehmen und die Einstellung beobachten.

Meditation

Ausgehfähig: *Ich frage bewusst, um mehr über mich und andere zu erfahren.*
Beziehungsfähig: *Ich stelle und beantworte Fragen mit offenem Herzen, überlegt und ohne zu urteilen. Ich weiß, dass ich so meinen Lebenspartner finden werde.*

26. Mehr als eine Beziehung

Unter Umständen erscheint es Ihnen befremdlich, dass wir das Thema „Mehrere Bekanntschaften zur gleichen Zeit" ansprechen. Gibt es denn jemanden, der Beziehungen noch weniger ernst nimmt als ein Mensch, der von einem Treffen zum nächsten flittert, der sich nur oberflächlich engagiert? Wir propagieren nicht, dass Sie sich ohne Sinn und Zweck verabreden. Dieser Schritt ist ein notwendiger Teil des Lernprozesses, um einen Partner zu finden.

Mit mehreren Leuten im gleichen Zeitraum auszugehen gibt ihnen Zeit und Möglichkeiten, mehr über sich selbst zu lernen. Sie haben die Gelegenheit, ihre Bedingungsliste zu ergänzen, zwischen Menschen, mit denen Sie nur ausgehen, und solchen, die Sie kennen lernen möchten, zu unterscheiden. Sie können herauszufinden, ob sich jemand als Kamerad oder geistiger Freund eignet, und ein geübter Interviewer werden. Sich bereits zu Anfang einer Bekanntschaft völlig auf einen anderen Menschen einzulassen und sich zu binden entspringt einer romantischen Illusion. Sie verlieren Ihre Objektivität, Ihre Chance, auf die Erfüllung Ihrer Bedingungen zu achten, und die Möglichkeit festzustellen, ob sich jemand nur zum Ausgehen eignet oder zu einer Beziehung fähig ist. Diese Voraussetzungen sind ein Integrationsprozess und werden als solcher regelmäßigen Überprüfungen und Änderungen unterworfen. Die Erfahrungen, die Sie beim Ausgehen mit unterschiedlichen Menschen sammeln, helfen Ihnen zu entscheiden, ob Ihre Ansprüche wirklich so wichtig sind, wie Sie anfangs dachten. Verlieben Sie sich allerdings sofort in eine Person und sagen allen anderen ab, hält Sie Ihre Hingabe ab, eine Entscheidung über die Erfüllung Ihrer Bedürfnisse zu treffen.

Glenn lernte Anne vor kurzem kennen und war sofort von ihr hingerissen. Nachdem sie fünf Mal miteinander ausgegangen waren, schien es ihm, dass sie eine Menge Gemeinsamkeiten hatten und sie auch viele seiner Ansprüche erfüllte.

Da er aber das Gefühl hatte, dies sei zu schön, um wahr zu sein, und Angst hatte, einer romantischen Illusion aufzusitzen, „drehte er auf", wie er sagte, und begann, sich mit weiteren Frauen zu verabreden. Wenn es wirklich ein Volltreffer war, würde es sich im Laufe der Monate zeigen.

„Ich lernte in diesem vergangenen Jahr der Partnersuche, weniger Angst davor zu haben, dass nicht alle meine Eier in einem Korb liegen. Mich mit anderen Frauen zu treffen hilft mir, etwas Abstand zu halten und Anne nicht zu meinem Lebensinhalt werden zu lassen."

Indem Sie sich mit verschiedenen Menschen treffen und ausgehen, vergrößern Sie Ihre Wahlmöglichkeiten und bremsen das Kennenlernen auf ein vernünftiges Tempo. Die Gefahr, dass wir uns in einer Beziehung verlieren, besteht immer. Unser Leben kommt aus dem Gleichgewicht und wir handeln aus Ungeduld („das ist alles, was ich finden kann") und nicht aus freiem Willen. Oft versuchen wir, eine nicht vorhandene, nicht erprobte und unterentwickelte Beziehung doch noch zum Leben zu erwecken. Indem wir mehrere Personen gleichzeitig kennen lernen, schaffen wir uns Zeit und Raum, um herauszufinden, ob jemand unser Vertrauen verdient. Wir haben keinen Druck, zu früh eine Beziehung einzugehen, denn wir wissen, dass wir die Wahl haben.

Mehrere Menschen kennen zu lernen ermöglicht, die Schritte der geistigen Arbeit und die Techniken des Ausgehens, die wir beschrieben haben, einzuüben. Wenn Sie das richtig machen, fühlen Sie sich begehrenswert und lernen viel über sich und andere. „Richtig machen" heißt, mit vielen Leuten auszugehen, ohne mit ihnen ins Bett zu gehen.

Wenn Sie so sind wie viele unserer Klienten, möchten Sie sich am Anfang nur mit einem Menschen verabreden. Manche lehnen es ab, mehre Verabredungen zugleich zu treffen, weil es unpraktisch erscheint. „Mir reicht es schon, mich mit einer Person zu treffen, wie um alles in der Welt soll ich zwei oder drei Leute kennen lernen, um wegzugehen?" Es ist oft überraschend, wie schnell und leicht man Bekanntschaften schließt, wenn man optimistisch an die Sache herangeht. Falls Sie nur mit einem Menschen ausgehen und niemand anders mehr kennen gelernt haben, sollten Sie zumindest dieser Möglichkeit gegenüber offen bleiben. Im Regelfall gestatten wir uns auf Grund unserer romantischen Vorstellungen, uns anderen Menschen zu verwehren, sobald wir das Gefühl bekommen, unseren „besonderen" Partner entdeckt zu haben. Bis wir uns entscheiden, dass dem wirklich so ist, sollten wir uns aber alle Möglichkeiten offen halten.

Der andere Grund der Ablehnung ist, dass sich die meisten Menschen nicht trauen, ihren Begleitern von Anfang an zu sagen, dass sie sich auch mit weiteren Leuten treffen wollen. Besonders dann, wenn Sie bereits zum vierten oder fünften Mal miteinander ausgehen, macht dieses Geständnis einen merkwürdigen Eindruck. Wie bewerkstelligen Sie es also, anzukündigen, dass Sie sich auch noch anderweitig verabreden möchten?

> „Während wir uns kennen lernen, werde ich mich auch noch mit anderen Leuten treffen, und ich schlage dir vor, du tust das auch. In der Vergangenheit habe ich mich immer in meinem Verlangen verstrickt und bin viel zu schnell Beziehungen eingegangen. Ich kannte den Menschen gar nicht. Die Beziehungen zerbrachen und das tat mir weh. Obwohl ich dich attraktiv und interessant finde und dich unbedingt kennen lernen will, weiß ich, dass es mir helfen wird, langsam eine romantische Freundschaft zu entwickeln und keine unrealistischen Erwartungen zu hegen, wenn ich mich auch anderweitig verabrede. Sollten wir an einen Punkt kommen, an dem wir beide uns etwas Ernsteres wünschen, können wir uns darüber unterhalten und dann gemeinsam beschließen, uns nicht mehr mit anderen Menschen zu treffen."

Es besteht die Gefahr, dass Sie, wenn Sie sich mit mehreren Personen gleichzeitig verabreden, einige Schwierigkeiten hinsichtlich der Entscheidung „zum Ausgehen – für eine Beziehung" bekommen. Sie sind beziehungsbereit und lernen jemanden kennen, der zum Ausgehen geeignet ist. Im Idealfall beenden Sie die Verbindung sofort, nachdem Sie seinen Status erkannt haben. In der Realität werden aber einige weiterhin mit dieser Bekanntschaft ausgehen, denn sie ermöglicht ein ausgewogenes Leben, hält romantische Illusionen in Schach und macht einfach Spaß. Wir können Ihnen das nicht empfehlen, raten Ihnen aber, Ihre Vorstellungen offen zu legen und kein Geheimnis daraus zu machen. Damit haben Sie beide faire Chancen und verletzen sich nicht unnötig.

Bei umgekehrter Lage – Sie sind bekanntschaftsbereit und der andere wünscht eine Beziehung – ist es genauso wichtig, dass Sie ehrlich und aufrichtig in Bezug auf Ihre Absichten, sich auch mit anderen Leuten zu treffen, sind.

Seelische Beziehungsarbeit

Es bedarf einer gewissen seelischen Anpassung, um gleichzeitig mehrere Verabredungen zu treffen.

1. Egal ob Sie nur ausgehen wollen oder eine Verbindung suchen; warum könnte es für Sie vorteilhaft sein, sich gleichzeitig mit mehreren Leuten zu verabreden? Über welche Bedingungen Ihrer Liste haben Sie dazugelernt? Schreiben Sie diese auf.

2. Beantworten Sie folgende Frage: Aus welchem Grund würde ich aufhören, mich mit mehreren Leuten zu treffen, wenn ich mich noch nicht auf eine Person festgelegt habe?

3. Teilen Sie Ihren Bekanntschaften mit, ob Sie nur an einer losen Verbindung interessiert sind oder etwas Ernsthaftes suchen?

4. Lehnen Sie ab, mit mehreren Leuten auf einmal Verabredungen zu treffen und auch Ihren Bekanntschaften die gleichen Rechte einzuräumen? Warum? Hängt es mit einem Mangel an Selbstvertrauen und Selbstwertgefühl zusammen? Oder haben Sie Angst, jemanden zu verletzen?

5. Wie würden Sie einer Bekanntschaft erklären, dass Sie sich noch mit weiteren Leuten treffen? Schreiben Sie es auf.

Meditation

Ausgehfähig: *Mich mit mehr als einer Person zu treffen ermöglicht mir, meine Ansichten zu überprüfen und selbstsicherer zu werden. Ich bin dankbar für die Möglichkeit, mich bewusst zu verabreden und mich und andere kennen zu lernen.*

Beziehungsfähig: *Indem ich mehr als einen Menschen ausführe, erhalte ich mir die Freiheit, bewusst, langsam und weise einen Partner zu suchen, der mich unterstützt und meine Lebensziele teilt. Ich weiß, dass es ihn gibt.*

27. Sex

Wenn Sie ein beziehungsfähiger Mensch sind, der hofft, seinen Kameraden oder geistigen Partner zu finden, kann Sex in Ihrer frühen Beziehungszeit dazu beitragen, dass Sie Ihr Ziel nicht erreichen. Leider fällt es den meisten Menschen leichter, intim zu sein als einander zu vertrauen, und wir lernen viele Männer und Frauen kennen, die die tiefe Verbundenheit, die sich im Laufe einer Seelenpartnerschaft einstellt, gegen sofortige sexuelle Erfüllung tauschen.

Im Rausch des Verlangens gehen die Leute oft davon aus, dass Vertrauen, Loyalität und Verbundenheit bereits vorhanden sind oder sich bald einstellen werden. Der rosarot romantischen Illusion verfallen, glauben sie, dass sich diese Verbindungen automatisch ergeben, sobald sie mit jemandem ins Bett gegangen sind. Tatsache ist, dass sich nur selten Freundschaft entwickelt, wenn Leidenschaft und Verblendung von Anfang an die Beziehung beherrschen.

Sexuelle Beziehungen bereits zu Beginn des Verhältnisses ändern die Lage dramatisch. Das Gefühl, verzaubert zu sein, zeigt uns deutlich, wie Sex uns unseren Verstand und unsere Objektivität raubt. Zu schneller Sex hindert uns daran, nach unseren seelischen Schritten zu handeln: Fragen zu stellen, unsere Bedingungen zu achten und keine romantischen Illusionen zu hegen. Manchmal sind wir so ungeduldig und unser Selbstwertgefühl ist so niedrig, dass die Absicht, eine Beziehung mit Hilfe von Sex einzugehen, unser Leben bestimmt.

Wenn Sie nur mit anderen Menschen ausgehen möchten, brauchen Sie sich natürlich nicht zurückzuhalten (obwohl es vielleicht zu früh ist). Sie verabreden sich, um sich zu vergnügen, und nicht, um eine lang andauernde Beziehung einzugehen. Da macht Sex Spaß, solange Sie sich vor Krankheiten und unerwünschten Schwangerschaften schützen.

Menschen, die eine Beziehung wünschen, suchen mehr als nur ein kurzes Vergnügen. Zugegebenermaßen erscheint es schwer, wenn nicht sogar unmöglich, auf Sex zu verzichten.

Ein besseres Verständnis der Zusammenhänge wird Ihnen den Kampf erleichtern.

Beginnen wir mit diesem Grundgesetz:

Bringen Sie Sex erst dann bewusst in Ihre Partnerschaft, wenn Sie den anderen Menschen gut kennen und eine romantische Freundschaft führen.

In der Regel braucht es drei bis sechs Monate, bevor Sie wissen, wer der andere wirklich ist und Sie beide sich entschieden haben, ob Sie zusammenbleiben wollen. Das soll nun nicht heißen, dass Ihre Beziehung in den ersten Monaten in einer puritanischen Atmosphäre ablaufen muss. Es gibt viele Möglichkeiten, einander Zuneigung zu zeigen und eine romantische Atmosphäre ohne Sex aufzubauen. Das Ziel ist, Ihr Verhalten in der Balance zu halten. Es ist gefährlich, sich zu Hause zu verabreden, denn möglicherweise können Sie sich dann nicht beherrschen. Bemühen Sie sich, sich nicht in schwierige Situationen zu begeben – verzichten Sie zum Beispiel auf den Wochenendausflug, trinken Sie nicht zu viel ...

Was Ihnen vielleicht noch dabei hilft, nicht zu früh in Ihrer Beziehung Sex zu haben, ist die Erkenntnis, wie wichtig das langsame Kennenlernen, Aneinandergewöhnen und der Aufbau einer romantischen Freundschaft sind.

Als Jennifer Stuart kennen lernte, fühlte sie sich sofort von seiner sanften, herzlichen Art angezogen. Während der folgenden drei Monate trafen sie sich regelmäßig. Jennifer sah ihre gemeinsame Zukunft rosig, denn Stuart entsprach in vielem ihren Vorstellungen. Er wusste genau, wann er seinen Sinn für Humor einsetzen musste, um ihrer ernsten Art zu begegnen; seine offene und sensible Art fand Anerkennung in den vielen sozialen Einrichtungen, in denen er den Vorsitz hatte, und seine gut gehende Anwaltskanzlei gab ihnen reichlich Gelegenheit, nach Europa zu fliegen.

Fast von Anfang an wünschte sich Stuart eine körperliche Beziehung. Als Jennifer sagte, sie würde lieber noch warten, bis sie sich besser kennen, gab er widerwillig nach.

Erst nach drei Monaten kamen Stuarts Launen und sein obskures Verhalten zum Vorschein. Jennifer war sprachlos, außerordentlich enttäuscht und sehr desillusioniert.

„Ich bin nur erleichtert, dass ich nicht mit ihm im Bett war", vertraute sie ihrer besten Freundin an. „So schwer, wie es mir fällt, mit Stuart Schluss zu machen, es wäre noch viel schwerer geworden, wenn ich mit ihm geschlafen hätte. Dann müsste ich auch noch mit meinen Emotionen fertig werden und wäre wesentlich mehr betroffen."

Wir hatten Klienten (besonders Frauen), die uns berichteten, dass ständiger Sex ihre Beziehungen zerstörte. Manche von ihnen, die viele Sexualpartner hatten oder in kontinuierlichen monogamen Beziehungen lebten, sprachen darüber, wie oberflächlich und bedeutungslos und ohne jede emotionale Beteiligung die Geschlechtsbefriedigung für sie war. Ihre Entscheidung, in der Beziehung Sex zu haben, muss bewusst und das Ergebnis einer Vertrautheit, die Sie bereits aufgebaut haben, sein.

Beziehungsfähige Menschen kommen an eine Kreuzung, an der sie sich für Sex in einer Beziehung entscheiden können. Obwohl es wünschenswert wäre, dass dies erst nach drei bis sechs Monaten der Fall ist, lässt es sich nicht immer genau festlegen. Um Ihnen eine Hilfe zu geben, wann Sie an diesem Punkt angekommen sind, haben wir Ihnen hier einige Merkmale zusammengestellt:

- Beide mögen und lieben sich.
- Sie kennen sich beide gut genug, um sich das Versprechen der Ausschließlichkeit zu geben.
- Ihr Leben ist ausgeglichen.
- Sie haben keine romantischen Illusionen.
- Sie erfüllen beide die gegenseitigen Ansprüche.
- Sie führen eine romantische Freundschaft.
- Sie haben gemeinsam gute und schlechte Zeiten überstanden.
- Sie müssen den anderen nicht „heilen".
- Sie haben Vertrauen ineinander.

- Sie besprechen Verhütung, sicheren Sex, die vergangenen Beziehungen und Ihre Erwartungen an die Partnerschaft.
- Sie verinnerlichen die Grundlagen dieses Buches und leben in Ihrer Beziehung danach.

Es gibt einige praktische Überlegungen, die hier in diesem Zusammenhang besprochen werden sollten. Eine häufig gestellte Frage betrifft die Antwort, die man geben soll, wenn das Gesprächsthema auf Sex kommt. Hier eine Möglichkeit, die Ihnen in diesem Fall weiterhelfen kann:

„Ich bin momentan noch nicht bereit dafür. Es ist nicht, weil ich dich nicht anziehend, interessant oder so finde, aber ich muss erst vertrauter mit dir werden und mir sicher sein, dass wir eine Partnerschaft anstreben."

Wenn jemand Sie zum Sex drängt, obwohl Sie Ihre Meinung dazu gesagt haben, handelt es sich dabei um einen Menschen, der kein besonderes Interesse an Ihrem Wohlergehen und einer dauerhaften Beziehung hat. Mit diesem Menschen können Sie ausgehen. Sie erkennen durch diesen Konflikt zumindest den emotionalen Status des Kandidaten.

Ein anderes typisches Thema ist die drei- bis sechsmonatige Wartezeit und wie sie sich verkürzen lässt. Wir haben festgestellt, dass es möglich ist, die Wartezeit zu kürzen, wenn zwei Menschen ihre emotionale und spirituelle Arbeit gemacht haben, gute Interviewer sind, gut miteinander kommunizieren können, sich offen verhalten und ihre Verletzlichkeit zeigen. Dennoch wollen wir nicht zu der Annahme verleiten, dass die meisten Menschen so weit fortgeschritten sind und bereits nach einem oder zwei Monaten miteinander schlafen können. Auch wollen wir nicht behaupten, dass sich eine mehrmonatige Abstinenz ohne Entzugserscheinungen überstehen lässt. Auch wenn wir Ihnen vorschlagen, kalt zu duschen, sich selbst zu befriedigen oder Sport zu treiben, bedarf es doch innerer Stärke, sich von Sex fern zu halten. Wenn Sie ein spiritueller Mensch sind oder einer werden wollen, sollten Sie wissen, dass Abstinenz sehr vergeistigend wirken kann. Sexuelle Enthaltsamkeit ist eine gute Übung, um Gedanken zu klären, sich göttlicher Energie zu öffnen und neue kreative Möglichkeiten zu entdecken.

Während sowohl Männer als auch Frauen Schwierigkeiten mit der sexuellen Zurückhaltung haben, sind Frauen in besonderem Maße davon betroffen, da bei ihnen Sex ein Teil der Partnerschaft ist. Das ist zum Teil von einem Hormon namens Oxitocin (dem Liebeshormon) abhängig, das auch den Orgasmus auslöst. Durch das Oxitocin meldet der Körper einer Frau nach dem Beischlaf: „Ich bin verliebt", obwohl das Gehirn sagt: „Du kennst ihn doch kaum." Manche Frauen werden richtig süchtig nach Sex, während Männer in der Regel weitgehend unbeteiligt bleiben.

Gibt es Ausnahmen von der Regel, dass Menschen, die beziehungsfähig sind, noch warten sollen? Es gibt einige wenige Situationen, in denen Sex die Entwicklung der Kameradschaft oder einer geistigen Freundschaft nicht beeinflusst. Sue zum Beispiel traf sich mit zwei Männern und aus irgendeinem Grund fühlte sie sich mehr zu Joe hingezogen. Obwohl sie ihn nicht gut genug kannte, um sich auf eine ausschließliche Beziehung einzulassen, ging sie doch mit ihm ins Bett. Die Fragen, die Sue sich stellen muss, sind: Kann sie Joe immer noch unvoreingenommen und objektiv über ihre Bedingungen ausfragen? Bringt sie es fertig, keine Ansprüche an ihn zu stellen? Wie fühlt sie sich, falls er mit einer anderen Frau ausgeht? Ist sie damit einverstanden, dass sie nur eine sexuelle Beziehung miteinander haben, aber mit anderen Leuten ausgehen?

Wenn Sue und Joe sich all diese Fragen ehrlich beantworten, besteht die Möglichkeit, dass sich bei ihnen aus Freundschaft eine dauerhafte Partnerschaft entwickelt. Aber wie Sie sehen, erschwert sich die Entwicklung der Beziehung dadurch, dass Sex eingebracht wird, noch bevor wichtige Punkte geklärt sind.

Sowohl Menschen, die nur ausgehen möchten, wie auch Beziehungsfähige sollten sich vor dem Sex über ihre Erwartungen an die Beziehung und ihre Entwicklung danach unterhalten. Nachdem in einer Beziehung Sex dazugekommen ist, kommt es oft zu unrealistischen Erwartungen. Einer erwartet, dass der andere sich jeden Abend meldet, sich jeden Samstagabend zum Ausgehen bereithält oder auf Sex mit anderen Partnern verzichtet. Durch ein vorheriges Abklären der Erwartungen lässt sich hinterher viel Enttäuschung vermeiden.

Seelische Beziehungsarbeit

Sex kann herrlich sein, aber es zahlt sich aus, vor dem Beischlaf sorgfältig Ihre Erwartungen mit dem Partner zusammen abzuklären.

1. Untersuchen Sie Ihre Einstellung zum Sex. Handelt es sich dabei um überkommene Botschaften Ihrer Eltern, der Kirche, von Freunden und der Gesellschaft? Halten Sie noch an diesen Überzeugungen fest oder haben sich Ihre Prioritäten verlagert?
2. Aus welchen Motiven heraus suchen Sie Sex? Zur körperlichen Erleichterung, um jemanden an sich zu binden, um (falsche) Vertrautheit herzustellen oder um einer bereits bestehenden, gut entwickelten romantischen Freundschaft eine weitere Dimension hinzuzufügen (nach sechs Monaten)?
3. Erinnern Sie sich an eine Beziehung, in der Sie von Anfang an große Lust auf Sex hatten. Erstellen Sie eine Liste der Eigenschaften, mit denen Sie diese Beziehung sechs Monate später (oder kurz bevor sie endete) beschreiben würden. Wie erklären Sie sich eine eventuelle Abweichung von der Liste? Haben er oder Sie sich geändert? Oder hat sich Ihre Wahrnehmung der Beziehung geändert? Wenn ja, wie und warum?
4. Wenn Sie bereits in einem frühen Stadium der Beziehung miteinander Sex haben, können Sie dann noch objektiv und bewusst urteilen?
5. Unabhängig davon, ob Sie ausgehen möchten oder eine Beziehung suchen, führen Sie ein offenes Gespräch vor dem Akt über Bluttests, sicheren Sex, Erwartungen usw.?

Meditation

Ausgehfähig: *Ich liebe mich selbst genug, um sicheren Sex zu praktizieren. Niemand kann mich vom Gegenteil überzeugen. Ich bin mit meiner Entscheidung zufrieden.*

Beziehungsfähig: *Ich bin bereit, so lange sexuell enthaltsam zu leben, bis ich den Menschen finde, der möglicherweise mein geistiger Freund oder Seelenpartner wird. Ich bin froh über meine Entscheidung, zu warten.*

28. Gute Planung

Nun haben Sie eine neue Einstellung und die Fähigkeiten erlernt, die zur Partnersuche notwendig sind. Es ist an der Zeit, eine Strategie zu entwerfen oder einen „Marketingplan" zu erstellen, um das angestrebte Ergebnis zu erreichen. Dieser Plan ist abhängig von der Art Beziehung, die Sie suchen.

Wenn eine Kameradschaft Ihrem Wunschtraum entspricht, müssen Sie sich hauptsächlich auf „Machen" konzentrieren. Alles kommt für Sie in Frage, von einem Kochkurs bis hin zum Weinseminar oder Tennis. Suchen Sie sich nach außen hin offene, intellektuell anspruchsvolle Aktivitäten, die Ihre Persönlichkeit mit einbeziehen und wo Sie dann ähnlich eingestellte Menschen treffen.

Wenn Sie eher auf der Suche nach einem geistigen Freund oder Seelenpartner sind, schauen Sie sich natürlich eher dort um, wo Sie einen spirituell eingestellten Menschen kennen lernen können. Darunter fallen zum Beispiel spirituelle Seminare, Besinnungswochenenden, Yogakurse, Meditationen usw. Diese Aktivitäten werden aus zwei Gründen gewählt: Zum einen geht es darum, sich in einer Gruppe Gleichgesinnter anzuschließen, die eine vertrauliche psychologische und spirituelle Interaktion erwarten, und zum anderen wollen die Teilnehmer auf dem Weg des inneren Wachstums weiterkommen.

Menschen, die nach geistigen Freunden oder Seelenpartnern suchen, haben ein großes Interesse, sich an Orten einzufinden und Dinge zu tun, die eine erhebliche Bereitschaft zur Mitteilung und dem Ausleben der Gefühle versprechen. Sie möchten sich emotional, psychisch und seelisch engagieren. Sie bemühen sich sogar dann, authentisch zu wirken, wenn sie auf eine Feier oder zu einer Sportveranstaltung gehen, und sind immer auf der Suche nach einer erfrischenden und herzlichen Unterhaltung. Sie wollen andere nicht nur durch ihre Persönlichkeit beeindrucken.

Jene, die sich auf eine Seelenpartnerschaft einlassen und auch nach einer geistigen Freundschaft suchen, gehen auf Veranstaltungen und übernehmen Verantwortung, um zu lernen und zu wachsen. Die Planung liegt letztlich dann beim Universum, denn es bedarf einer höheren Macht, um zwei Menschen zu verbinden.

Ganz egal welche der drei Ebenen Sie anstreben; Sie werden in allen Schritten durch die seelische Beziehungsarbeit begleitet und unterstützt. Entweder haben Sie sie in Ihre eigene Lebensplanung mit einbezogen oder Sie arbeiten gerade noch daran. Wichtig ist, dass Sie Ihre Hingabe an diesen Prozess kundtun.

Der Augenblick, an dem wir uns endgültig ergeben, ist der, an dem die Vorsehung für uns sorgt. .... alle möglichen Dinge geschehen, um einem weiterzuhelfen, die normalerweise nie passiert wären. Ein ganzer Strom resultiert aus der Entscheidung und sucht zum Vorteil des Betroffenen alle möglichen Ereignisse, Treffen und materielle Hilfe, von der niemand hoffen konnte, dass er der Glückliche ist.

W.H. Murray (in seiner Diskussion zum Bestieg des Mount Everest.)

Wie dieses Zitat zeigt, wird Ihnen, sobald Sie sich einmal dazu entschlossen haben, Ihren Kameraden, geistigen Freund oder Seelenpartner zu suchen, durch eine unbekannte Macht (lt. Murray) jegliche Hilfe zuteil, die Sie brauchen. Je entschiedener Sie einen passenden Partner suchen, Ihre geistige Arbeit verrichten und je weiter Ihr Blickfeld ist, desto eher kommt dieser Mensch in Ihr Leben.

Marketing in eigener Sache ist das Versprechen, dass Sie die Dinge tun werden, die Orte aufsuchen und die innere Arbeit, die Sie in Ihrem Wesen unterstützt, vollenden. Das heißt, dass Sie neuen Möglichkeiten gegenüber offen bleiben müssen – für besondere Orte, Umstände und Umgebungen, in denen Sie Ihren Kameraden oder geistigen Freund kennen lernen und bewusst für sich einnehmen können. Wenn Sie ansprechbar bleiben und den Interview-Prozess zu Ihrem Vorteil nutzen, ist fast jeder Ort oder Platz geeignet, um Ihren Partner kennen zu lernen, wenn Sie sich so authentisch wie möglich verhalten. Sie vergrößern die Chancen erheblich, wenn Sie dorthin gehen, wo viele andere Menschen sind, die die gleichen Werte wie Sie selbst vertreten.

Sie beeinflussen Ihren Wert nicht nur durch die Art Ihrer Beziehung, sondern auch dadurch, ob Sie eine feste Beziehung wünschen oder eher ausgehen wollen. Es gibt viele Menschen, die gerne weggehen und üben, wie man Umgang mit anderen Menschen hat und Bekanntschaften knüpft. Sie üben Offenheit und versuchen, Klarheit über ihre Anforderungen zu gewinnen, Fragen zu stellen und die Fähigkeiten zu erwerben, auf die es in einer Beziehung ankommt.

Beziehungsfähige Menschen ihrerseits konzentrieren sich darauf, bindungsfähige Partner kennen zu lernen und die herauszufinden, die nicht ihren Vorstellungen entsprechen.

Als Ergebnis dieser beiden unterschiedlichen Ziele müssen die Menschen wissen, wie sie sich, je nach ihrer Beziehungsfähigkeit, „verkaufen". Schauen wir uns die unterschiedlichen Methoden in drei typischen Umgebungen an:

- *Bars:* Sie sind gut geeignet, wenn Sie ausgehen wollen. Treffen in Bars konzentrieren sich eher auf Äußerlichkeiten als auf innere Qualitäten. In einer Bar ist es sehr schwer, ein ernsthaftes Gespräch zu führen und Fragen zu stellen. Laute Musik und Erwartungen lenken uns ab, so dass es schwer ist, hinter die Fassade zu schauen. Menschen, denen es aufs Ausgehen ankommt, finden in Bars ihr ideales Betätigungsfeld, um zu flirten und passende Taktiken zu erproben. Es ist mit Sicherheit kein guter und geeigneter Ort, um einen Seelenpartner zu finden.
- *Kleinanzeigen:* Diese Anzeigen können Sie sowohl unverbindlich als auch verbindlich verfassen. Sie können auch für alle drei Partnerschaftsarten eingesetzt werden. Bei Beziehungswünschen sollte sich die Anzeige um die Voraussetzungen drehen und eine ernsthafte, deutliche Nachricht übermitteln. Zum Ausgehen sollte die Anzeige unbeschwert, oberflächlich (Aussehen, Hobbys) und vergnügungsorientiert sein. Im Folgenden zwei Beispiele:

Zum Ausgehen: Ingenieur, 34, 1,84/75, gut aussehend und unabhängig, sucht hübsche Fee bis 28, warmherzig und sportlich zum Ausgehen, Sonnen und Segeln. Alle Arten des Wassersports, Rad fahren, Tennis, Kultur, Kochen und Essen gehen und Reisen werden geboten. Keine Kinder. Antwort unter ...

Bindungswillig: (Geistiger Freund/Seelenpartner) Ich beschreibe, wer ich bin, und Sie wissen, wen ich suche: Dipl.-Päd., 45, 170/65 klug, lebenslustig, gut aussehend und ein christlich eingestellter Rotschopf sucht einen integren, vertrauenswürdigen, finanziell unabhängigen und gesunden Mann, 40-50 Jahre alt. Er glaubt an Familie und versteht die Unterschiede zwischen den Geschlechtern, pflegt gute Beziehungen zu Familie und Freunden. Hat seine Vergangenheit, wünscht eine intime, spirituelle Beziehung auf seelischer Basis, ist naturverbunden.

■ *Partnerschaftagenturen und Heiratsvermittlungen:* Menschen, die nur eine oberflächliche Beziehung suchen, brauchen an einen Partner keine umfassenden Bedingungen zu stellen. Sie suchen einen Menschen, mit dem sie sich vergnügen können und Spaß haben. Jemand, der jedoch eine dauerhafte Bindung sucht, sollte seine Vorstellungen entsprechend seinen Ansprüchen genau beschreiben. Sie dürfen nicht davon ausgehen, dass andere Menschen wissen, wen und was Sie suchen.

Seelische Beziehungsarbeit

Wenn Sie das finden wollen, was Sie suchen, müssen Sie sich so darstellen, dass es Rückschlüsse auf Sie zulässt.

1. Haben Sie als Mensch, der ausgehen möchte, einen gut durchdachten „Marketingplan", der Ihnen Möglichkeiten bietet, andere Leute kennen zu lernen? Unterstützt Ihre Strategie Sie dabei, offen zu sein und Ihre Ansprüche zu überdenken? Hilft sie Ihnen, beziehungsfähig zu werden? Suchen Sie nach der Ursache, wenn Sie keinen Plan haben und auch keinen erstellen wollen. Sind Sie träge? Faul? Mangelt es Ihnen an Selbstvertrauen oder Selbstwertgefühl?

2. Bevor Sie sich als Mensch bezeichnen, der einen Kamera-
    den oder geistigen Freund sucht, sollten Sie folgende Fra-
    ge beantworten können: „Bin ich der Kamerad/geistige
    Freund, der den Menschen anziehen kann, nach dem ich
    suche?"

3. Fragen Sie jemanden, der ebenfalls auf der Suche nach
    einem Kameraden ist, ob Sie seine Kriterien in Hinblick
    auf Werte und Unternehmungen erfüllen könnten.

4. Reflektiert Ihre Suche als Mensch, der eine Seelenpartner-
    schaft wünscht, die Verbundenheit, emotionale Intimität
    und das persönliche Wachstum, das nötig ist, um einen
    solchen Partner anzuziehen?

Meditation

Ausgehfähig: *Ich lerne andere Menschen kennen, um mehr
über mich und andere zu lernen und um erfolgreicher in meinen Bemühungen zu werden. Indem ich die Initiative ergreife
und ein Profil von mir erstelle, bringe ich mich diesem Ziel
näher.*

Bindungswillig: *Ich will einen Plan erstellen, der mich zu
meinem Kameraden oder geistigen Freund führt, den ich mir
wünsche und verdiene. Bis dahin werde ich öfter ausgehen, um
mehr über mich und andere zu lernen.*

29. Ist das der Richtige?

Es kommt in einer seelischen Beziehung der Moment, an dem wir bereit sind, uns zu entscheiden, ob wir uns einer Person ganz zuwenden und aufhören, uns mit weiteren Bekannten zu treffen. Die meisten Menschen feiern diese Entscheidung, indem sie sich verloben und Hochzeitsvorbereitungen treffen. Sie wissen nicht, dass es noch einen Zwischenschritt gibt – in dem sie prüfen sollten, ob es wirklich der richtige Partner für sie ist. Fragen zu stellen eröffnet Ihnen die Möglichkeit, den anderen Menschen besser kennen zu lernen und auch ihm die Chance zu geben, Sie noch besser kennen zu lernen, damit auch er entscheiden kann, ob Sie wirklich Partner fürs Leben sind.

In diesem Stadium kann es passieren, dass Ihnen bewusst wird, dass Sie doch nicht zusammenpassen, oder Sie stellen fest, dass Sie wirklich Ihren geistigen Freund oder Seelenpartner gefunden haben. Es ist ein zweischneidiger Vorgang.

Ausschließlichkeit

Wie erkennen Sie, dass Sie andere Verbindungen lösen sollten? Es gibt keinen Indikator, der Ihnen sagt, dass es nun an der Zeit dafür ist. Sie können nicht generell festlegen, dass nach dem 20. Treffen der Moment gekommen ist, an dem Sie eine feste Partnerschaft aus Ihrer Beziehung machen sollten. Wenn Sie diesen Punkt erreicht haben und sich auf ein Wir vorbereiten, müssen Sie die folgenden Kriterien bedacht haben:

- Sie haben Ihr Verlangen überwunden und mögen und lieben den anderen genau so, wie er ist.
- Sie sind sich über Ihre Bedingungen im Klaren und wissen, was Sie sich von einer Partnerschaft wünschen.
- Sie kennen sich lange genug und vertrauen darauf, den Partner gefunden zu haben, der Ihren Wertvorstellungen und Ansprüchen entspricht.

- Sie haben sich genügend miteinander unterhalten, um sicher zu sein, dass Ihr Partner bindungsfähig ist und anscheinend über die Qualititäten verfügt, die er angestrebt hat. Der Partner ist fähig, eine geistige Freundschaft oder Seelenpartnerschaft einzugehen.
- Sie vertrauen ihm.
- Sie wollen sich binden, weil er dazu beiträgt, dass Ihr Leben ausgeglichen ist.
- Sie haben gemeinsam Ärger und Missverständnisse bewältigt.
- Sie können Ihren Partner um einen Gefallen bitten und auch eine gelegentliche höfliche Ablehnung verkraften.
- Sie trauen sich auch, nein zu sagen, obwohl das selten der Fall ist.
- Sie erkennen die Bedürfnisse des anderen, ohne dabei Ihre eigenen aus den Augen zu verlieren.

Menschen, die einen geistigen Freund oder Seelenpartner suchen, sollten zusätzlich noch die folgenden Aussagen bejahen können:

- Sie nehmen alle Informationen wahr, vertrauen auf Ihre Intuition und Ihr höheres Selbst, um den richtigen Zeitpunkt der Ausschließlichkeit zu erkennen.
- Sie sind sich sicher, dass Ihr Partner ausreichend spirituelle, geistige und psychische Arbeit geleistet hat.
- Ihr Partner unterstützt Sie im Wachstum und bei dem Streben nach höheren Zielen; Sie wiederum helfen ihm.

Seelische Beziehungsarbeit

1. Beantworten Sie folgende Fragen, um festzustellen, ob Sie bereit sind, sich auf eine ausschließliche Partnerschaft einzulassen:

   - Welche Gefühle haben Sie, wenn Sie sich bewusst machen, dass es keine Möglichkeit mehr für andere Beziehungen gibt?

- Haben Sie Angst, Ihre „Freiheit" aufzugeben?
- Denken Sie, dass Sie „eingesperrt" sind, wenn Sie Ihre Zeit und Aufmerksamkeit nur einer einzigen Person zukommen lassen?
- Haben Sie immer noch Ihren persönlichen Freiraum und Ihre Grenzen, sobald Sie aufhören, sich mit anderen Bekannten zu treffen?
- Wollen Sie mit dieser einen Person eine feste Beziehung deswegen eingehen, weil Sie das Gefühl haben, dass Sie nichts Besseres finden werden, oder weil Sie keine andere Wahl haben und sich zufrieden geben?
- Fällen Sie diese Entscheidung aus Ungeduld oder weil Sie ein gutes Gefühl haben?

2. Stellen Sie sich nun vor, dass es Ihren Partner nicht mehr in Ihrem Leben gibt. Wie fühlen Sie sich? Traurig, erleichtert ...? Würden Sie ihn in Ihrem Leben vermissen? Fällt es Ihnen schwer, sich eine Zukunft ohne ihn vorzustellen?
3. Blättern Sie zurück und lesen Sie nochmals unsere Definition einer romantischen Freundschaft auf Seite 138ff. Entspricht Ihre Beziehung dieser Definition? Erstellen Sie eine Liste der Eigenschaften, die Ihre Beziehung kennzeichnen.

Meditation

Ich habe einen Punkt in meinem Leben erreicht, an dem ich bereit bin, mich nur einem Menschen ganz zu widmen und nicht mehr mit anderen Bekannten auszugehen.

Das Wir definieren

Da Sie sich nun für ein Wir entschlossen haben, ist es Zeit herauszufinden, ob die Partnerschaft ein Leben lang halten wird. Während Sie Ihre Beziehung festigen, müssen Sie überprüfen:

- Wer bin ich und welche Ziele habe ich?
- Welche Ziele hat mein Partner?
- Welche Art von Partnerschaft stelle ich mir vor und was wünscht sich mein Partner?
- Können wir das gemeinsam erreichen?

Wenn Sie sich das Versprechen der Ausschließlichkeit geben, definieren Sie dabei das Wir. Nun müssen Sie beide klären, wie Ihre Beziehung aussehen soll, und dann auf dieses Ziel hinarbeiten.

Je länger die Partnerschaft besteht, desto mehr kommen auch die negativen Seiten beider Individuen zum Vorschein und Sie müssen darauf vorbereitet sein, offen und ehrlich darüber zu reden. Klare und authentische Kommunikation ist entscheidend! Die Beziehungsarbeit gibt zudem noch die Möglichkeit, Ansprüche und Voraussetzungen endgültig zu definieren, Grenzen zu setzen, Meinungen und Gefühle auszusprechen, unterschiedliche Ansichten zu haben, sich zu entschuldigen, zu vergeben und nicht darauf zu beharren, Recht zu haben.

Während Sie sich ausschließlich auf einen Menschen einlassen, können Probleme auftreten, die unlösbar sind. Bart und Gretta gingen zum Beispiel sechs Monate miteinander, die letzten zwei davon ausschließlich miteinander. Von Anfang an war Gretta klar gewesen, dass Bart eine andere Arbeitseinstellung hatte als sie und auch mit Geld anders umging. Gretta nahm an, dass die Freundschaft beiden helfen würde, einen zufriedenstellenden Kompromiss zu finden. Aber als sich beide ausschließlich aufeinander konzentrierten, wurde Geld zu einem beherrschenden Thema und sorgte für hässliche Szenen. Gretta hatte den Eindruck, dass Bart faul und verschwenderisch war, während Bart ihr vorwurf, sie habe eine zugeknöpfte und unrealistische Haltung dem Geld und der Arbeit gegenüber. Die Intensität, die durch die Ausschließlichkeit der Beziehung zustande kam, brachte diese Konflikte ans Licht und es ist möglich, dass sich Gretta und Bart trennen müssen, falls dieses Problem nicht gelöst werden kann.

Seelische Beziehungsarbeit

Die folgenden Überlegungen und Fragen könnten im Laufe Ihrer Arbeit an Ihrer gemeinsamen Partnerschaft auftauchen. Überlegen Sie, ob Sie und Ihr Partner damit umgehen können:

- Wie verbringen wir unsere gemeinsame und individuelle Zeit?
- Welche Ängste und Probleme ergeben sich, wenn wir uns überlegen, für immer zusammenzubleiben?
- Können wir einander helfen und gemeinsam wachsen?
- Welche Möglichkeiten bestehen für ein soziales Engagement?
- Welche innerliche Arbeit müssen wir noch leisten und wie wirkt sich diese auf unsere Beziehung aus?
- Wird es uns möglich sein, ständig ein wenig Leidenschaft und Romantik zu erhalten – sowohl im als auch außerhalb des Schlafzimmers?
- Wie verbessern wir die Qualität unserer Machtkämpfe und diskutieren fair?
- Gelingt es uns, das Bedürfnis, Recht zu haben, zu unterdrücken und durch Entschuldigung und Vergeben für eine beidseitig zufriedenstellende Problemlösung zu sorgen?

Fügen Sie im Laufe Ihrer Beziehungsarbeit dieser Liste Ihre eigenen Schwierigkeiten und Probleme hinzu.

Meditation

Wir arbeiten ständig an der Definition unserer Gemeinsamkeiten, um herauszufinden, ob wir eine lebenslange Partnerschaft führen möchten.

Teil V
Seelenpartnerschaft

30. Die perfekte Beziehung

Seelenpartnerschaft ist eine Form der lebenslangen Beziehung, auf die wir alle hinarbeiten können. Partner finden sich als Belohnung für ihre spirituelle, psychische und geistige Arbeit und manche Menschen sagen sogar, dass sie, wenn sie ihren Partner nicht kennen gelernt hätten, lieber für den Rest ihres Lebens alleine geblieben wären.

Manche weigerten sich früher, ihren geistigen Freund zu heiraten, weil sie lieber auf ihren geistigen Partner warten wollten. Sie hörten auf ihre innere Stimme, die ihnen zu Geduld riet. Andere Seelenpartner schlugen unterschiedliche Wege ein; machten geistige Freundschaften durch und waren verheiratet, gelangten dann aber alle an dem Punkt, an dem sie für eine tiefe spirituelle Partnerschaft bereit waren. Damit ein Paar von einer geistigen Freundschaft zu einer Seelenpartnerschaft gelangen kann, müssen beide zuvor ihre innere Arbeit abgeschlossen haben und diese Art der übersinnlichen Partnerschaft wollen.

Sie brauchen nicht mehr an ihrer Beziehung zu arbeiten, denn diese funktioniert, stattdessen können sie sich ganz dem tieferen persönlichen Wachstum widmen. Diese Bindung ist so stark, dass sie ohne andere Menschen auskommt, um sie mit Leben zu erfüllen. Sie ist im wahrsten Sinne des Wortes selbstgenügend und autonom. Beide Partner schätzen die Klarheit ihrer Beziehung und schätzen sie als den Ort, der ihnen absolute Sicherheit bietet.

In der Partnerschaft herrscht eine wunderbare Ruhe, Zufriedenheit und Ernsthaftigkeit, die beiden ermöglicht, alle Themen angstfrei, ohne die Befürchtung von Schuldzuweisungen, Scham oder Verurteilung anzusprechen und zu diskutieren. Diese Art der Beziehung ist traumhaft; wo in anderen Partnerschaften Mangel herrscht, gibt es hier reichlich und großzügig. Seelenpartner wissen, dass alles einen höheren Sinn hat, und haben ihren Frieden gefunden. Sie freuen sich über das, was das Leben ihnen bietet.

Da alles auf göttlichem Entschluss beruht, haben Menschen keinen Einfluss darauf, wann sie ihren Seelenpartner finden. Oft treffen sie überraschend und an unerwarteten Orten auf ihn. Ihre Seelen verbinden sich im Moment des Kennenlernens und es ist ein überwältigendes Gefühl. Bereits vom ersten Treffen an reden und fühlen Seelenpartner so, als ob sie sich schon immer gekannt hätten, und es kommt ihnen vor, als ob sie einen alten Freund plötzlich wieder getroffen hätten. Uns wird oft von magischen und mystischen Vorkommnissen berichtet, durch die sich zwei Seelenpartner getroffen haben – Vorgänge, für die es keine logische Erklärung gibt.

Hier berichten wir, wie sich Basha und Jeff auf ihr bemerkenswertes Treffen vorbereitet haben. Jeff:

Ich war 16 Jahre lang mit Bunny verheiratet. Im Februar 1993 wurde bei ihr Brustkrebs im letzten Stadium festgestellt und man gab ihr noch sechs Monate. Diese niederschmetternde Nachricht war eine in einer ganzen Serie von tragischen Ereignissen, die kürzlich in meinem Leben stattgefunden hatten, den Tod meiner beiden Schwiegereltern und mehrerer weiterer Familienmitglieder mit eingeschlossen. Ich konnte mich mit dem drohenden Verlust meiner Frau nicht abfinden und überzeugte sie, sich einer radikalen Chemotherapie zu unterziehen, obwohl sie sich anfangs weigerte.

In dem Jahr gab ich im Juni meinen Posten als Grundschuldirektor auf, um mich um meine Frau zu kümmern. Mehrmals die Woche brachte ich sie zur Chemo- und Strahlentherapie. Sie kämpfte eine Zeit lang verbissen und ihr Zustand besserte sich. Als sie sich im Sommer stabilisiert hatte, entschieden wir, dass ich wieder halbtags arbeiten sollte.

In dieser Arbeit lernte ich Howie kennen, der sofort zu einem wichtigen Menschen in meinem Leben wurde. Ich bin überzeugt, dass es göttliche Fügung war. Er war ein Bote Gottes, der mir geschickt worden war, damit ich verstand, was passierte, und der mich auf meinem spirituellen Weg führte. Im September wurde mein Vater mit einer Lungenkrankheit ins Krankenhaus eingeliefert und starb innerhalb von zwei Monaten.

In dieser schlimmen Zeit war Bunnys und meine Beziehung von einem besonderen Frieden umgeben und wir bereiteten uns auf ihren Tod vor. Was ich von Bunny und der bewundernswerten Art, mit der sie ihrem Tod ins Auge sah, lernte, änderte meine Persönlichkeit und Einstellung nachhaltig. Jahrelang waren wir geistige Freunde gewesen und hatten in unserer Partnerschaft sehr viel dazugelernt. Durch ihr Vorbild brachte sie mir bei, sowohl das Leben als auch den Tod mit Würde anzunehmen und meine Spiritualität auf eine Weise zu entwickeln, die ich niemals für möglich gehalten hätte.

Nach Bunnys Tod verbrachte ich viel Zeit alleine, grübelte über mein Dasein und schloss endlich Frieden mit allem, was passiert war. In dieser Zeit war Howie immer in meiner Nähe und führte mich durch die Tiefen. Diese sechs Monate war ich wirklich am Abgrund meiner Seele. Ich kam zurück, spirituell geheilt und bereit, mein neues Leben zu beginnen. Diese spirituelle Reise war sowohl ein Höhepunkt als auch ein Neubeginn. Mein Lebensziel änderte sich, als ich den alten, logisch und wissenschaftlich denkenden Jeff sah, der sich langsam zu einem gefühlvollen und wirklich intuitiven Wesen entwickelte.

Howie und seine Frau Diana versuchten immer, mich bei ihren Unternehmungen mit zu berücksichtigen. Diana war sogar eine meiner Beraterinnen beim Flirten, denn ich war über 18 Jahre nicht mehr mit einer anderen Frau ausgegangen. Eines Abends stellten sie mir Carol vor, einer Kindheitsfreundin von Howie. Carols Mann Don war Pianist in einem Jazzclub in New Jersey. An dem Abend, während Don seiner Arbeit nachging, unterhielten sich Carol und ich mehrere Stunden lang sehr intensiv über eine ganze Palette an Themen; meist drehte es sich um meine Verluste und mein neues Leben. Wundersamerweise gelang es uns, in dieser lauten Atmosphäre einander zu verstehen und miteinander zu kommunizieren, obwohl ich normalerweise empfindlich auf Lärm reagiere. Irgendwie verstand ich Carol und wir konnten uns miteinander unterhalten.

Am Ende des Abends sagte Carol zu mir: „Ich habe das noch nie gemacht, aber ich kenne die perfekte Frau für dich."

„Gut, erzähl mir von ihr."

Carol begann, mir über ihre Freundin Basha zu berichten, die in Chicago als erfolgreiche klinische Psychologin arbeitete. Ich fing an zu lachen und sagte: „Einen Moment mal, ich bin jetzt nicht darauf eingestellt, nach Chicago zu fliegen!"

„Mach dir darüber keine Gedanken", erwiderte Carol. „Basha kommt bestimmt gerne nach New York, um dich kennen zu lernen."

„Und was ist, wenn wir uns mögen? Ich kann New York jetzt nicht verlassen, wo ich mich nach all den Verlusten gerade wieder gefangen habe."

„Schon gut. Basha gibt ihre Praxis in Chicago auf und zieht hierher, um bei dir zu sein."

Später fand ich heraus, dass sie diese Dinge nicht vorher wissen konnte, denn Basha und sie hatten nur sporadisch Kontakt. Ich erkannte, dass das, was Carol mir erzählte, übersinnlich und eine göttliche Eingabe war, denn es kam genauso, wie sie mir vorhergesagt hatte.

Ich bat sie, mich zu benachrichtigen, wenn Basha in der Stadt war, und wir beschlossen den Abend. Am nächsten Tag (Carol lässt nichts anbrennen) rief sie mich an und teilte mir mit, dass Basha am Samstag, dem achten April, nach New Jersey kommen würde und für drei Tage bei ihr bleiben wollte. Ich weiß nicht, was mich veranlasste, mir drei Tage frei zu halten, um einen Menschen zu treffen, der gar nicht meinen äußerlichen Vorstellungen einer Partnerin entsprach (meine persönlichen Ansprüche). Carol stellte mich einer Jüdin vor, die ungefähr in meinem Alter war. Ich hatte mir eigentlich eine jüngere Frau und Nichtjüdin vorgestellt. Überraschenderweise folgte ich aber nicht meinem Verstand, sondern hörte auf eine innere Stimme. Ich trug in meinen Kalender „Basha, Wochenende" ein und hielt mir die Zeit bis auf eine Partie Golf frei. Das entsprach eigentlich gar nicht meinem Charakter, noch dazu, wenn man bedenkt, wie alles zustande kam.

Ich ging einen Monat nach Florida, alleine, was ich sehr genoss, und dachte über mein Leben nach. Dann nahte der achte April. Ich entschied, selbst nach New Jersey zu fahren, falls Basha und ich uns doch sympathisch fanden und ich mobil sein musste. Ich fuhr hinter Howie und Diana her und wir trafen uns um 19:30 zum Abendessen bei Carol. Als sie die Tür aufmachte, fragte ich sofort: „Wo ist Basha?"

„Ihr ist schlecht, sie hat sich gerade übergeben, will aber bis 20:00 da sein."
Na, was für ein Anfang! Trotzdem – um 20:00 kam Basha die Treppe herunter und mir nahm es den Atem. Ich bekam gar nicht mit, wie sie aussah, sondern fühlte nur dieses Leuchten und die Wärme, die von ihr ausgingen und bis tief in mein Innerstes drangen. Ihre Nase leuchtete rot und sonst sah ich nur ein weißes und gelbes Licht, das sie umgab. Ich beachtete ihr Äußeres überhaupt nicht, sondern hatte das Gefühl, direkt durch ihre Augen in ihre Seele zu schauen. Ich wusste nicht, wie mir geschah, aber es war mir klar, dass dies anders war als alles, was ich bis dahin erlebt hatte.

Nun erzählt Basha:

Ich lernte Carol vor 20 Jahren in Kalifornien kennen. Wir studierten beide dort und wollten unseren Doktor in klinischer Psychologie machen. In der Zeit wurden wir Freundinnen und waren jahrelang wie Schwestern zueinander, obwohl unsere Lebenswege sich unterschiedlich entwickelten. Sie heiratete, bekam innerhalb von 15 Jahren vier Kinder und sah ihr Lebensziel darin, orthodoxe Jüdin zu werden. Unsere Verbindung bestand aus ein paar Telefonaten im Jahr.

Im Januar 1995 bekam ich einige Monate nach dem Tod meines Vaters einen Anruf von Carol, just in dem Moment, in dem mir der Sinn ganz und gar nicht nach irgendeiner Beziehung stand. Sie erzählte mir von Jeff und bestand darauf, dass ich nach New York kommen sollte, um ihn kennen zu lernen. Mein Leben war ein Chaos. Mein Vater war gerade gestorben und meine Mutter war krank. Ich sorgte für sie, arbeitete an meiner eigenen Heilung und arbeitete auch noch mit meinen Patienten. Oft ging ich abends weinend ins Bett und bat Gott um Kraft, denn ich hatte das Gefühl, dass ich nicht mehr lange durchhalten konnte. Intuitiv wusste ich, dass ich nicht mehr auferlegt bekäme, als ich tragen konnte, und bat deshalb immer um Kraft für den nächsten Tag. Die Freizeit, die ich hatte, verbrachte ich im Gebet, beim Lesen und in Seminaren. So war ich auch im Februar in einem Seminar von Caroline Myss in Mexiko gewesen. Ich fühlte mich so kraftlos und fertig, dass ich kein Interesse hatte, auch noch einen Mann kennen zu lernen. Ursprünglich sagte ich Carol ab. Sie hatte bei ihrer Redegewandtheit sofort zwei Argumente parat, denen ich nichts entgegensetzen konnte.

- „Jeff hat seine Arbeit gekündigt, um bei seiner an Krebs sterbenden Frau zu bleiben." (Nach so viel innerer Arbeit schätze ich Menschen um mich, die in guten und schlechten Zeiten zu mir halten.)
- „Basha, du redest von Beziehungsfähigkeit, aber du warst noch nicht mal verheiratet. Jeff schon. Er ist anders als alle anderen Männer, die du je kennen gelernt hast, die immer nur von dir versorgt werden wollten. Jeff wird sich um dich sorgen und er weiß, wie es sich in einer Partnerschaft lebt. Er war schon verheiratet und weiß, wie das ist. Wenn du es mit der Ehe wirklich ernst meinst, dann musst du ihn kennen lernen."

Da blieb mir keine Wahl mehr. Ich konnte nicht widersprechen, und obwohl der Moment unpassend war, erklärte ich mich einverstanden, Jeff kennen zu lernen. Der erste mögliche Termin für uns beide war am Samstag, dem achten April. An dem Morgen wachte ich schon krank auf. Es ging mir wirklich schlecht, aber ich konnte die Reise nicht mehr absagen, denn es war ein Samstag, der jüdische Sonntag. Carol ging nicht ans Telefon.[1] Nachdem sie bereits organi-

---

[1] Orthodoxe Juden arbeiten von Freitagabend bis Samstagabend = Sabbat nicht. Davon sind auch Auto fahren und telefonieren betroffen. A.d.Ü.

siert hatte, dass mich jemand vom Flughafen abholen würde, musste ich fliegen. Ich hätte alles darum gegeben, absagen zu können, denn es war sehr wichtig, hübsch zu sein, und wenn ich krank bin, fühle ich mich weder hübsch noch liebenswert. Als ich im Flugzeug saß, musste ich lachen und dachte mir: „Gott, du wirst schon einen Grund haben, warum ich gerade dann, wenn ich krank bin, einen solchen Wundermann treffen muss."

Ich kam am späten Nachmittag an, und Carol sah sofort, dass ich krank war. Sie maß meine Temperatur; ich hatte 40 Grad Fieber, worauf sie mir sofort Echinacea (Sonnenhut) und Hydrastis canadensis (Orangenwurzel) gab und ich mich ein paar Stunden, bis Jeff dann eintreffen würde, schlafen legte. Obwohl ich fix und fertig war, versuchte ich, mich hübsch zu machen und so gut auszusehen, wie es eben ging. Ich ging in die Halle hinunter und sah ihn. Einfach umwerfend!

Wir setzten uns alle ins Wohnzimmer und tauschten Höflichkeitsfloskeln aus. Wie üblich, machte ich aus meinen Gefühlen kein Hehl und teilte Jeff mit, wie gut aussehend ich ihn fand. Er gab keine Antwort, also ging ich davon aus, dass er kein Interesse an mir hatte. Wir unterhielten uns dann über Jeffs Erlebnisse mit Frauen während der vergangenen Monate, wobei er erzählte, dass ihn jeder versuchte, zu verkuppeln. Das führte dann dazu, dass er sich manchmal in einer Woche mit zwei Frauen traf. Unter diesen Umständen konnte er sich einfach nicht beim ersten Treffen entscheiden, ob er eine Frau mochte oder nicht, aber er spürte sofort, ob es eine Chance oder ein Prickeln gab. Ich bezog das auf mich und dachte, Jeff wollte mir durch die Blume mitteilen, dass er mich nicht anziehend genug fand. Deshalb sagte ich schnell: „Alle Männer sind oberflächlich." Gelächter brach aus und Jeff schaute mich mit einem herzlichen Grinsen an, womit er mir aus meiner Verlegenheit half. Gleichzeitig musste ich daran denken, dass ich mir einen Partner wünschte, der mich sowohl in guten wie auch schlechten Zeiten lieben würde. Obwohl ich traurig war, fühlte ich mich O.K. (Am nächsten Tag erfuhr ich, dass er nur deshalb nicht auf meine Bemerkung geantwortet hatte, weil er verlegen war, und nicht, weil ich nicht attraktiv genug schien.)

Wir setzten uns zum Abendessen. Sofort wurde mir so schlecht, dass ich mich entschuldigen musste und mich auf einen Sessel im Wohnzimmer setzte. Ein paar Minuten später fragte mich Jeff, ob er irgendetwas für mich tun könne. Irgendwie hörte ich auf das, was mir meine innere Stimme eingab, erinnerte mich, dass ich über seine seelischen Qualitäten etwas in Erfahrung bringen musste, und antwortete ihm: „T.L.C. – tender loving care" (zärtliche, liebevolle Betreuung). Er stand vom Tisch auf, setzte sich auf die Lehne meines Sessels und küsste mich auf die Stirn. Vor dem Stuhl stand ein Glastisch, und in dem Moment, in dem er mich küsste, schoss sein Bein nach oben und krachte in den Tisch. Howie, der dies sah, bemerkte sofort: „Es ist entschieden. Ihr seid füreinander bestimmt."[2] Wir lachten beide. Mir war so schlecht; ich wollte eigentlich nur noch ins Bett. Jeff sagte noch, er würde mich gerne am nächsten Tag wieder sehen, wenn es mir dann besser ging.

Am nächsten Tag war mir immer noch übel, aber Carol bestand darauf, dass ich Jeff anrief. Widerwillig tat ich es und wir machten aus, dass wir vier zum Abendessen ausgehen würden. (Jeff gab zu, dass er den ganzen Morgen mit einer Zeitung zu Hause verbracht hatte, um meinen Anruf nicht zu verpassen. Wenn ich mich nicht gemeldet hätte, wäre es auch in Ordnung gewesen, denn er fühlte sich an einem Punkt in seinem Leben, an dem er das Schicksal entscheiden lassen wollte. Trotzdem war er erleichtert, als ich anrief.)

An dem Abend gingen wir vier in ein koscheres chinesisches Lokal in Teaneck, New Jersey. Mir war besser und ich spürte plötzlich die starke Energie zwischen Jeff und mir; ein warmes Gefühl, das sich in mir ausbreitete. Als wir im Lokal saßen, begannen wir, uns vorsichtig zu berühren. Es war irgendwie unwirklich, wie ein Licht oder ein Energiefluss, der uns beide berührte. Die Funken sprühten! Es kam uns vor, als wenn wir schon immer zusammen gewesen wären. Unsere

---

[2] Auf jüdischen Hochzeiten wird ein Glas zerbrochen, um der Zerstörung des Tempels in Jerusalem zu gedenken. A.d.Ü.

Unterhaltung war sehr offen, völlig vertraulich und ganz selbstverständlich.

Wir fuhren zu Carol und Don zurück und zogen uns in die Bücherei zurück, um zum ersten Mal alleine zu sein. Wir unterhielten uns weiterhin vertraulich und kamen uns immer näher. Nach ungefähr zwei Stunden küsste ich Jeff. Als sich unsere Lippen trafen, vereinten sich unsere Seelen und ich hatte dieses überirdische Gefühl, eine Aura warmen Lichts, die uns umgab. Wunderbarerweise ging es mir immer besser. Jeff machte Andeutungen, dass er mich anziehend fand, und unser Beisammensein fühlte sich einfach gut an.

Plötzlich konnte ich in seine Seele schauen. Er hatte mein Innerstes auf eine Art berührt wie niemand je zuvor. Den Abend zuvor hatte ich schon den Eindruck, dass etwas Besonderes vor sich ging, aber nachdem ich so krank war, wollte ich mich nicht auf mein Gefühl verlassen. Nachdem Jeff gegangen war, fand ich keinen Schlaf. Am nächsten Tag konnte ich es gar nicht erwarten, ihn wieder zu sehen und war ganz enttäuscht, als ich erfuhr, dass er beim Golfspielen war. Er fragte mich, was ich machen wolle – vielleicht ausgehen –, und ich antwortete: „Nein, ich möchte mit dir durch den Wald laufen; wir beide bewegen uns gerne an der Luft, und ich möchte in dein Haus in Westchester. Ich will wissen, wie du lebst. Ein Haus verrät viel über einen Menschen, und wir können dann irgendwann essen."

Eigentlich hatte ich nur das Wochenende, um Jeff kennen zu lernen, denn ich flog Dienstagnachmittag nach Chicago zurück. Wir konzentrierten uns darauf, Gemeinsamkeiten zu finden, Vertrauen zu schaffen und uns ehrlich zu unterhalten. Es gab keine Spielchen oder Small Talk. Und bei alledem vergnügten wir uns. Nachdem wir im Wald waren, kauften wir ein und gingen zu ihm nach Hause. Wir aßen, ich lernte seine Katze Isis kennen und schaute mich dann im Haus um. Wir erzählten weiter von uns und Leidenschaft und Nähe nahmen zu. Mir wurde schnell klar, dass das, was ich mit Jeff fühlte, auf einer anderen Ebene stattfand.

Als wir uns umarmten und küssten, stellten wir uns sehr direkte und konkrete Fragen. Er wollte wissen, warum ich nie geheiratet hatte, denn in seinen Augen war ich so wunderbar, dass er gar nicht verstehen konnte, warum ich solo geblieben war. Ich wollte von ihm genau wissen, wie seine Beziehung gewesen war, denn ich wollte sichergehen, dass ich mich, wo ich so hart gearbeitet hatte, um ganz zu werden, nicht auf eine Partnerschaft einließ, die nicht funktionsfähig wäre. Die Wahrheit war uns beiden das Wichtigste, wir öffneten uns und legten unser Innerstes bloß. Irgendwie wussten wir beide, dass wir Vertrauen haben konnten, Gott uns bewachte und wir eine wirkliche Seelenpartnerschaft hatten. Jeff hatte mich in einer üblen Verfassung kennen gelernt und mich trotzdem geliebt; das war wohl der Grund meiner Krankheit gewesen. Ich musste lernen, daran zu glauben, dass mich jemand mit all meinen Fehlern lieben konnte.

Ich erfuhr, dass es auch für Jeff ein besonderer Umstand war. Er war in den vergangenen Monaten ziemlich viel unterwegs gewesen, war aber nie weiter als Küssen gegangen. Es kam uns vor, als ob wir an einem Abend mehrere Monate des Kennenlernens hinter uns gebracht hätten. Es war das liebevollste und intensivste Erlebnis, das wir beide jemals gehabt hatten, und auch die Intensität war stärker als alles bisher Gefühlte.

Da ich am nächsten Tag abreisen musste, beschlossen wir, telefonisch in Kontakt zu bleiben, bis Jeff mich zehn Tage später in Chicago besuchen würde. In dieser Zeit unterhielten wir uns täglich und lernten immer mehr voneinander, während wir uns öffneten.

Endlich kam der Tag, an dem ich Jeff vom Flughafen abholen konnte. Wir waren beide sehr aufgeregt und nervös. Unglaublicherweise hatten wir beide Angst, dass wir einander nicht erkennen würden, weil wir uns auf einer seelischen Ebene kennen gelernt hatten. Jeff gestand mir später, dass er nicht mal wusste, wie ich genau aussah. Er kannte meine Seele, erinnerte sich aber nicht an mein Gesicht. Was für eine Erleichterung, als wir uns endlich auf dem Flughafen in die Arme schließen konnten.

Wir heirateten sechs Monate später, am 1. Oktober 1995. Am erstaunlichsten in unserer Partnerschaft ist, wie problemlos alles funktioniert und wie unsere Beziehung mit jedem Tag an Intensität gewinnt.

Wenn Sie eine Seelenpartnerschaft anstreben, finden Sie im Folgenden eine Liste der in Jeff und Bashas Erzählungen genannten Eigenschaften, die notwendig sind, um erfolgreich zu sein:

- Beide haben ihre psychospirituelle Arbeit gemacht.
- Sie sind eher am „Wer" interessiert als am „Was" – sowohl bei sich als auch bei ihrem Partner.
- Sie sind sich bewusst und weigern sich, Illusionen hinterherzulaufen.
- Ihre Seele stimmt mit ihrer Persönlichkeit überein.
- Sie schätzen in ihrem Leben Bedeutsamkeit und tragen dazu bei.
- Ihr Leben ist ausgeglichen und erfüllt.
- Sie nutzen alle Perspektiven.
- Sie wissen, wer sie sind und was für einen Typ Mensch sie zu ihrer Unterstützung brauchen.
- Sie verhalten sich authentisch, sind vertrauensvoll und kommunikativ.
- Sie haben eine starke Verbindung zu ihrem höheren Selbst und dem Universum.
- Sie vertrauen darauf, dass sie mit Gottes Hilfe dann, wenn sie bereit dazu sind, ihren Partner kennen lernen.
- Sie achten in ihren Gesprächen auf ihre Intuitionen und Gefühle, die ihnen wichtiger sind als logisches Denken und die fünf Sinne.

Im Folgenden einige Elemente, die eine Seelenpartnerschaft kennzeichnen:

- Sie kennen einander so gut, dass sie nicht mehr überrascht werden.
- Es gibt keine Machtkämpfe, da Kooperation wichtiger ist als Konkurrenzkampf.

▨ Es geht mehr um die Sache als um das Ergebnis.

▨ Sie wissen um die Vergangenheit des anderen und unterstützen sich im Heilungsprozess.

▨ Sie haben sich auf Lebenszeit versprochen, um gemeinsam zu wachsen und zu lernen.

▨ Ihr soziales Engagement ist ein wichtiger Punkt ihrer Beziehung.

▨ Sie lieben bedingungslos und unterstützen sich gegenseitig.

Seelische Beziehungsarbeit

Menschen auf dem Weg zu einer Seelenpartnerschaft bereiten sich auf vielfältige Weise auf den Augenblick vor, wenn ihnen die göttliche Vorsehung ihren Partner zuführt. Sie begegnen sich auf dem Weg zur inneren Erkenntnis, stürzen sich in die Abgründe ihrer Seele und lernen, sich selbst bedingungslos anzunehmen.

Wenn Sie einen Seelenpartner suchen, können Sie Hilfe erhalten, indem Sie einen Brief an Gott schreiben, in dem Sie genau schildern, was für einen Partner Sie suchen, und Gott bitten, Sie diesen Menschen kennen lernen zu lassen, sobald Sie dazu bereit sind. Sie bitten die und göttliche Energie, Ihnen bei Ihrer Suche behilflich zu sein.

Erstellen Sie ein genaues und persönliches Bild des Menschen, den Sie sich wünschen. Setzen Sie dabei Ihr Herz ein, hören Sie auf Ihre innere Stimme und gehen Sie nach der Liste Ihrer Ansprüche. Um Ihnen bei dieser Übung zu helfen, hat Basha zwei Briefe, die sie nach einer viereinhalbjährigen geistigen Freundschaft schrieb, die zerbrach, zur Verfügung gestellt. 14 Monate später lernte sie Jeff kennen, der erstaunlicherweise genau den Vorstellungen Bashas entsprach.

17.2.94

Lieber Gott,

ich bin nun bereit, ganz zu lieben und eine Seelenpartnerschaft einzugehen, die in eine Ehe mündet. Ich wünsche mir
einen genauso liebevollen Partner, wie ich es bin, der auch
eine romantische Freundschaft führen will. Keine Liebe auf
den ersten Blick, sondern ich wünsche mir jemanden, der
großzügig im Umgang mit mir ist; mich bewundert und umsorgt; der Freundschaft, Freiheit, Spiritualität und Gemeinsamkeiten schätzt; der innerlich und äußerlich schön ist; der
die Natur, Reisen und Bildung liebt; der liebevoll und unterstützend ist; der keine Angst vor meiner tiefen Liebe hat; der
meinen Erfolg würdigt und nicht eifersüchtig ist. Er lebt gesund und möchte mit mir leben, ohne mich einzuengen; er
wird mich beim Lernen und in meiner Weiterentwicklung
unterstützen (und umgekehrt.) Er ist in der Kommunikation
offen und Liebenswürdigkeit steht für ihn an erster Stelle. Er
wächst in seiner Spiritualität und Persönlichkeit. Er liebt und
sorgt sich um Pflanzen und Tiere; hat eine positive Lebenseinstellung; ist spirituell – nicht religiös; probiert gerne
Neues aus; ist leicht materialistisch, aber legt mehr Wert auf
Spiritualität; ist klug, gebildet (Studium), wenn möglich Ju-
de, hat blaue Augen und Grübchen und ein großes, herzli-
ches Lachen. Ich brauche einen Mann, der Mut hat, einen
Krieger, der sich ganz der Liebe und dem Leben hingibt und
nicht nach Sicherheit und Anpassung schielt. Jemanden, der
ungewöhnlich lebt.

Alles Liebe, Basha

15.6.94

Lieber Gott,

Ich ergebe mich in deine Hände. Ich erkenne, dass ich nicht weiß, wie ich jemanden kennen lernen soll, der nicht so ist wie Jake (mein Vater). Der mich anerkennt und mir das gibt, was ich brauche. Meine Antenne ist falsch ausgerichtet und ich gebe mir die Schuld und leide darunter. Jetzt bist du dran. Ich liebe dich und überlasse dir mein Leben. Bitte zeige mir, welche Arbeit ich als Zeichen meiner Ergebung leisten muss. Ich brauche all deine Hilfe und Unterstützung, damit ich dir in dieser Zeit vertrauen kann.

Alles Liebe, Basha

Meditation

Ich werde die notwendige Arbeit machen und geduldig warten, bis mir durch göttliche Hilfe eine spirituelle Verbindung zuteil wird. Ich werde so lange Single bleiben, bis wir beide bereit sind.

Nachwort

Glückwunsch! Wir sind stolz darauf, dass Sie diesen schwierigen und erleuchtenden Weg der Selbstfindung und Suche auf sich genommen haben. Wir sind sicher, dass Sie bahnbrechende Erfahrungen sammeln konnten, die der Heilung Ihrer Seele, Ihres Körpers und Geistes zugute gekommen sind.

Wie bereits so viele unserer Klienten feststellten und was wir hoffen, dass Sie es gelernt haben ist, dass Sie durch unsere seelische Beziehungsarbeit ein klügerer und befähigterer Mitwirkender in ihrem Bekanntschafts- und Bindungsleben wurden. Wie einer unserer Seminarteilnehmer ganz prägnant ausdrückte: „Diese Reise war genauso wichtig wie mein eigentliches Ziel – einen Seelenpartner zu finden."

Wir glauben, dass es für jeden möglich ist, eine Seelenpartnerschaft einzugehen und aufzubauen. Wenn Sie nach den sieben geistigen Weisheiten leben, Ihre seelische Beziehungsarbeit und geistige Arbeit vervollständigen, sind wir sicher, dass Sie mit Erfolg belohnt werden und Ihren Lebenspartner finden. Zusammen führen Sie dann Ihre Bemühungen um geistiges Wachstum und spirituelle Erfüllung fort, sowohl individuell als auch als Paar.

So erreichen Sie uns:

Basha und Gail würden gerne von Ihnen hören. Wenn Sie an Informationen über Seminare und Vorträgen Interesse haben oder auch einen geplanten Infobrief beziehen möchten, besuchen Sie uns auf unserer Webseite:

www.soulmating.com
oder
schreiben Sie uns unter Gail Prince
P.O.Box 464
Evanston, IL 60204

Literaturverzeichnis

Breathnach, Sarah B.: *Ein guter Tag*. Goldmann Verlag, München 1998

Leonard, Linda S.: *On the Way to the Wedding: Transforming the Love Relationship*. Shambhala Publishing, Boston 1987

Myss, Caroline: *Mut zur Heilung. Wie Sie Ihre Energien nutzen, um gesund zu werden*. Droemer Verlag, München 2000

Peck, M. Scott: *Der wunderbare Weg. Eine neue Psychologie der Liebe und des spirituellen Wachstums*. Goldmann Verlag, München 1997

Shealy, Norman: *Enzyklopädie der Heilkunde*. Könemann Verlagsgesellschaft, Köln 1999

Stichwortverzeichnis

A

Abhängigkeit 164
Ablehnung 209, 211f., 225
Abneigung 87
Absicherung, ökonomische 15
Aktivität 60
Akzeptanz 49, 56, 88
Angst 43, 52f., 56, 60, 75f., 79, 99, 208
Annahme 18
Ansichten, geistige und philosophische 18
Ansprüche 194f., 208f., 214
Ansprüche, grundsätzliche 186
Apathie 59
Arbeit 109
Arbeit, emotionale und spirituelle 231
Arbeit, geistige 224
Arbeit, innere 216
Arbeit, psychospirituelle 120, 256
Arbeit, seelische 19f., 98, 166
Atmosphäre, romantische 229
Ausgehfähig 175, 222, 227, 234, 239
Ausschließlichkeit 240, 243
Äußerlichkeiten 143
Authentizität 17, 31, 66

B

Bars 237
Bedeutsamkeit 20f., 41, 72, 106, 122
Bedeutung 20, 44, 63, 66, 132
Bedeutung, tiefere 65
Bedingungen 189, 200, 228
Begegnungen, geistige 20
Bekanntschaften, seelisch inspirierte 138
Bequemlichkeit 15
Bereich, mysteriöser 48
Bewusstsein 20f., 36, 48, 58, 124, 129
Bewusstsein, kosmisches 42
Bewusstsein, spirituelles 30
Bewusstsein, verändertes 20
Bewusstsein, waches 53
Bewusstseinsgrad 72
Bewusstseinswandel 18
Bewusstwerden 31
Bewusstwerdung 79
Beziehung, die perfekte 246
Beziehung, geistige 49, 72
Beziehung, gesunde 56, 59
Beziehung(en), liebevolle 15, 55
Beziehung, seelenvolle 152f.
Beziehung, seelische 142
Beziehung(en), sexuelle 28, 138
Beziehungen, geistige 151

Beziehungen, warmherzige 41
Beziehungsarbeit 243f.
Beziehungsarbeit, seelische 141, 146, 151, 157, 162, 167, 175, 179f., 184, 191, 193, 206, 221, 226, 233, 236, 238, 241, 244, 257
Beziehungsfähig 175, 222, 227, 234, 238
Beziehungsfähigkeit 16, 170f., 173f., 237
Beziehungsfindung 34
Beziehungskarussell 31
Bindungsunfähigkeit 172
Bindungswillig 239

C

Coabhängig 153f.
Coabhängigkeit 156

D

de Mello, Anthony 44
Déjà-vu 150
Depressionen 59, 87
Durchführbarkeit 20f.

E

Egoismus 59
Ehe(n) 15f., 52, 121, 138
Eigenverantwortung 75
Einheit 60
Einsamkeit 82ff., 102
Einzigartigkeit 81
Energie, göttliche 21, 67, 232
Energie, innere 84

Energie, universelle 42, 48
Energien, positive 46, 84
Enthaltsamkeit, sexuelle 231, 234
Entspannung 106
Entwicklung, geistige 220
Entwicklung, innere 21
Entwicklungsprozess, innerer 47
Erfahrungen, schlechte 94
Erfüllung 34, 63
Erfüllung, körperliche und geistige 17
Erinnerungen, schmerzhafte 99
Erlebnis, geistiges 42
Erlebnisse, negative 94
Erleuchtung, spirituelle 35
Erneuerungsprozess, persönlicher 67
Erwartungen, realistische 152
Erwartungshaltung 77
Essen 107

F

Familienverhältnisse, gestörte 56
Flirten 138, 142
Frage-und-Antwort-Methode 160
Frauenbewegung 16
Freiheit, innere 95
Freizeit 106
Freund(e), geistige(r) 17, 21, 34, 42, 55, 58, 69, 76, 94, 96, 111, 120, 124, 129 ff., 175 f., 194, 207,

209, 219f., 223, 235f.,
240f., 246
Freundschaft 18, 56, 139
Freundschaft(en), geistige
19f., 40f., 45, 51, 54, 61,
98, 105, 115, 117, 122,
124, 129, 131f., 232, 246
Freundschaft, platonische
211
Freundschaft, romantische
121, 138f., 141, 152, 229,
242

G
Gandhi 45
Ganzheit 18, 20, 58f., 61,
63, 66, 72, 110, 166
Ganzheit, spirituelle 41
Gebiet, psychospirituelles
124
Gefährte(n) 120ff.
Gefühle 48, 51, 102f.
Geheimnis, des Lebens 53
Genesung, innere 72
Geschlechterkampf 179
Geschlechterrollen 16
Gesetz, universelles 19
Gespräch 58, 61
Gier 163ff., 169
Glaubens- und Wertesystem
37
Gleichgewicht, Leben im 41
Glück 34
Gott 19, 42, 48, 63, 257
Grenzen 84, 94, 114, 129,
153, 209
Grundlage, einer guten
Partnerschaft 55

Grundsätze 176f., 179,
184f., 192
Gruppenbewusstsein 77

H
Heilung 17, 30, 61f., 65, 67,
87, 102
Heilung, innere 20
Heilung, psychospirituelle
30, 60
Heilungsprozess 59, 99, 103
Heiratsvermittlungen 238
Herz-Kreislauf-System 107
Hingabe 37, 58, 88

I
Identität 15, 36, 58
Illusion(en) 37, 84, 95, 131,
171
Illusion(en), romantische
138, 148ff., 176, 185,
212, 214ff., 219, 223,
226, 228
Individualisierung 79
Individualität 77, 158
Individuen/Individuum 15,
18, 31, 37, 65, 76f., 121f.,
131, 243
Intellekt 61
Intelligenz 63
Interpretation, spirituelle 41
Intimität 16f., 49, 56, 58f.,
61, 69, 106
Introspektion 74, 84f., 136
Intuition 48, 52f., 63

J
Jung, Carl 62, 94

K
Kamerad(en) 131, 176, 207, 209, 218f., 223, 228, 236
Kameradschaft 121f., 133, 137, 232, 235
Keller, Helen 39
Kennenlernprozess 19
Kleinanzeigen 237
Kommunikation 18, 20, 106, 132, 243
Kontrollbedürfnis 39
Kraft, schöpfende 42
Kreativ-Tagesplan 112
Kreativität 84
Kreativ-Wochenplan 110
Krebs- und Herzerkrankungen 87

L
Leben, ausgewogenes 105
Leben, erfülltes 19
Lebensarbeit 38
Lebenserfahrung 68
Lebenspartner, liebevoller und warmherziger 41
Lebensprobleme 40
Lebensstil, ausgeglichener 21
Lebensweg, persönlicher 37
Lerninhalte, psychologische und psychospirituelle 30
Lethargie 60
Liebe 36f., 43, 56, 88
Liebe, bedingungslose 17f.
Liebe, beschützende 56

Liebe, Idealbild der 148
Liebe, tiefe 60
Liebe, uneingeschränkte 51
Loslassen 67
Lust 36

M
Machen 108f., 113, 130, 144, 235
Machen-Aktivitäten 181
Machen-Tätigkeiten 110
Macher 51ff., 165
Macht, Bedürfnis nach 59
Macht, göttliche 17
Machtkämpfe 59, 122, 130, 132
Mandela, Nelson 75
Marketing, in eigener Sache 236
Marketingplan 235
Meditation 81, 86, 93, 97, 103 112, 117, 134, 141, 147, 152, 158, 162, 169, 175, 179f., 192, 194, 207, 213, 222, 227, 234, 239, 242, 244, 259
Mensch, eigenständiger 79
Mensch, ganzheitlicher 61f.
Menschen, nicht bewusste 64
Minderwertigkeitskomplexe 57
Murray, W. H. 236
Myss, Dr. Caroline 9, 66, 76, 78

N
Natur, göttliche 41
Natur, wahre geistige 41
Normen, soziale 179

O
Offenheit 143, 145
Opfermentalität 78, 88, 94
Oxitocin 232

P
Partner, geistige(r) 68, 130, 228
Partner, perfekter 36
Partner, seelischer 58
Partnerschaft(en) 15f., 34
Partnerschaft, feste 30
Partnerschaft, geistige 80
Partnerschaft, lebenslange 16
Partnerschaft, seelenver-
  wandte 105
Partnerschaft, seelische 47, 56
Partnerschaft, spirituelle 55, 72
Partnerschaft, traditionelle 121
Partnerschaften 36f.
Partnerschaften, liebevolle 68
Partnerschaften, spirituelle 62
Partnerschaftsagenturen 238
Partnerschaftsmodelle 122
Partnersuche 16, 136
Partnersuche, seelische 34
Peck, Scott M. 35

Perfektion 113f., 116
Persönlichkeit 47ff., 52ff., 59, 62, 64, 84f., 105, 116, 129, 132, 139, 141, 176, 184f., 215f., 218f., 235
Planen 109
Psychologie 30

Q
Qualitäten, seelische 176

R
Realisten, optimistische 38
Realität 36
Reise, psychospirituelle 63
Reise, spirituelle 41, 67
Rollenverständnis, traditio-
  nelles 16
Romantik 18
Ruf, spiritueller 65

S
Schatten 94
Schattenseiten 129, 142
Scheidungsraten 16
Scheidungszahlen 15
Schlafen 106
Seele 47ff., 60ff., 64, 69, 84f., 105, 116, 138f., 141, 143, 184f., 216
Seelenarbeit 20, 31, 80, 85, 92, 96, 103, 109, 116, 131, 133f., 136
Seelenarbeit, die (sieben) Schritte der 72ff.
Seelenarbeit 96
Seelenbekanntschaft 137f.

Seelenbeziehungen 40
Seelenfinsternis 65ff.
Seelenpartner 20f., 30, 34f.,
    43, 52, 69, 76, 86, 94, 96,
    104, 111, 120, 131, 141,
    150, 175f., 194f., 207,
    209, 220f., 235f., 240f.,
    247
Seelenpartnerschaft(en)
    17ff., 31, 40, 45, 47, 49,
    51, 54, 57ff., 61, 72, 85,
    98, 115, 117, 121, 131ff.,
    199, 228, 246, 256f.
Sein 48, 51ff., 58, 105,
    108f., 113, 130, 165
Sein-Aktivitäten 105, 111
Sein-Tätigkeiten 108, 110
Selbst 61
Selbst, höheres 65f.
Selbst, wahres 48
Selbstablehnung 208
Selbstachtung 55, 61
Selbstbetrug 94
Selbstentdeckung 20
Selbsterfahrung 85
Selbsterfüllung 58
Selbsterkenntnis 95, 114
Selbsterneuerung 67
Selbstfindung 74
Selbstfindung, Pfad der 18
Selbstgespräche 159ff.
Selbsthass 88
Selbstliebe 52, 55f., 79, 84,
    95, 107, 110
Selbstreflexion 85
Selbstrespekt 61
Selbstständigkeit 95
Selbstvertrauen 61
Selbstwahrnehmung 76
Selbstwertgefühl 59, 113f.

Selbstzerstörerisch 87
Sex 228ff.
Sicherheit 15
Sicherheit, emotionale 132
Sichtweise, vielschichtige
    36
Single(s) 29f., 163, 181
Sinne, fünf 47f.
Spielen 107
Spiritualität 16, 19, 30, 48,
    84, 106, 132
Sport 107
Stabilität, emotionale 153ff.,
    157f.
Stärke, innere 79
Stimme, innere 53f.
System, holistisches 35

T
Terminplan 111
Tote, lebende 98

U
Überfluss 34
Überlebenskampf 108
Überzeugung, innere 176
Übung, spirituelle 95
Unabhängigkeit 84
Unbewusste, das 81
Ungeduld 163ff., 169
Universum 19, 21, 41, 45,
    48, 69, 73f., 84, 130, 132
Universums, Gesetze des
    36, 39
Unterbewussten, Tiefen des
    131
Unzufriedenheit 41, 79

V

Verantwortung 31, 36f., 64, 79, 95
Verantwortungsbewusstsein 58
Verbindung, geistige 21, 72
Verbindung, göttliche 86
Verbundenheit, geistige und seelische 122
Verbundenheit, innere 41
Vergangenheit 100, 103, 218
Vergangenheit, Bewältigung unserer 99
Vergangenheit, Schatten der 94, 102
Vergebung 87f.
Vergnügen 107
Verhalten, faires 99
Verhalten, passivaggressives 59
Verhaltensmuster 57
Verhaltenstherapie, kognitive 38
Verhaltensweise, gesunde 21
Verhaltensweisen, gewohnte 79
Verletzbarkeit 216f.
Verletzlichkeit 231
Verletzungen, seelische 218
Verleugnung 99
Verteidigungsstrategien 99
Vertrauen, totales 132
Vertrautheit 51
Vorgaben, gesellschaftliche 180
Vorgang, linearer 65
Vorgang, holistischer 65

Vorkommnisse, mystische 247

W

Wachstum 60, 98
Wachstum, eigenes 79
Wachstum, geistiges 49
Wachstum, inneres 17, 74, 124, 235
Wachstum, persönliches 30, 67, 120, 129
Wachstum, psychospirituelles 79
Wachstum, spirituelles 129
Wachstumsprozess 74
Wahrheit 36f., 43, 66, 75
Wandel, dynamischer 129
Weisheit 65
Weisheit, spirituelle 73
Weisheiten, die sieben geistigen 19, 21, 31, 34f., 69, 72, 122, 131, 134, 199
Wellenlänge, gleiche 142
Welt, materielle 47
Wendigkeit 84
Wert- und Glaubensvorstellungen 19
Werte, innere 51
Werte, äußere 41
Werte, wahre 52
Wertesystem 30, 39, 49, 60, 67, 76, 96, 99, 210f.
Wertmaßstäbe 16
Wertvorstellungen 18, 20, 36, 172, 175, 180
Wertvorstellungen, gemeinsame 16
Wesen, inneres 51
Wiedergeburt 65, 68

Wunschdenken 148, 151
Wunschvorstellungen 152
Wut 87f.

Z

Zufriedenheit 49, 142, 246
Zugänglichkeit 142ff.
Zuhören 51
Zurückhaltung, sexuelle 232
Zurückweisung(en) 208f.,
    212
Zuverlässigkeit 153